圆梦贵阳

Dream Come True in Guiyang

贵阳市文学艺术界联合会 | 编

贵州大學出版社
Guizhou University Press
· 贵 阳 ·

图书在版编目（CIP）数据

圆梦贵阳 / 贵阳市文学艺术界联合会编. -- 贵阳 : 贵州大学出版社, 2024. 8. -- ISBN 978-7-5691-0964-1

Ⅰ. I267

中国国家版本馆CIP数据核字第2024DU4630号

圆梦贵阳

YUANMENG GUIYANG

编　　者：贵阳市文学艺术界联合会

出 版 人：闵　军
责任编辑：文桂芳
装帧设计：陈　艺

出版发行：贵州大学出版社有限责任公司
地址：贵阳市花溪区贵州大学东校区出版大楼
邮编：550025　电话：0851-88291180
印　　刷：贵阳精彩数字印刷有限公司
开　　本：889毫米×1194毫米　1/32
印　　张：14.75
字　　数：254千字
版　　次：2024年8月第1版
印　　次：2024年8月第1次印刷

书　　号：ISBN 978-7-5691-0964-1
定　　价：62.00元

Dream Come True
in Guiyang

《圆梦贵阳》编委会

序言

有着七百年历史的贵阳，是典型的移民城市。从明代移民实边、清代客民涌入、民国抗战大后方的避难，到解放初期大军南下，以及“三线”建设和改革开放后的西部大开发，贵阳都迎来了源源不断的人气资源。

我们惊奇地发现，移民潮的出现，无不与国策、民运相关。移民潮带来的人口增加，绝不仅仅是数据意义上的简单叠加。“五方杂处”不但丰富了多元的贵阳贵安文化，也改变了人口结构，基础产能、科研、教育、文化和生产力结构，使贵阳发生了质的改变。以改革开放为分水岭，如果说“三线”建设以前的移民是政策所需，那么改革开放以来，移民流动已由国策所需演变为自由择居，如此，各地人才竞争激烈。贵阳作为欠发达省份的省会城市，在“强省会”、谋发展的今天，保持优质人口结构，已然成为长期发展战略。

贵阳靠什么吸引人，靠什么留住人？爽爽的贵阳又爽在哪里？

带着这些问题，本书通过走访16位扎根贵阳的“新移民”，进一步探讨和展示了爽爽贵阳的城市魅力，希望吸引更多人才到贵阳置业安居。

16位采写对象，有部分来自本省其他州（市）的，也有来自全国不同省份的，甚至有来自加拿大，还有白俄罗斯、英国等国家的，其在不同行业、不同地域有着不同的人生经历。在贵阳，他们经历了什么？为什么选择贵阳？

本书内容由口述者一一道来，其叙述平实、贴近生活。不同的个体特征、共同的人生目标都被鲜活地呈现，口述方式不仅使本书具有了时代特征，还具有社会学价值和意义。

《圆梦贵阳》编委会

2024年3月2日

目录

Contents

Dream Come True
in Guiyang

赫尔曼一家

口述……维奥莱塔•赫尔曼（Violetta Herman）

整理……杨骊

赫尔曼一家的排练现场

口述者小传

赫尔曼一家在贵州西江苗寨

维奥莱塔·赫尔曼（Violetta Herman），白俄罗斯明斯克人，毕业于白俄罗斯国立音乐学院。2003 年，她在 Oginski 国际室内乐大赛中获得银奖；2008 年—2010 年，加入白俄罗斯共和国国家交响乐团弦乐四重奏组；2005 年—2013 年，于白俄罗斯国家歌剧和芭蕾舞剧院担任第三大提琴独奏家；2012 年，随丈夫尤里·赫尔曼（Yury Herman）来到中国，夫妇二人一起加入了贵阳交响乐团，她成为贵阳交响乐团大提琴声部的首席。她的丈夫尤里·赫尔曼现为贵阳交响乐团乐队首席。尤里·赫尔曼 6 岁开始学习小提琴，9 岁第一次公开演出；1987 年—1991 年就读于明斯克音乐大学；1994 年进入白俄罗斯国家室内乐团，这是他音乐事业的开端；1996 年，他赢得了 Taneev’s 室内乐比赛的第一名；1997 年，他在白俄罗斯国立音乐学院完成了学业，获得了艺术硕士学位，同年成为白俄罗斯国家室内乐团的乐队首席；1998 年，成为明斯克巴洛克音乐重奏组的一员；1999 年—2012 年，在明斯克弦乐四重奏组担任第一小提琴手。他与重奏组一起参加了众多音乐节，巡演的足迹更是遍及法国、奥地利、德国、比利时、瑞士、俄罗斯、乌克兰等国。2007 年，白俄罗斯国家歌剧和芭蕾舞剧院邀请他担任小提琴独奏家。尤里·赫尔曼曾多次作为独奏家或室内乐演奏家参与录制影像、电视节目及 CD。2012 年，他加入贵阳交响乐团，成为乐团乐队首席。

一年后，赫尔曼将 3 岁的孩子提欧玛·赫尔曼（Tioma Herman）也接到了身边，赫尔曼一家在贵阳已经生活了 9 年。

小 引

在赫尔曼一家人中，我与赫尔曼夫妇的儿子提欧玛·赫尔曼沟通得最多，因为和他们住在一个社区，所以经常会遇到这个12岁的白俄罗斯小伙子。棕红色的头发，蓝色的眼睛，走在路上总会引来人们好奇的目光。我知道他是赫尔曼的儿子，这个3岁就来到中国的小伙子，会说白俄罗斯语和流利的英语、中文。很多次他的父母在台上演奏，小伙子就在舞台下找一个角落坐下来，等着父母的演出结束。出于职业的习惯，遇到小伙子我经常会与他交流。提欧玛·赫尔曼非常礼貌也很大方，从不拒绝和我聊天。

与赫尔曼的访谈是在她儿子的帮助下进行的，与腼腆的尤里·赫尔曼相比，赫尔曼外向开朗多了，这也和我之前在媒体上看到的报道一样。关于他们一家的访问，几乎都是由赫尔曼完成。金发碧眼的赫尔曼很美，无数次坐在台下，拉着大提琴的她总是最吸引我目光的那个。或许是带有俄罗斯人特有的音乐基因，尤里的琴声很容易被辨认出来，那是一种不同的风情，一种让人猛然听见会忍不住转身驻足的韵律，一种比细腻更温婉、比激昂更深情的表达……

赫尔曼辅导儿子学习音乐

我最想自己炒一盘麻婆豆腐

在贵阳生活了这么多年，我最想做的事情就是自己炒一盘口味地道的麻婆豆腐。我试验过很多次，我发现炒麻婆豆腐关键在于要用什么豆腐来做这道菜。每次我和儿子来到菜场，站在豆腐摊子前总是有点迷茫——豆腐的品种好多啊，一墩一墩的豆腐看上去都是一样的，白白胖胖的，一块挨着一块，整齐地被排放在木板上。卖豆腐的人就是用这张木板将豆腐挑到菜市场的，不仔细看是看不出这些豆腐的区别的，仔细看了以后才会发现有些看上去颜色要偏黄一点，表面有一些气孔，质感上也要粗糙一点；有些看上去就细腻得多了，白一点，不过这种豆腐在木板上站久了，就会有点耷，软软的、有气无力的。两种豆腐放在一起有点像一家人，像两口子，男的结实一点、粗糙一点，女的娇气一点，经不得站，当然这是我多次买豆腐后的心得。做麻婆豆腐，这两种豆腐都不能用。粗糙点的那种豆腐叫酸汤豆腐，适合放火锅里煮来吃，在火锅里怎么煮它都不会变形，越煮越入味，尤其适合用来煮酸汤鱼。白一点的豆腐用西红柿、辣椒烩起来要好吃一点，炒麻婆豆腐要用介于这两者之间的那种，这种豆腐可以用来炒家常豆腐，就是说，它经得住大一点的火的煎炸而不会走形。我失败了很多次才知道哪一种豆腐炒麻婆豆腐最好吃。现在我炒的麻婆豆腐已经有点那种意思了。我还得再努把力。

我的儿子提欧玛•赫尔曼喜欢吃辣，小家伙 3 岁就跟着我和丈夫来到了贵阳，他比我们更快地适应了贵阳的生活。从幼儿园开始，他大多数时间都在学校食堂吃，这所学校虽然是一所国际学校，但中国娃娃还是占了大多数，学校的食堂还是以贵阳的口味为主。提欧玛•赫尔曼就是这样锻炼出一个贵阳胃的，虽然他也喜欢我做的俄罗斯菜，但更多的时候他更喜欢吃贵州菜。来贵阳没几年，他还学会了说贵阳话，早与他的贵阳同学打成了一片。

你一定很奇怪，像我这样金发碧眼、白皮肤的白俄罗斯女人怎么会对一盘麻婆豆腐这么上心。其实不止麻婆豆腐，还有酸汤鱼、豆腐果、丝娃娃、辣子鸡……这些都是我喜欢吃的菜。我和尤里•赫尔曼刚到贵阳时可不习惯了，一点都不能吃辣，每次出去吃饭，我们都会叮嘱厨师不用加辣椒，但在贵阳好像连炒锅都是辣的，油也是辣的，炒什么菜都有辣味。不过现在，我们都已经爱上了贵阳的美食，连很多外地人吃不惯的折耳根我都不会拒绝，只是我不吃生拌的折耳根，因为其腥味太重，我喜欢吃折耳根炒腊肉。我想以后多学几道贵阳菜呢。2019 年新型冠状病毒感染疫情期间，我们离开中国回到白俄罗斯 10 个月，这 10 个月我们都非常想念贵阳的辣椒呢。

我在贵阳一点都不孤单

我是 2012 年来的贵阳，到 2022 年正好 10 年，我和丈夫尤里·赫尔曼是一起加入贵阳交响乐团的，尤里·赫尔曼担任了贵阳交响乐团的首席，我是大提琴声部的首席。如果你是贵阳交响乐团的乐迷，一定会非常熟悉我们两人，每次演出的时候，我们都坐在乐团第一排、指挥的两侧，指挥左手是尤里·赫尔曼，指挥右边那个金发碧眼的大提琴手就是我。

我和尤里·赫尔曼都来自白俄罗斯共和国首都明斯克，这是一座古老的城市。对明斯克这座城市相信大家是陌生的，但当我说到明斯克航空母舰时，大家对“明斯克”这个词就耳熟了。明斯克这座城市的历史可以追溯到11世纪。如果按照人口数量来衡量的话，它算欧洲第十大城市，是欧洲最干净的城市之一，也是苏联国家首都中最干净的首都。但是这座城市却伤痕累累，第二次世界大战期间它遭受了重创，被授予“英雄城市”的称号。战后的明斯克得到了很好的恢复和重建，许多具有历史意义的古建筑也被保存了下来，绿色的街道和宽阔的大街让它显出了一份独特的宁静。作为欧洲有名的城市，明斯克有着丰富的旅游资源。被联合国教科文组织列入世界文化遗产的独立大街绵延15千米，是欧洲最长的大道之一。矗立在独立大街两旁的20世纪30年代帝国风格的建筑经过修复，特别是在夜晚通过照明设施的装点后，尤为美丽。独立广场是欧洲最大的广场之一，面积超过7公顷。我的故乡明斯克是一个充满活力的现代城市。这座城市的人民，珍惜和平和憎恶战争。

我们一家为什么会来到贵阳呢？故事一点也不复杂。

我的父母和尤里·赫尔曼的父母虽然都没有从事与音乐相关的工作，但在我的故乡明斯克，几乎每个孩子从小都会学习一门艺术或修习一种乐器。俄罗斯对孩子们的艺术教育非常重视，每天下午3点孩子们就结束了学习，也不会有太多的功课留给孩子，大多数家庭基本达成了这样的共识，那就是每一个孩子都要在课余接受一门艺术的学习，因为他们认为音乐可以陶冶人的灵魂。不一定要专业地学习，但一定要有这样的训练。如果是专业的教育，那就得从更小的时候开始。我和尤里·赫尔曼也是这样，我们虽然不一定让儿子走上音乐家的道路，但一定要让他接受艺术教育，现在提欧玛·赫尔曼在贵阳也在接受音乐和绘画的学习，这样的艺术修养是必需的。我和尤里·赫尔曼都在贵阳交响乐团的音乐学校任教，我还是音乐学校的副校长，每个周末都会有很多学生来音乐学校学习音乐。贵阳交响乐团成立 13 年了，交响音乐已经被贵阳人所接受，很多的贵阳人都会把孩子送到这里，让他们接受学校专业的音乐教育。我感觉中国的父母比白俄罗斯的父母还要重视孩子的艺术教育。

我从 6 岁开始学习音乐，虽然家里没有从事音乐工作的人，但是我的母亲希望我能学会一种乐器，上音乐学校，成为一个音乐家。我的启蒙老师是伊叶克利耶夫娜，我跟随她学习了 12 年的音乐，我的大部分专业知识都是她教给我的。我至今还记得她第一次给我介绍乐器的情景，她用非常美妙的语言告诉了我乐器的形状，以及乐器每一个部位的作用。她讲述这些的时候语言非常生动，让我情不自禁地就爱上了乐器，爱上了音乐。

赫尔曼的演出现场

老师对我非常严厉，那时候我很小，有时候也很抗拒这样的严厉，但是我心里非常明白，老师对我严厉都是为了让我学到更多的东西，为了让我能够演奏出更好的音乐。如果想要成为一个专业的音乐家，这种训练的过程肯定是痛苦的，所以整整12年我都坚持了下来。最终我毕业于白俄罗斯国立音乐学院，它是白俄罗斯国家艺术类专业最高的学府。白俄罗斯国立音乐学院创建于1920年，至今已有80余年历史，我的学校以历史悠久、师资雄厚、人才济济而闻名。在贵阳交响乐团，盛文强副团长还是我的同级校友呢，所以我在贵阳一点都不孤单。在白俄罗斯国立音乐学院学习时，我学到了非常多的东西，也取得了一定的成绩。2003 年，我在 Oginski 国际室内乐大赛中获得银奖。2008 年—2010 年，我加入白俄罗斯国家交响乐团弦乐四重奏组，同时在白俄罗斯国家歌剧和芭蕾舞剧院担任第三大提琴独奏家。

我们就这样成了贵阳人

尤里·赫尔曼有很多音乐老师，几乎每年一换，他 6 岁开始学习小提琴，9 岁第一次公开演出，但他第一次演出却不是小提琴而是钢琴，那时候他既会小提琴也会钢琴，只是后来他更喜欢小提琴。

1987 年，尤里·赫尔曼以优异的成绩考取了明斯克音乐大学。1994 年，他进入白俄罗斯国家室内乐团，这成为他音乐事业的开端。1996 年，他在 Taneev’s 室内乐的比赛中赢得第一名。1997 年，他在白俄罗斯国立音乐学院完成了学业，获得艺术硕士学位，同年成为白俄罗斯国家室内乐团的乐队首席。在加入贵阳交响乐团之前，他在白俄罗斯已经是小有名气的音乐人，曾多次作为独奏家或室内乐演奏家参与录制影像、电视节目及 CD。1998 年，他成为明斯克巴洛克音乐重奏组的一员；1999 年—2012 年，他在明斯克弦乐四重奏组担任第一小提琴手并进行了世界巡演，足迹遍及法国、奥地利、德国、比利时、瑞士、俄罗斯、乌克兰等国。2007 年，白俄罗斯国家歌剧和芭蕾舞剧院邀请他担任小提琴独奏家。可以说尤里·赫尔曼是一个不甘平庸的人，他在音乐的路上一直在寻求突破，寻找最适合自己发展的道路。虽然我们都是音乐家，但在白俄罗斯我们俩并没有在一起工作，尤里·赫尔曼在歌舞团，我在乐团，我们是一起在古典乐团演奏，刚认识的时候我只是欣赏他，每次听到他拉小提琴，我总是不由自主地把目光凝聚在他的身上。我们的性格大不相同，我比较外向，你看我读大学时候的照片，可是标准的朋克女孩，而尤里·赫尔曼非常不善于表达，可能是性格上的互补吧，我们反而慢慢地开始了相处，在一起工作了很长时间，尤其是那一次巡演结束后，我们还继续联系着，就这样成了一家人。

音乐是我们爱情的桥梁，也是我们生活的动力，我们一直想用音乐上的成就来证明自己的努力没有白费。那时候我在白俄罗斯国家歌剧和芭蕾舞剧院担任大提琴手，尤里·赫尔曼组建了自己的重奏组，在世界各地巡演，我们虽然取得了一定的成绩，但在音乐事业上已经进入平台期、疲软期，期待在生活和事业上有一点新的突破和改变。

2012 年，我和丈夫在一个全球的音乐招聘网上看到一则来自中国贵阳交响乐团的招聘广告，即在全球招募乐手。我们首先对这个乐团进行了了解，知道它是一个新的乐团，2009 年刚刚成立；乐团中有一个名字我们是熟悉的，那就是陈佐湟，他是乐团的音乐总监，要知道他在世界交响乐界可是小有名气的人物，他曾经是中国国家大剧院的音乐总监，也带领国家交响乐团在美国进行过巡演，是把音乐季制度引入中国的第一人，中国的交响乐界都把他称为中国交响乐改革的第一人。他能去贵阳担任贵阳交响乐团的总监，足以证明这个乐团一定有它不一样的地方，才能够吸引像陈佐湟这样的音乐家加入。当然，最重要的是这个刚成立的乐团有这样一个机会让我们夫妇俩能同时进入乐团，并且拥有乐团首席的席位。就这样，我和尤里·赫尔曼在 2012 年 4 月寄出了我们的演出视频。很快就收到了乐团的回复，乐团告知我们都通过了考试，就这样我们就来到了中国，来到了贵阳。那时候我们的孩子才两岁，我们对未来也不太确定，就把孩子留在了白俄罗斯。好在一切都非常顺利，我们通过了乐团的面试，顺利地留了下来。尤里·赫尔曼如愿成为贵阳交响乐团乐队的首席，我成为大提琴声部的首席。我们就这样来到了贵阳，换了一个地方生活和工作，开始寻找新的事业发展机会，我们就这样成了贵阳人。

我们感受到了每一个人的善意

2012 年是我第一次来中国，也是第一次来贵阳。尤里 • 赫尔曼对中国并不陌生，他曾经随乐团到中国巡演过，他喜欢中国的风景还有文化。

虽然是第一次到中国，但我们对贵阳这座城市并没有太多的陌生感，贵阳和明斯克气候很相似，只是明斯克没有这么多山，夏天比贵阳更凉爽，冬天也会更冷一点，明斯克晴天多一点，不像贵阳一年四季很难看到太阳。乐团所有的同事对我们都非常关心，总是给我们很多帮助，我们很快就适应了贵阳的生活。尤其是乐团的团长黄志明和他的夫人王小星对我们说，有什么事情直接就找他们。他们总是很快帮我们解决遇到的任何困难，更不用说我们生病的时候，王小星更是全程陪同。就这样，我们在第二年就把3岁的儿子提欧玛•赫尔曼接到了身边。把儿子接过来的那段时间对我们来说也挺难的。提欧玛•赫尔曼才3岁，我们既要坚持日常的排练，兼顾音乐会的演出，还要照顾3岁的孩子，那段时间确实挺难的。黄志明和王小星把这一切都看在了眼里，为了让我们无后顾之忧，他们主动为我们寻找照顾儿子的保姆，在儿子可以上幼儿园的年纪，还帮我们找到了合适的幼儿园。在这些无私的帮助面前，我们在贵阳遇到的困难——语言上的障碍、饮食上的不习惯都成了小事。就像我无数次对媒体说的，贵阳交响乐团就像是我的家，乐团的同事们就像是我的家人，他们的每一次帮助都让我们倍感温暖。

刚到贵阳的那一年，贵阳还没有太多的外籍人士，但乐团的外籍音乐家占了很大的比例，我们这些外籍面孔走在大街上非常醒目。为了保障我们的安全，也为了方便我们生活，乐团专门把五楼办公所在地的公寓拿给我们这样的外籍音乐家使用，乐团的排练厅就在楼下，排练厅也是演出厅，这些都大大地方便了我们的生活，在生活上遇到困难的时候，也方便我们迅速找到乐团的同事来帮助我们。白俄罗斯人都非常幽默和风趣，对人也非常友善，来到贵阳以后，我们仍然感受到身边每一个人对我们的善意，这让我们几乎没有产生过陌生感、恐惧感和距离感，只感觉是从一个家搬到了另外一个家，生活惬意，一点不用操心，这让我们可以将更多的时间投入音乐中。

在贵阳，我们真正实现了作为一个音乐家的很多梦想，而我们的小家在这里也找到了很多的快乐和幸福。首先是在事业上的收获。虽然近年来随着欧美和日韩文化的影响增强，俄罗斯（苏联）文化逐渐淡出了大众的视野，但是俄罗斯（苏联）文化在音乐和美术方面对中国的影响还是很大的，尤其在古典音乐方面。古典音乐是俄罗斯文化的结晶，俄罗斯独特的地理位置，让它的古典音乐既有东方的细腻，也有西方的典雅。柴可夫斯基、格林卡、肖斯塔科维奇等的作品，成为世界古典音乐殿堂里闪闪发光的明珠，也是中国古典音乐迷心中的天籁。中国很多的音乐家都曾经到白俄罗斯国立音乐学院或明斯克其他音乐学院学习和进修过，如贵阳交响乐团现任的音乐总监张国勇先生，以及乐团的很多同事都有过到俄罗斯学习的经历。尤其是张国勇先生，他留学期间，国际指挥泰斗格纳迪•罗日杰斯特文斯基（Gennady Rozhdestvensky）担任他的导师。罗日杰斯特文斯基对张国勇先生有非常重要的影响，不管是在学术上还是在音乐上。张国勇先生 39 岁时，罗日杰斯特文斯基让他以该院校有史以来最高分取得莫斯科国立柴可夫斯基音乐学院指挥系博士学位。

在指挥艺术生涯中，张国勇先生曾先后与国内外著名歌剧院、交响乐团合作演出了大量经典作品与新作。他尤其钟爱并擅长指挥俄罗斯音乐，目前国内公认他为“肖斯塔科维奇作品最佳诠释者”。张国勇先生担任贵阳交响乐团的音乐总监后，演绎过很多俄罗斯古典音乐。我和尤里·赫尔曼都出生在白俄罗斯，从小就浸润在古典音乐文化的氛围中，所以我们在演绎这些作品时就有了先天的优势。每次音乐会结束，总有乐迷评价尤里·赫尔曼带有俄罗斯人特有的音乐基因，琴声很容易就能被辨认出来……而我更是交到了非常多的乐迷朋友。加入贵阳交响乐团后，我们在艺术的表达上有了更多的空间和自由。

提欧玛比我们更像贵阳人

2022 年 5 月 20 日的“曼弗雷德——‘老柴’眼中的自己”这场演出让我特别兴奋，那天的演出非常成功，我演奏了海顿的《C 大调大提琴协奏曲》。演出结束后，乐迷在乐迷群里不停给我点赞，从我在朋友圈发的信息可以看出我真的非常开心："海顿的《C 大调大提琴协奏曲》与柴可夫斯基的《曼弗雷德》……多么神奇的程序啊！非常感谢我亲爱的贵阳交响乐团和张大师给了我宝贵的机会，让我感觉自己是个独奏者！当然也非常感谢我所有优秀的同事们的巨大支持！美丽的夜晚！"

这么多年来，我和尤里·赫尔曼每年都会有这种类似"独奏"的演出，这样的演出让我们一直有劲头不停地训练，不断地努力，也不断地收获着欣喜。

在贵阳的这些年，我们交了很多朋友，与乐团的同事和当地人有一些往来，熟悉乐团的乐迷们都认识我们一家三口，尤其是儿子，更是乐迷眼里的小明星，大家都认识他。有时候我们夫妇俩在台上演出，他就坐在观众席上看我们演出，总有乐迷和他亲热地打招呼、交流。相比我们俩，他的朋友更多，我们一家人外出购物什么的，更多的都是依靠儿子帮我们与其他人进行交流。记得上次我们从白俄罗斯回来，去社区医院做核酸检测时，也是他帮我们全程与医护人员进行交流。提欧玛比我们更像贵阳人。当然，现在我们逛街买菜也没有问题，贵阳人很友善，即便我们语言不通，但我们都能明白对方表达的意思。

提欧玛的幼儿和小学教育都在中国，他到贵阳时才3岁，幼儿园和小学都是在贵阳的学校上的，他童年的大部分时光都是在贵阳度过的，所以他的教育也很中国。提欧玛是个性格很开朗热情的孩子，他3岁来到贵阳，并没有因为他的金发碧眼而受到排斥，相反，他收获了很多的关注，贵阳的朋友对他都非常友善，身边的朋友、乐团的同事都非常照顾他。他是在乐团长大的，他在很小的时候，就开始跟着我们参加乐团的排练和演出，也跟着我们的演出到过很多不同的城市和国家。我们一家到贵阳快10年了，贵阳已经发生了很大的变化，地铁很方便，高速公路通往很多地方，我们经常会经过这些高速公路到贵州的很多地方去演出，去紫云苗族布依族自治县参加了洞穴音乐会，前一段时间还去了遵义市茅台镇演出，看到了闻名世界的茅台酒是怎么酿出来的。每次参加这些演出活动时，我们都是一家三口同行，既是演出，也算旅游吧。这么多年，我们也跟着乐团到世界很多地方演出过，我们一起去过韩国、新加坡、中国香港等地方。以后我们会带提欧玛去更多的地方旅行，去领略更多的民族风情。我们每年冬天都会去三亚度假，在那里住上一段时间。2019年新型冠状病毒感染疫情发生后，我们就再没有去过三亚。

赫尔曼夫妇

我们在这里过得很幸福

谈起贵州，我觉得贵州的风光非常美，我很喜欢贵州。当然贵阳也很美。青岩古镇、黄果树瀑布我们都去游玩过，儿子小的时候我们还经常带他去黔灵山公园喂猴子呢。

这几年我们旅行了很多地方，尤其喜欢西江苗寨，在那里感觉身心得到了解放。苗族芦笙的声音非常好听，很有趣，发音的方式与其他乐器都不一样。中国和我们白俄罗斯一样，每一个民族都有自己的音乐，都非常独特。我和尤里·赫尔曼希望儿子能学习一些中国的乐器，比如二胡、古筝、琵琶等。我们在很多音乐会上与中国的古典乐器演奏家都有过合作，那些乐器都非常棒，样子很漂亮，声音既动听又独特。当然，我们都不强制孩子跟着我们学习音乐，只是希望他有更多选择的权利。

2022 年 7 月 2 日，提欧玛从贵阳观山湖区中铁置业中加学校毕业了，9 月份开始他的初中学习。比起白俄罗斯的教育，我更喜欢中国的教育体制，这种教育体制会让孩子更忙一些。我希望儿子能在中国完成他的高中教育。

10 年的贵阳生活，已经让我们把贵阳当成了家。记得 2019 年新型冠状病毒感染疫情暴发时，我们回到了白俄罗斯，在那待了整整 10 个月，我们一家对贵阳的朋友、同事和工作无比挂念。在白俄罗斯的每一天，乐团的同事们和贵阳的朋友们都与我们联系着，关心着我们的生活和健康。

2020 年乐团的演出正式恢复，很多观众看到我们缺席了疫情后的演出后，就在微信乐迷群里询问和关心我们的情况，问得最多的就是我们什么时候能够回到贵阳，重新站在舞台上。因我们是外籍人员，返回贵阳的手续特别复杂，那段时间，我们每周都在和乐团联系回来的事宜，乐团的同事为我们的回归做了不少工作，才帮我们买到了机票。隔离结束，我和尤里·

赫尔曼迅速投入演出中。记得那天，当我和尤里•赫尔曼缓步走入舞台，向台下观众行注目礼时，观众就发现了我们，一起站起来为我们鼓掌，向我们俩挥手示意。那一刻我真的好感动啊。演出结束后好几天，乐迷的微信群里还有乐迷在@我们。贵阳就是我们的第二故乡，我们在这里生活、工作都很开心，贵阳交响乐团就像一个大家庭，每一位同事和乐迷都像家人一般，总是非常关心我们。

10年前的贵阳和今天的贵阳已经有了很大的不同，购物时，超市货架上的进口商品越来越多；出远门时，高铁动车越来越快；而在古典音乐方面，贵阳热爱交响乐的人越来越多，我们经常会在音乐厅的观众席上发现一些新的面孔，很快这些新面孔就成了我们的老乐迷，每次我们在演出的过程中，他们总是会用独特的方式在台下和我们进行交流……我们现在的生活和工作都与贵阳、与贵阳交响乐团紧密相关，我们在这里过得很幸福。我们有非常友好的同事，儿子也非常喜欢这里，喜欢这里的学校和同学。

我们一家将会继续在这里生活，为这个城市带来更多好听的音乐。对于我们这个家庭来讲，我们早就融入了这里的生活，音乐成为我们一家的主题。尤里•赫尔曼是一个性格内向的人，他很喜欢这样的生活，除了必要的排练和演出、陪我逛街购物外，他更喜欢安静地待在家里研究音乐。我们之间谈得最多的话题就是音乐，音乐是我们生活中的一部分，不会因为排练或是演出的结束而结束，音乐一直在我们身边，就如同我们的生命，永远陪伴着我们。我们好像也成了这座城市里一个小小的音符，一起谱写着这座城市的乐章。

尝新、宽容是这座城市给我们的创业底气

口述……张博琪
整理……马丽娅

张博琪和其爱人大力

口述者小传

“匠人制味”在苏州本色美术馆店和集市

张博琪，来自河北省保定市。2013 年，他因为爱情选择来到贵阳创业、定居。

因为爱人大力的梦想就是开一个咖啡烘焙馆，所以他们在贵阳开启了“匠人制味”咖啡、面包连锁店的创业之路。创业至今，他们一直致力于推广优质食材和健康烘焙，目前在贵阳、苏州两地共开有 5 家精品面包烘焙门店。

2016 年开业的匠人制味友谊路店，是贵阳首家高端法式甜品店及欧式面包店；2020 年成为苏州本色美术馆常驻品牌，在美术馆开启实体烘焙坊；同年，品牌面包烘焙店入驻“诚品书店”苏州店。

小 引

2022 年 6 月底，正好是“匠人制味”第五店—— 贵阳青云路店开业倒计时的日子，想必他们这几天忙得不行，和张博琪预约时间总要在微信里等好一会才能收到回复。

采访约在了青云路店，聊天中不时有客人进店咨询，他们夫妻二人总会不厌其烦地向每一个客人介绍自己的精品面包。

他说，现在的状态像极了我们第一家面包店开业时。太多的客人到店对售价不低的精品面包表示疑惑，我们就必须要尽可能地向他们多介绍，让更多人了解精品面包。

难得的是，这个诞生于贵州的精品面包品牌，在深受疫情影响的市场局面中，依然不断尝试走出去，还得到了苏州消费者的青睐。入驻苏州本色美术馆、开辟烘焙实体工坊两年多的成功运营，对于一个贵州诞生的烘焙店铺来说实在不易。

张博琪的爱人大力是一位地道的贵阳妹子，也是匠人制味的主理人兼主厨，从2014年开始学习法式甜品制作，多年来在中国台湾、意大利、德国等多地不断学习手工精品面包、甜品等的制作。大力说："希望我们的面包，成为贵阳人最温暖的陪伴。"

在他们的规划里，在贵州诞生的"匠人制味"未来还将继续深耕江浙沪市场，带着贵州的故事走向全国。在他们的规划里，小小的面包店开始通过不断的品牌升级和数字化转型，被打造成一个集烘焙供应链、实体零售＋网络销售、教学培训、烘焙管理咨询为一体的专业烘焙品牌。

“匠人制味”面包店

把面包店开回到生活的烟火味中

2012 年，我和女朋友大力结束了在海南经营民宿的生活。那年刚好是网传的“世界末日”，我们干脆来了一次 3 个多月的“末日旅行”。最后我还是决定跟着女朋友来到贵阳，成为贵阳女婿。不仅为了爱情，其实我对贵阳这座城市也有过一些有关未来生活、工作的考察和构想。

大力的梦想就是开一个咖啡烘焙馆，我当然也很支持她的梦想。于是，2013 年我们从一家小小的居民楼内的咖啡店开始创业。2016 年，我们在贵州甚至国内率先打造以“精品面包”为定位的小店“匠人制味”。9 年时间，我们一步步在贵阳、苏州开店，虽历经疫情期间的诸多影响，但还是坚持了下来。

这几天（2022 年 6 月底）要开业的“匠人制味”青云路店，是我们夫妻开的第五家店铺。这个钢架两层结构的面包店，选址在青云路十字路口旁，前后经历了将近两个月的装修。

青云路这一片曾经是贵阳最具烟火味的夜市之一，经过城市规划改造，青云路有了很大的变化。随着周边小吃商业的慢慢起步，现在青云路又慢慢有了过去的人情味，那种熙熙攘攘寻觅美食的贵阳城市的调性似乎又慢慢重现了。

经过反复调查和选择，我们决定在这里投入一个新店，在疫情期间这其实是经过再三考察市场，并且真的是鼓足了勇气才做出的决定。

在青云路的新店，是我们用了近乎两年的时间去观察市场后做出的选择。经济大环境和疫情的双重影响，让我们切实地感受到了消费者消费力下滑的势态，这对精品面包消费市场的冲击还是蛮大的。另外，这些年线上直播带货兴起，也对传统门店的经营带来了一定的冲击。

这些年的创业生活，让我们吸取了不少经验教训，其中一个经验就是，像面包这样的生鲜类产品，它还是得归属于大众民生的产品类型中，所以面包店的选址必须满足社区集中、住宅集中、有足够人流量这 3 个条件中的一两条，才算是一个合适的选址。

选址青云路前，我在这里蹲了 5 天的“点”。这 5 天里，我在不同时间段来这里“数人头”，分析来这里的消费者的年龄结构、带小孩的人多不多、年轻人数量占比等信息。蹲点的这几天，我真切地感受到了贵阳老城区真实的生活气息。生活的烟火味，就应该是这个样子。

经过升级改造的青云路，周边有很多老住宅区人口的支撑、新环境带来的人流量大、南明区综合消费水平较高，以及我们发现“住在老城区的贵阳人，都不爱到处走”这样的现象等诸多信息让我们最后决定，在这里开新店！

我们在这里试营业几天后发现，很多在周边生活的人，还不知道“匠人制味”这个面包店品牌。不过这反而让我有了不错的感觉，对，就是这里的市场潜力巨大，有很多值得挖掘的新客户，就像我们当年在友谊路开第一家面包店时那样的感觉。

贵阳女婿从民宿转战咖啡甜品行业

我是一个贵阳女婿。在 2012 年年末来到贵阳之前，我来自贵阳的女朋友，在海南三亚经营着一家民宿。

在来到民宿“打工”之前，我的职业是大家俗称的“工地狗”，做的工作很单调乏味，而我从小特别特别喜欢大海。有一天，我站在即将竣工的一个过山车项目前，决定要到海边去“找份工作”。

一开始我想在豆瓣网和一些青年旅社网页里寻觅一份梦想中的工作，只是没想到，收到我简历的大力第一时间就录取了我，更没想到多年后我们会成为一家人，来到贵州定居生活。

相比海的广阔，郁郁葱葱的山地贵州，给人带来的是壮丽的感觉，对，我来时感受到的是新奇和舒适。贵州自然环境保护得非常好，到处是山林，是原生态的风光。到山里露营，也是一件非常让人舒服的事情。而且贵阳市中心的城市生活氛围、在吃东西方面的便捷和给人带来的愉悦享受，要比我老家河北惬意得多了。

到贵州的第一年，我们原本想继续做民宿这个老本行的，但探寻市场后一直没有找到合适的机会。恰巧我的女朋友大力又一直有一个“开咖啡甜品店”的梦想，于是，我们在 2013 年 8 月，在贵阳世纪城一个有露台的居民楼里开起了我们的第一家咖啡甜品店——“匠人咖啡”。

比起国内很多其他城市，我们能切身感受到贵阳在咖啡、奶茶这类饮品文化上一直有很浓厚的氛围。2013 年，我们估计贵阳市场上已经有好几百家各种类型的咖啡店，而且其中不少咖啡店就开在居民小区里，这从咖啡馆的运营上来说，各类成本都会低不少。

对于一个小小的咖啡店来说，只要咖啡品质还不错，稍加宣传或者靠客人之间相互宣传，都能给我们小店带来不少新客源。咖啡馆所在的区域有不少台湾企业，那时来我们店里喝咖啡的有很多是在贵阳工作的台湾客人，所以小小咖啡店在很多板块上，有了更多接触行业前沿信息的机会。

从来到贵阳，我就感受到贵阳这座城市浓郁的饮品文化，众多有意思的小店隐匿在城市的各地，城市角落里总能有一些精品小奶茶店、甜品店给人以惊喜。说实话，那时候国内很多城市都还没有兴起这些潮流，那时候东部沿海有些城市的这种饮品文化氛围，还没有贵阳浓烈呢。

总的来说，我们的第一家店更像是我们创业的试水，经营没多久，我们发现，大力的兴趣点更在甜品、面包这些烘焙产品上。于是我们开始推出各种甜品，慢慢地，咖啡店里的甜品种类和知名度开始超过咖啡，再后来我们的小店几乎就以销售甜品为主了。

第一家咖啡店的试水和转型，让我们找到了第二家小店以面包为主的精准定位。2016 年 8 月，“匠人制味”友谊路店开业，那时我们这家店在整个贵州乃至国内，都算得上是最早一批制作主打健康招牌的“精品面包”店，而咖啡逐渐变成店里辅助销售的饮品。虽然我们销售的面包价格比较高，但是我们使用的面粉等一切原材料，都是整个贵州最拔尖的。

友谊路店开业的时候，大家一进来会觉得：“你们装修得这么漂亮，仅仅只是卖面包、卖甜品的地方吗？”然后有不少新来的客人说：“你们的面包和甜品怎么会卖这么贵？”很多人会提出这方面的问题。说实话，新开的青云路店，让我们又重新回到最早开店的那种状态里，我们要详细跟客人介绍我们自己和我们的产品。

贵阳启幕全国最早一批精品面包店

开一家精品面包店，完全是我的直觉，对，单纯就是直觉。直到我们开业两年后的 2018 年，国内才兴起一波精品面包、欧式面包风，才开始陆续有一些类似的小店开业。之所以能成为国内最早一批开始做精品面包的店铺，也和我们之前从事咖啡甜品行业有关系。

2015 年，我们在上海参观了一个食品行业专业展览，在展会上我们第一次吃到了精品面包，当时我们就非常感叹：为什么面包可以做得这么好吃！后来我们在上海一家法国人开的面包店也吃到了全手工发酵制作的精品面包，这让我们有了学做面包的冲动。我们俩一致认为，这种类型的健康面包应该是未来的一个趋势。

2016 年 1 月，大力去台湾跟着老师学习了精品面包的制作方法，还带回培养了 10 余年的酵母。而这期间我就在贵阳市区里寻找合适的门面，开始做选址和开业的准备。

把面包店选址在友谊路，是因为我当时考虑到要靠近一些大型机构、公司。这里离贵州医科大学附属医院比较近，附近还有烟厂，周边人流量自然要高一些。当然，这里的租金也相对合适，门面够大，后厨空间也能满足我们“前店后厂”的销售状态。虽然也做过几天不同时间段人流量的蹲点统计，可并没有进行太明确的计算，当时只觉得“只要能吸引一部分人进店”就足够这个小小面包店生存和运营了。

精品面包是使用比较传统的工艺、选用一些特殊工艺制作的面粉、特殊活性酵母或者自己培育的酵母品种，经过长时间低温醒发，再以手工揉搓等方式制作出来，不添加任何改良剂、添加剂的面包。

相比很多工厂化批量生产的面包，精品面包在原材料上更为健康，香味、口味非常自然，口感也筋道。这样做出来的精品面包，放在手心里握紧，再松手，整个面包会很快舒展回弹成原样。

新店开业不易、创业不易，这个市场的培养其实很难。但是很庆幸，有一直喜欢尝新的贵阳人，开业差不多一年以后，我们的面包店营业状态就有了很大的起色。那时候市场上并没有太多的网上营销推广，甚至连外卖服务都很少，全是靠到店客人做出的销售业绩，现在回想起来，真的是太不容易了。

作为当时乃至全国比较早的精品面包店，那时候我们一个面包售价 10 元起，与街边众多本地连锁的面包店相比贵出很多，而且当时大众对精品面包的市场认知几乎为零，要让消费者买单不容易，可以说，整个市场培育过程是非常艰难的。

一开始，进店的绝大多数客人都会很惊讶：“你这个面包小小的怎么这么贵?!”甚至还有一位阿姨，从开业开始，几乎每周都有几天来买面包，可是每次来买面包，都要“吼”我们一顿：“你们的面包咋这么贵！”

2016 年—2018 年这 3 年，我一直坚持在面包店的前厅给大家尽可能详细地介绍每一种面包。那一段时间我们也在不断地用各种不同的面粉、酵母等诸多原材料，制作不同配方的面包，还推出了很多类似法棍评鉴会试吃等活动。这么多年过去了，我们最早培养出来的这部分客人已经完全变成了我们的朋友，是个人朋友的那种类型，而不是普通的客人！这些朋友，现在都成为我们面包最好的推广大使。

实际上，店铺客源结构是消费甜品的年轻人比较多；购买面包的人大部分是二十五六岁往上，最大的在 80 岁左右，甚至还有拄着拐过来买面包的老人家。从我们的经验来看，30 岁到 40 岁之间的这部分客人是主要的稳定购买人群。

其中很有趣的现象是，很多上了一点年纪的老贵阳人来到我们店里买面包。他们不太愿意听我们过多介绍，我们就推出不同的小块试吃装，尽可能地让他们通过试吃选择自己喜欢的口味。

其中还有一个住在附近的 70 多岁的老人家给我们留下了很深的印象，我们开业没多久，他就雷打不动地、每天在固定的时间到店里买一个贝果面包。这个老人一开始的时候什么话都不说，就把钱往那一放，说：“一个贝果。”每天都这样，前后持续了一个多月。

后来我们实在太好奇，才问他：“叔叔，你每次都只买一个贝果面包，怎么不试试其他的面包？”他说，贝果面包让他想起了小时候吃的一种点心。后来我们尝试着给他推荐全麦吐司之类的面包，最后我们发现，这个叔叔选择的面包，都是没有任何夹心或者其他调料的，就是那种吃起来很Q弹，然后稍微有点硬的那种面包。

我们真没想到，很多贵阳的老年人会喜欢吃我们的面包，这是个很令人意外的情况。我和大力结婚时，我妈妈和舅舅从河北老家来到贵州，也试吃了我们这个面包，也说感觉吃到了小时候过年过节有喜庆日子时才能吃到的一种特制大馒头。我猜想，这可能是因为小麦原本的香味和咀嚼后回甘的体验带来的感觉，这是工厂化面包无法达到的口味和口感。

用贵州风物驯化酵母

想做出好吃的面包，核心之一是酵母，我们店里的几款酵母都算得上“有名气有年头”的老酵母。在延续经典酵母带来的口味之外，我们也在利用贵州本地一些特色食材、口味，研发真正具有“贵州风味”的面包酵母。

贵州是一个多民族聚居的省份，山高云深，这里有着不少诸如酸汤鱼、糟辣椒等非常有特色的发酵类美食。我们在研发各类面包时，早早就酝酿过用诸多贵州美食元素，开发一款自己独特的酵母并制作成面包的想法。

大家都知道酸汤鱼是贵州的一道知名美食，也算得上是机缘巧合，我们在 CCPARK 的第三家面包店隔壁，发现一家经营酸汤鱼的餐馆，他们用的白酸汤来自一个洞穴中的窖藏，口味很是地道。

于是我们向店家讨要了一小缸这来之不易的天然风味酸汤，这成为我们“驯化”酵母的最初来源。传统白酸汤要用米粉来不断调配，但是我们要制作面包，就得用一点点增加面粉的方法来“驯化酵母”。

最开始研发，先是一半米粉、一半面粉往白酸汤里加等着发酵，然后慢慢减少米粉的比例增加面粉，直到最后全部转成面粉。最后好不容易“驯化”出可以分解面粉淀粉的酵母，再拿这个酵母去做面包。

不过略有遗憾的是，我们用正宗酸汤“驯化”出来的酵母制作出的面包，酸味实在太足了，大部分试吃面包的顾客都觉得口味太酸了，做成面包有点接受不了。所以我们就先把这个好不容易“驯化”好的“酸汤”版酵母晒干冷冻起来，等以后调试新品的时候再拿出来好好研发。

我当时还和面包师们聊天说，如果想要做出一款让贵州本地人能够习惯和喜欢的面包，我们首先得把这款酵母制作的面包酸度再稍微降低一些，再加入一些小鱼干或者是小瑶柱之类有鱼类香气的干货，做成酸香可口的“酸汤鱼面包”，我想这一定能让贵州的吃货们上瘾的。

贵阳人爱吃会吃讲究吃

从做了几年烘焙行业的经验，到我们的日常生活的体验，我觉得贵阳人真的是比较爱吃、会吃，而且有很多人在“吃”这件事情上是非常讲究的，尤其是我们去苏州开面包店，有了对比后，才发现贵阳人在吃这件事上真的太讲究了，即便把他们放在全国内都能排得上号。而且贵阳人也太会做吃的了，尤其是小吃啊、发酵类的东西，总能给人一些惊喜。

在我的观察里，贵阳人是属于这种情况：只要身边有朋友告诉他说，哪里有一个特别好吃的店，即便这个店藏得特别深、特别难找或者在特别远的位置，他都会想办法在极短的时间内过去。

我们在苏州开店时有更强烈的对比，很明显感觉到苏州那边的“吃货”，在寻觅美食方面的欲望真的没有贵阳人那么强烈。

贵阳人更“好吃”，而且爱尝试新鲜事物。他们不单单在吃上面，我觉得在接受新鲜事物的能力方面都是很强的，而且很容易能够把这些新鲜事物、美食融入自己的生活里。

在 2017 年、2018 年这两年，有很多客人从特别远的地方专门开车到我们友谊路的面包店来买面包。期间还发生了一件特别尴尬的事，面包店门口正好有一个违章拍照摄像头，结果经常有客人因为来买面包违停而被拍照。

其实这种情况对于一个面包店来说，已经算是打破了面包店就近消费的原则，因为按正常情况，面包对于大部分人来说，只是日常生活中的一种食物，人们在购买的时候基本是顺路或者就近，直径基本是在一千米最长不会超过两千米。

在友谊路店和新开的青云路店之间，2019 年时我们还在观山湖区 CCPARK 里开了一家面积达到 280 平方米的“匠人制味”面包旗舰店。在设计上，我们主打面包体验和休闲下午茶等功能。这里除了面包销售区之外，还设置了面包制作体验区和一些其他活动区，例如举行新书发布会的区域等，给顾客提供不少活动的区域和内容，希望让更多人从不同角度体验制作精品面包的乐趣。

集市露天“烘焙城堡”征服苏州吃货

2020 年 6 月，机缘巧合受到苏州朋友的邀请，我们去参加了苏州吴中区本色美术馆的集市，因为整个集市搭建在美术馆中，因此也有“中国最美的集市”的美誉，可以说是中国各种集市中的“天花板”，会集了来自全国各地有意思的小摊主、小玩意。

我们当时可以算是歪打误撞，做了全国第一个纯户外的烘焙空间。那一次，我们把所有的设备全部放在集市的户外，然后从打面开始到烘烤、销售，全是在户外进行操作。

因为我们是第一次参加集市，到了苏州才发现原本预计借用的烤箱不适合烤制面包。于是我们在短时间内在苏州租赁了全套的烘烤设备，可尴尬的是设备太大了没法搬到室内。

虽然被迫处于“露天”面包烘焙的状态，但是我们顺水推舟，按整个面包店的运作方式，从操作到动线都详细做了计划，搭建出一个露天烘焙房，还给他起了一个名字叫“匠人制味的面包移动城堡”。通过这一次集市活动我们发现，喜欢我们面包的江浙客人特别多，我们靠“橙皮奇亚籽”这款面包，还有特制的“黑麦鲁邦种法棍”，征服了江浙地区的很多顾客。

在露天环境里做面包有一个特别大的挑战，因为温度和湿度的变化对面包的成品有很大的影响，在苏州6月的露天环境下，体感温度能到40多摄氏度，紧接着后面几天连续下雨，就是在这种湿度和温度的状态下下雨，如果面包师的技术不行，面包是完全做不出来的。

第一次集市，可以说我们的面包是受到了“疯抢”。那个场面真的蛮“吓人”，面团还在发酵箱里的时候，就被客人预订光了，可以说那3天我和大力全程都在忙碌着切面包和打包，说忙到手抽筋真的一点不夸张。

集市上的客人大多是江浙沪区域的，当他们知道“匠人制味”是从贵州过去的面包店铺的时候，我能看得出来他们的惊讶。而且现场真的有人问：“你们真的是贵州来的面包店吗？”可能在他们的观念里，相比东部沿海来说贵州还是比较落后的，能有店铺做出这么好吃的面包，很让人意外。有了他们的认可，我们发现，其实我们的产品在这片发达城市聚集的地区也有很强的竞争力。

从此，我们一次不落地参加本色美术馆的每一期集市，每个月 3 天。

第二次去本色美术馆集市摆摊的时候，我们就把“贵阳”二字作为一个主打元素展示出来。我们找了一个很有趣的插画师，画了一幅以面包为制作元素的插画，上面就专门强调了“贵阳”二字。这样一来，对我们这来自贵州大山的精品面包，大家更是意外又赞不绝口，我们还把有贵阳字样元素的插画制作成了门帘，挂在了美术馆面包店里。

很有趣，经历了几次摆摊之后，我们受邀成了本色美术馆的常驻品牌，面包店就设置在美术馆一进大门第一眼就能看到的一个位置。

哈哈，听起来是不是非常特别？大多数到美术馆的客人都说这是件挺特别的事情，尤其是一进美术馆就闻到一股浓郁的麦香，这可能也是在别的美术馆得不到的一种体验。

也是因为在本色美术馆集市摆摊的机缘，大名鼎鼎的“诚品书店”负责人发现了我们，邀请我们到诚品书店苏州店内开了一家特别“mini”的面包店。在很多年轻人心目中，诚品书店在文创综合行业的知名度可是非常高的，所以我老婆很快就答应了进驻书店开设面包店的邀请。在书店里的面包店，即使只有 20 多平方米，我们也搭建了包含所有元素的烘焙店，我们坚持所有面包在现场烤制。

有了这样奇特元素的碰撞，我们在诚品书店的面包店也是一炮而红，一度成为很多网红打卡地和必到的“选项”。

从我的调查来看，大部分来到美术馆的客人吃到我们的面包以后，还是觉得很惊奇。可能在很多人的印象里，贵州还是比较落后，他们都不敢相信贵州居然会有这么好的做面包的团队。

也因为我们在美术馆集市里的亮相，南京、上海、杭州、北京的很多商家或者投资人都向我们递出了橄榄枝，希望我们能去开店，当然我们的精力也有限，也就婉拒了这些邀请。

尝新、宽容是这座城市给我们的底气。

这几年，大概是随着精品面包和健康烘焙的普及，贵阳也有很多不错的精品面包小店开业。

我个人觉得这种小店越多越好，因为只有足够多的小店，才能更全面地把贵阳这座城市的面包消费市场带动起来，才能够把客户群体拉起来，这些客户群体才能更多地去了解并且选择自己究竟喜欢什么样子的面包。单凭我们一家店或者几家店，完全不可能把整个饮食结构和这种消费习惯培养出来，小店遍地开花，才能够开辟出更好的市场。

另外，我发现最近一年多贵阳遍地开花的精品咖啡店和越来越多的精品面包店的背后主力也大部分都是年轻人，都是年轻人在创业。他们之中一些可能在外地上学，或者在外地工作了一段时间之后再回到贵阳来创业，我觉得这其实也是件好事情。

一方面能看到贵阳是一个能够吸引人的地方，市场环境和消费群体接受度等成为吸引年轻人来到这里的因素。我曾听说这样一个故事，一个遵义人在外省开面包店，总会遭到当地人的排挤，甚至用“每个面包就比你的便宜一块钱”的方法挤对他。后来他回到遵义筹备再开一个面包店，起码在贵州不会出现这种排挤的现象。

另外，贵阳这座城市还给了我一种感受，就是：虽说贵阳的整体收入水平不是很高，但是他们在新事物上面的花费占比还是蛮高的，尤其在美食方面。这种市场情况，对于有新项目的创业年轻人来说是个很好的机遇，如果你能够抓住第一波尝鲜的势头，前期火爆的难度要小点，起码在经营的路上要容易成功一些。

相比很多有储蓄型、投资型习惯的城市，贵阳就是一个十足的消费型市场。和苏州以及我老家河北保定等城市完全不同的是，贵阳这座城市，包括年长的人在内，都是消费型的客人，尤其在这些享受型消费的能力上，不输东南沿海城市，大家会沉浸在体验生活的享受里。

比如我发现贵阳很多长辈都有很多爱好，除了打麻将之外，有的人特别喜欢钓鱼，有的人特别喜欢摄影，他们真的愿意在爱好上花钱。退休的人群更是，有时间了，经常约上一些朋友或者是报个旅游团就出去玩了。有趣的是，我发现他们不但会玩，而且还玩得很精。

像我们这一代，或者再年轻一点的贵阳人更会玩了，更会消费，尽管也有不少年轻人是超前消费的。

总的来说，我觉得贵州人在对待像我们这样创业的年轻人，或者说在对新鲜事物的接受度、宽容度上是很给力的。首先市场它是够宽容的，而且贵阳的消费人群也很愿意接受新鲜事物，我感觉这是贵阳这座城市的一个特色，这也给了我们这样的烘焙行业店铺继续深耕的底气。

英国小伙全世界寻找归属，最终决定栖息贵阳

Dream Come True in Guiyang

口述……大卫·吉尔里（David Geary）

整理……赵毫

大卫·吉尔里

口述者小传

大卫·吉尔里（David Geary），出生于英国，自小在贵阳成长。在贵阳生活了13年后，他回国学习，并在谢菲尔德大学攻读汉语与俄语。其间，大卫到过拉脱维亚、新几内亚、俄罗斯等地，最终决定留在贵州。为了能顺利在贵州发展，大卫正在北京体育大学攻读硕士学位。凭借一口地道的贵阳话在抖音走红后，他受邀拍摄6集纪录片《遇见贵阳》，带领观众在贵阳四处“逛逛”，看看贵阳近年的变化与发展。一个外国人，带你看贵阳的发展，真有些不可思议。

小 引

2022年8月27日9点，当笔者如约到达花溪万宜广场时，前一阵在朋友圈走红的英国小伙大卫，已经早早地坐在星巴克店里了。隔着玻璃窗，可以看到他正在专心阅读，且在笔记本上认真地记录着什么。

大卫看的书叫《蛤蟆先生去看心理医生》。几乎每一页，他都会用马克笔标记那些他认为重要的句子，并用英语或汉语拼音，在某些稍显生僻的汉字旁进行标注。更重要的是，他还将那些句子一一摘抄到笔记本上。

这是大卫生活中再普通不过的一瞬间，但背后却是大卫走过的人生，以及他的精神世界。从咿呀学语起，金发碧眼的他就在贵阳市花溪区生活和成长，并迅速适应了贵阳的气候、语言、饮食和生活。长大后，父母认为回国更有利于孩子成长，于是一家人回到了阔别已久的英国。在那里，他总是难以融入自己的母语文化，并时时思念贵阳。

在世界多个国家辗转多年后，大卫决定回到自己成长的中国西南小城，并打算长久定居于此。然而，细微的区别还是显现出来：自己的国籍是英国，在英国文化里却有些格格不入；实实在在地喜欢贵阳，但确实又是一个外国人。这样的分裂，让大卫常常感到孤独，并一直试图寻找答案，想通过心理学书籍发现和解决内心的困惑。

但有一点是肯定的，他喜欢自己成长的这座西南小城，喜欢贵阳的山山水水和市井烟火，他深感在这里就能获得生活的满足与内心的安宁。于是，大卫决定努力挣钱买一套房，然后在贵阳永久居住下来。一开口，大卫说的是一口标准的贵阳话。

全家人坐上了来贵阳的火车

我爸爸是北爱尔兰人，妈妈是瑞士人，他们都是美国世界少数民族语文研究院的研究人员。听说在一次会议上，研究院总部的主任在发言中提到：“中国是一个多民族的国家，以悠久、深厚的传统文化蜚声世界。”这句话激发了他们对中国少数民族语言的研究兴趣，他们于 1993 年来到中国北京，在首都师范大学学习中文。

在这里，我爸爸妈妈偶然听到贵州的侗语和侗歌，并被这种奇特的语言深深吸引。查阅资料后，他们对侗族和侗族语言更加感兴趣，迫不及待地想要了解，于是于 1995 年 8 月，带着全家人坐上了来贵阳的火车，在贵州大学开展侗族的语言和文化研究。那时候我 3 岁，妹妹 1 岁。

在花溪没几个月，爸爸妈妈就带着我和妹妹到黔东南侗族村寨考察，正式开启他们对侗语和侗文化的科研之路。一开始，我们一家住在榕江县民族师范学校，但爸爸认为还是和侗族人有距离，所以后来搬到了一个侗族老乡家。记得那是一座坐落在河畔古榕树下的青瓦木房，门前还有一片稻田，风景非常漂亮。侗族人淳朴善良，让我们很感动。

在研究过程中，爸爸妈妈发现侗族地区的孩子，到了小学三年级都还不会使用汉语，侗语会说却不会写，老师不得不同时教汉、侗两种语言，教得很费力，孩子也学不好，信心很受打击。这样，他们就萌生了开展侗汉双语教学实验的想法，然后给世界少数民族语文研究院写了一封信，提出在中国侗乡进行“侗汉双语科研实验项目”的计划。

2000 年，爸爸和同事在（黔东南苗族侗族自治州榕江县栽麻镇）宰荡村办起了第一个侗汉双语学前班，这也是村里有史以来的第一个学前班，主要帮助侗族孩子学会读、写侗语，同时给他们讲授汉语。由于世界少数民族语文研究院是非营利性的国际民间组织，要求成员自行筹集项目经费，爸爸妈妈那些年一直努力募捐，后来在黔东南苗族侗族自治州建了 9 所小学。而且，他们还和当地村民一起帮助宰荡村维修教室、浇灌水泥操场、翻修校舍、修建乒乓球台、篮球架等，村民们都很感激他们。

记得是 2002 年，我们一家人要回国一段时间，不知怎么被乡亲们知道了。出门的那天，附近几个村寨的人都翻山越岭来为我们送行，并将侗家头巾、腰带、布鞋、水果等送给我们，令我们非常感动。他们以为我们再也不回来了，但爸爸妈妈说，一定还会再来贵州的，而且会一如既往地支持已开展的侗汉双语教学项目。

虽然很多小时候的事情我都不记得了，但我记得爸爸经常唱一段侗歌："哭也哭过，笑也笑过，用稻草搭的桥也走过，用树叶做的船也划过……"现在想想，那不仅是他对侗族语言和侗族文化的兴趣，更是深深的感情。

我就喜欢吃辣子鸡、豆豉火锅

我们家的习惯，是在贵州居住 4 年，然后回英国待一段时间。后来我和妹妹到了上学的年龄，一家人就从黔东南回到了贵州大学。一开始，我在朝阳村的一个幼儿园上学，爸爸接送的时候，总是先玩一会儿，然后再回家吃饭。小学在贵州大学子弟学校就读，那时记得最深的是课间常常打弹珠，我弹得特别好（比了一个标准的手势）。如果是爸爸妈妈接送，那通常要在贵州大学大礼堂那里玩一会儿，或者爬树，或者踢球，可开心了。那时我们家有一个习惯，每周六早上，都要一起到贵州大学的大操场上去踢球，或者玩飞盘。后来，外国人渐渐多起来，我们有七八个孩子一起玩，再后来一些中国人也加入进来，更加热闹了。这养成了我们一直热爱运动的习惯，后来无论怎么忙，全家都会出去锻炼身体。

但当时的活动范围，其实就仅仅在朝阳村与贵州大学。记得那时候贵州大学挺新的，大礼堂后的那栋大楼，当时还没有修建呢。那时的跑道是沙子铺就的，球场也是真的草皮，直到现在都没有改变。在我的印象里，那时朝阳村就两栋（贵阳口语，意为少数几栋）房子，后面还有一栋"怪噜楼"，现在看到的那几栋白色的，也都还没建。而且，那时的朝阳村就一条街，有卖各种东西的人，卖饼的那个人现在也还在卖，都20多年了；卖水果的也还在，只是从手推车搬进了临街门面里。

我们最开始是住公寓，就是那栋红色的楼。在家里，爸爸说英语，妈妈说德语，我们聊天总是不停地切换，我和妈妈说德语时，总会插入一些英语。不记得中文是怎么学会的，因为在北京时，家里的保姆就说中文，我肯定也耳濡目染了，而且在幼儿园和小学都讲中文，自然而然就会了。后来我发现，小时候同时学几门语言，其实对大脑很有帮助，以后学习其他语言，就显得比较容易。比如我后来学俄语，大家都说基本没有口音，大概就是这个原因吧。

贵阳的气候和英国差不多，经常下雨，但天气变化快，很快又会晴起来。在我的印象中，住所对面就是现在的十里河滩湿地公园，当时还是一片农田，经常看到农民们在地里劳作。那时花溪菜场就有了，妈妈路过时，会顺便买些蔬菜，然后回来给我们做好吃的。当时我们中午都是吃中餐，晚上妈妈做西餐。时间长了，我就喜欢吃辣子鸡、豆豉火锅，后来回到英国，感觉没有辣的东西不习惯，只能买“老干妈”吃，最期待妈妈包饺子。

有时我们也去花溪饭店吃饭，妹妹还在那里摔断了牙齿。除了这个，感觉当时什么都没有，更没有地下商场，后来开业的德克士是花溪的第一家西餐厅，我特别喜欢去那里吃东西。

小时候，我们家每四年回英国一次，住上一年，然后再回来。记得六年级时该回来了，但我已经习惯了那边的生活，就不想来中国了，回来后也感觉学习跟不上，比较孤单。而且，一年没和大家交流，我觉得自己和他们不太一样了。当时爸爸妈妈下乡，我也和他们一起去，然后在乡下的学校上学，他们在不同的乡村工作，我的学校也经常换，我感觉很孤独。因为没有存在感，所以我特别喜欢看书，特别是关于狼的，然后一个人逃课到山上乱逛，学狼一样乱叫，其实就是想引起别人的注意，想找一个能理解我的人。

2005年，我该上初一了，在贵州大学子弟学校就读，所以孤独的情况会好一点。但上学第一天，就有人欺负我，他们问我会不会踢球，我说会，下午就一起踢球，竟从此成了好朋友，直到现在都是。那时，这帮同学都坐最后一排，你懂的，他们非常调皮捣蛋，比如常常偏着头，用一只手撑着耳朵，看起来像是在认真听课，其实是捂着耳机听歌。他们常常逃课去网吧打游戏，我因为进不了网吧，就去同学家玩游戏。当时大家都很叛逆，我也常常在路上说骂人的下流话，或者踢球时生气了，会对着对方吐口水。那时我们每天放学都在水泥地上踢球，有时候把玻璃都踢破了，搞得班主任非常生气。踢班级赛时，我很容易激动。在当时，我和一个朋友甚至把足球当作理想，梦想到美国职业联赛踢球，他是最佳守门员，我是最佳球员。

想中国时，和爸爸妈妈用中文聊天

2007 年，我 14 岁，一天吃晚饭时，爸爸妈妈聊到了回国的事。我说最好的朋友都在这里，就很不想回去，妹妹也是。但爸爸妈妈认为，回国上大学，对我们的发展更好。因为根据爱尔兰法律，如果孩子在本国连续受教育时间不足 3 年，读大学时就不能享受国民待遇。为了回国，爸爸妈妈做了 9 年的项目，也只能终止了。当时怎么回去的忘记了，就记得中途在卡塔尔停留了一下。那时，班上有个我喜欢的姑娘，一次，我们正在走廊上聊天，朋友们恶作剧地把她推到我身上，因为感到害羞，我们从此就不说话了。离开前，班主任买了一个足球，大家在上面签名，她写了“love you”，我才知道，她其实也是喜欢我的。但后来我们都没联系了，这个姑娘现在已经结婚，并且当妈妈了。

我们回到英国后，我上高中，妹妹上初中，弟弟上小学，而父母则继续从事侗族语言文化研究。当时什么都不习惯，我变得内向又害羞，常常在教室里找一个角落坐下，不会主动去交朋友。同学们看的电视、聊的话题、玩的游戏，和我在中国熟悉的都不一样，这让我回去的第一年非常难受，晚上会躺在床上哭。因为不习惯，我会和花溪的朋友打电话，用的是Skype，和现在的腾讯会议形式差不多。想中国时，也会和爸爸妈妈用中文聊一聊天。因为成长经历不一样，我认为英国的同龄人都很幼稚，他们开的玩笑，和女生说话的方式，都很开放，总是互相逗着玩，我非常不习惯，就像中国小孩一样腼腆，交不到朋友。和英国朋友交流时，有时候会想不起英文，于是一下子迸出了汉语。所以他们会问，某个东西用中文怎么说，虽然英语和中文容易切换，但有时会想不起来，就像我在中国时，有时候也会想不起来，某个东西用英语怎么表达。环境对人的影响很大，在英国时间长了，我发现自己的中文会退化，在中国时间长了后，英语也会退化。

当时的第一个暑假，我们参加了在拉脱维亚的英语培训夏令营，其实就是让年轻人教当地孩子学习英语。在两周的时间里，因为一起住、一起做事，我交到了朋友，任何事情都变得简单起来，所以后面 3 年还可以，也没想回中国。2011 年，我高中毕业后，一时间还不知道想干什么，后来因被球探发现，所以又回到了拉脱维亚，在那里踢了两年球。第一年还可以，融合得很好，第二年换了教练，不让我上场，最后自己也开始自我怀疑，于是决定上大学。有趣的是，妹妹2013年秋带着家人的嘱托和期望，在贵州大学学习了一学期汉语，后又回到生活过的侗族村寨待了一段时间，在那里寻找儿时的回忆。

那时，我有一个朋友在罗马尼亚，他说那里的吉卜赛人很多，但因为偏见，他们不能被平等对待，我于是参加了慈善项目，在那里待了3个月。之后，我回到北爱尔兰打工，主要是帮人修理院子，并于2014年到谢菲尔德大学上学。因为从小在中国长大，拉脱维亚说的是俄语，所以我决定学习汉语和俄语。这样，我把世界几大语言都学了，就差西班牙语，有趣的是，后来弟弟学了西班牙语。谢菲尔德大学的汉语在英国是最好的，都是中国人教，学校里的中国学生也很多，所以学起来很轻松，我就拿了个证书。

大学第二年，我得到了到中国南京大学做交换生的机会。这一年最开心，交了新朋友，谈了恋爱，还建了球队，感觉特别幸福。那一年过得很好，就是享受生活，也学到了很多东西。其间，我也回到了贵阳，发现十里河滩的田不见了，朝阳村修了好多房子，一开始还有点不习惯。最大的变化是，贵州大学新校区真的好大，湿地公园的绿化真好，黔灵山还是那样子，但更干净了。而且在花溪也能常常看到猴子，说明生态更好了。特别是我看到花溪居然有了麦当劳店和星巴克店，非常惊讶。

之后回到英国，还是在谢菲尔德大学学习，但我还是比较内向，很难交到朋友，所以都以学习为主，没有什么故事可讲。2017 年，我大三时代表谢菲尔德大学孔子学院参加了在长沙举办的“汉语桥”大赛，并以第一的成绩进入下一轮。在决赛中，我分享了自己的中国足球梦，然后一举夺得了冠军。当时，我们一家人离开多年后，又再次在中国齐聚，真的很特别，也很幸福。因为“汉语桥”比赛获得了一笔奖学金，我又可以安排自己的未来了。之后，我去了新几内亚，在那里参加了一个三四个月的慈善项目，然后才返回英国。大四时，我选择了休学，到俄罗斯海参崴的远东联邦大学学习俄语。当时是从新几内亚前往海参崴的，中途还去了趟长沙，看望“汉语桥”比赛时认识的一个姑娘。跑来跑去的肯定需要钱，英国上大学可以贷款 9000 英镑的学费、6000 英镑的生活费，等到工作后，月薪达到了一定的水平，然后再还。我这些年用的就是这笔钱，到现在都还没有还。

从海参崴回到谢菲尔德后，我因为踢球时受过伤，就考了

热爱足球的大卫

大卫在贵阳的球场上

个教练证，觉得挺有趣，所以萌生了当教练的想法，打算到贵阳发展足球事业。我是 2019 年大学毕业的，参加“汉语桥”比赛拿了一等奖，所以就拿着奖金到贵州大学参加了进修班。到贵阳后，一个朋友的住房拆迁后补偿了一套新房子，我们就各自平均出钱买了家具，然后一起住。这次来贵阳，我真实的目的，其实是来看看朋友们都在干什么，了解贵阳的足球环境，看看有没有什么机会。经过了解，我发现环境还是有点乱，很多人踢足球就是为了赚钱，真正喜欢足球的很少。但如果不是真正喜欢，那做什么都难以成功。我当时想过进贵州恒丰足球队当教练，但与职业球员聊后，感觉这里还是不适合我。所以我觉得，适合我的工作，还是当大学老师，就是通过足球来育人。有了这个想法，我在贵州大学毕业后，于2020年到北京体育大学学习体育教育训练，学制是3年。学分第一年就修够了，第二年开始实习，现在是第三年，要开始写论文了。因为想念贵阳的朋友，所以我又来了花溪，在这里边和朋友们聊天，边和大家踢球，然后看书写论文。

总是想找一个像家一样的地方

之所以一次次来贵阳，是因为我每次回来，心情都最平静、最放松，可能这是最适合自己的地方，也可能和成长经历有关吧。我从小就到处跑，总是想找一个像家一样的地方。小时候在这里长大，这里最有家的感觉，一直令我念念不忘。当然，到北爱尔兰也有家的感觉，但两个地方还是不一样，这里还是最舒服。这可能涉及心理学，所以我经常看心理学的书籍，就是想知道为什么。人们觉得我不远万里离开父母，一个人在异国他乡很不能理解，其实这很正常：我爸爸妈妈小时候也离开家长，中间不断有朋友告别，我们都习惯了这样的生活。而且，孩子也没有义务一直陪着父母，而是要各自开始自己的生活。现在，我妹妹在也门，弟弟在韩国，爸爸妈妈在英国，大家都觉得很正常。当然，即使在英国，大家也会觉得很奇怪，因为一家人身在世界各地，确实离得太远了。

我们习惯四海为家，中国人则喜欢一家人生活在一起，这可能和文化有关吧，比如西方结婚是两个人的事，但中国人结婚，那就是两个家庭的事。而且，我爸爸妈妈身体很好，如果他们身体不好，我们兄妹几个，肯定也会有人回去照顾的。爸爸妈妈应该也不会在北爱尔兰待太久，以后应该会去泰国、韩国等地，教教书、做做翻译什么的。因为文化差异，我在中国找个老婆就很难，比如定居花溪没问题，但如果爸爸妈妈有事，她肯定需要陪我去，但哪个姑娘愿意呢？我倒是有一个喜欢的，但她有男朋友，所以我也没表白。换位思考一下，如果我有女朋友，别的男生上来要加微信，我也会不高兴。

我发现，我和中国人、外国人都有区别，原则性的东西，人生观、世界观和价值观等，都显得不同。比如在贵阳的小伙伴都长大了，其中有几个已经有了孩子，他们会交给老人带，我理解，但接受不了。要是我有小孩，一定会自己带。他们结婚后，也会有一些混乱的情况，这个我也接受不了。而且，他们谈恋爱都悄悄地，比如有女朋友，还玩“探探”，一直比较女朋友和“探探”中的人，这其实非常不好。我劝他们，但没用，就像他们抽烟、喝酒，我也劝，但也没用。

再次来贵阳，发现贵阳比以前干净多了，特别是交通方便多了。以前在贵阳生活，都是拦中巴车，上面总有一个人伸着脖子喊：贵阳嘞贵阳嘞。现在公共汽车都是在公交站点停靠，而且用手机扫码就可以乘车了。谈到交通，记得当时从贵阳去黔东南榕江时，需要坐16个小时的大巴车，中途还得在凯里住一晚上，然后第二天再转车。那时我常常晕车和呕吐，真的很难受，每次最怕爸爸妈妈说又要去榕江。当然，到了那里其实也很开心，都是在地里和山上玩。现在交通发达了，去榕江就一个半小时的高铁，真的很方便。但很多年没去，再去时就有点陌生了。2019年我去过一次，想着去那里教书也挺好的。现在的交通变化很大，特别是修了地铁，经过花溪的3号线很快也会开通，那就更方便了。总之，贵阳的方方面面都发展得很快，和以前有很大的区别，特别是花溪大道。以前贵阳没有吸引力，现在明显感到是很有吸引力的地方，很多年轻人都愿意来这里生活。特别是现在科技发达，贵阳已经是大数据中心了，喜欢这里的人更多。

在贵阳生活，我喜欢到老城区的筑城广场玩，到黔灵山去看看猴子，到北京路的宜家买家居用品，到麦德龙买进口食品，奥体中心、天河潭、青岩古镇这些地方，我也都去过。贵阳的变化真的很大，记得以前买进口食品很难，现在很方便，逸天城那里就有一家进口商店，奶酪、巧克力等都可以买。以前没有进口商店，都是妈妈从瑞士寄来，一两个月才能到，真是太漫长了。现在，妈妈一年还是会寄一两次，都是坚果什么的。另外，她也会给我寄明信片。买一张卡片来，在上面写点东西，然后寄到远方，这也是很有意思的事情。

这些日子，我每周日晚上都会和爸爸妈妈打视频电话，他们会问我，在贵阳是否见到当年的那些老朋友。我也会说我前往的地方、朝阳村的变化，在这里所看到的一切，比如说十字街修好了，有一家咖啡馆，我经常在里面看书。我打算长期留在贵阳，麻烦的是，因为是外籍户口，所以不能首付购房，需要全款。打算在德国俱乐部工作两三年后有了钱，全款买个房，然后在花溪定居下来。

大卫的贵阳生活

我打算结婚的时候，邀请英国朋友来这里

谈起成为网红这件事，倒是挺有意思的。记得我还是孩子的时候，就喜欢爬黔灵山，每次气喘吁吁地爬到山顶，呼吸着清新的空气，眺望着大半个贵阳时，心里就会觉得很舒服。一晃 20 多年过去了，贵阳发生了翻天覆地的变化，黔灵山却几乎没变，只是比以前更加干净整洁了。黔灵山不仅风景漂亮，而且很有历史文化，不仅是一处全国的网红旅游打卡胜地，更是贵阳生态文明城市建设的一处缩影。现在城市变化很快，繁华和喧嚣特别令人渴望清幽，这里山幽林密、湖水清澈，真的令人感到很舒畅。拍摄了黔灵山后，我们就到了甲秀楼，甲秀楼建在南明河上，河下清泉流淌，楼上人来人往，感觉贵阳的历史和精神之气都在这里了。另外，我也喜欢贵阳的那些老巷子，里面浓缩了太多老贵阳人的生活记忆，在高楼大厦不断兴起时，在这些老巷子里走一走，真的能感受到什么是贵阳的老味道。就像大觉精舍，听说是民国时期的仿古建筑，我就觉得特别有

意思。因为建筑是一座城市的记忆，要了解一座城市的历史，就不能不了解这些老建筑。拍摄了贵阳的这些老地方后，我们拍摄了花果园，这个号称亚洲最大的楼盘非常的现代和繁华，全国很多人都慕名来打卡。特别是双子塔，这是贵阳市的地标性建筑，也是贵阳城市经济发展的缩影，在很多人心中，它代表了贵阳的风采和气质。在那里，项目管理人托马斯和我谈了双子塔的设计理念，它不仅承载了贵阳这座城市的发展梦想和期望，更是一座城市的高度和未来。

2020 年 6 月 17 日，我们去拍了贵阳的美食。很小的时候，我听得最多的就是贵阳人常说的贵阳话“克哪点？吃哪样？”，贵阳的小吃实在太丰富了，而且对辣椒特别讲究。贵阳的特色美食不仅能够满足本地人的胃，而且对很多外地人也特别有吸引力。像我，从小就特别喜欢吃辣子和火锅。除了美食，贵州是一个多民族的省份，民族文化特别丰富，贵阳作为省会城市，就是各种民族文化的聚集地。我们到青岩古镇，发现这是一座非常古老的城镇，今天仍充满活力。到贵阳旅游，除了能感受到清秀旖旎的自然山水、热情淳朴的民族风情外，兴许还能收获一些精巧别致的手工艺品。不论是苗族银饰、刺绣挑花，还是贵州蜡染、贵阳油纸伞等，上百个种类的传统工艺品总会让你挑花了眼。刺绣与挑花是贵阳民族传统工艺百花园中盛开的两朵奇葩，其中布依族刺绣色彩明丽，表现手法灵活，花样繁多，生动形象，惹人喜爱。苗族的蜡染也特别有意思，苗族妇女所画的花纹，没有那么多讲究，比较随心，心中想到什么就画什么，一笔一画不仅保留了民族原汁原味的淳朴，又融合了现代人的审美元素。贵州人常说，“越是民族的，就越是世界的”，要想将贵阳传统的工艺制品带出贵州乃至带向全世界，要在尊重传统之上加入创新思维，结合工业生产流程，开设传统工艺培训班，将各民族的文化产品传播给更多热爱它的年轻人，让他们给传统文化插上想象的翅膀。

贵阳的变化确实很大，很多我看了都很惊奇。比如高新区一家公司的生产车间里，除了少数生产步骤需要人工辅助外，其余工作均由机器人完成。我还听说，现在中国国家南极考察队所用的考察工具——南极车，也是在贵阳生产的，这说明贵阳的科学技术产品已经越来越多地走向全国乃至世界了。当然，说到贵阳的科技，那肯定绕不开大数据。贵阳通过促进大数据与实体经济深度融合，利用大数据、物联网、人工智能等新一代信息技术，对传统产业进行了全方位、全链条升级改造，通过“大数据智能制造”的生产模式纷纷实现了“蝶变”。大数据与实体经济深度融合，开启了智能发展新时代。另外，我还在一家叫朗玛的公司看到，偏远地区的患者在家通过手机、电视看病，就能得到全国互认的智能检测结果，而且机器人医生可以根据 CT 片子给出准确的诊断意见。可以说，随着大数据、人工智能、互联网等技术的发展，以及健康医疗大数据的应用和平台的建设，贵阳已经率先构建起完美的远程智能医疗体系，使患者能够享用更先进的医疗技术、更全面的医疗服务。计算机对某些疾病的影像诊断已达专家水准。

在贵阳，真是了解得越多，就越是喜欢这座城市，而令人感动的东西也越来越多。有一个叫雷月琴的阿姨，已经 80 岁了，她每天早上醒来，只要身体没问题，都会到南明河沿岸巡查，只要看见有人污染河流，她就会上前劝阻和制止。30 多年来，她查看污染源头、捡拾垃圾从未间断，走遍了贵阳市的水源地，花费 7 年时间，手绘了 6 张南明河治污地图。一个人的力量太有限，环保需要大家的力量，更令雷月琴高兴的是，守库护水这件事，在贵阳市人民政府携手社会公益人士共建之后，如今的南明河变得更加水清岸绿，景色越发迷人。我们都知道，随着贵阳市社会经济的发展、人口的增多，许多新工厂都临河而建，工业废水和生活废水被直接排放到南明河中，河水一天天地变得浑浊起来。水被污染了，不单影响人的健康，这座城市也会失去它的光华和魅力。正是因为有雷阿姨这样的志愿者，贵阳才会越来越美好。除护河之外，雷月琴最开心的事是将环保的绿色种子播撒至更多人的心里。爱一座城，是因为这里有自己所爱的人。护一座城，也要护住这城里的绿水青山。另外，一个美术老师到开阳县驻村，只用了短短几年时间，就让村子发生了巨大的变化，真是太不可思议了。

总之，拍摄《遇见贵阳》的过程中，我对贵阳了解得更多，感动的事情也更多。无论是守护一山一水、温暖一座城的老贵阳人，还是对标先进、大胆探索的“贵创”，抑或是敢于追梦、奋勇开拓的“贵漂”，几十年来，他们见证了贵阳的崛起，也助力了贵阳的发展。从养在深山人未识，到“爽爽贵阳，避暑天堂”享誉世界；从深耕大数据，到贵阳新经济产业风生水起，“中国数谷”美名远扬。抢抓新机遇，开拓新天地。贵阳，正沿着高质量发展之路，跑出高速度，书写着新时代发展的辉煌篇章。现在，花溪改建了十字街，也请我去拍一个宣传片；中共贵州省委宣传部有一个活动，也找我去拍一个东西。

我跟北爱尔兰的朋友介绍说，贵阳是最好的地方，和中国朋友聊天，也说这里是最好的地方。英国朋友没有听说过贵阳，我就把《遇见贵阳》发给他们看，也会把这里的景色发给他们看。记得2010年我高中毕业后，暑假里一家人来花溪见老朋友，还带了一个朋友一起来，我向他介绍我长大的地方，讲当时那些好玩的事，如和我的朋友踢球等，也带他到乡下，看真正的中国是什么样子的。我们喜欢原汁原味的东西，所以都是吃的路边摊。这位朋友后来也想再次来贵阳的，但因为遇上了疫情，所以就中断了。我打算结婚的时候，邀请英国的朋友来这里看看我生长和生活的地方；也会在那边再办一次，邀请这里的朋友去感受一下英国和瑞士的生活。我想这样，大家就会更加理解我。

Dream Come True in Guiyang

贵阳，有生活该有的样子

口述……………王晓敏

整理……………晏九九

王晓敏

口述者小传

王晓敏，女，网名一度君华，蜀地出生，现迁居贵州贵阳，网络知名古言作家。2009 年签约晋江文学城。鲁迅文学院第 25 届中青年作家高级研讨班（网络作家班）学员，贵阳市作家协会会员，贵州省新联会会员。

王晓敏的《废后将军》《东风恶》《江湖小香风》《一念执着，一念相思》《胭脂债》《情人泪 • 岁月尽头》《拜相为后》等 11 本简体版图书已出版。其中，《废后将军》《东风恶》《拜相为后》《胭脂债》等作品在泰国、越南、韩国等国翻译出版发行，《神仙肉》《东风恶》等繁体图书在中国台湾地区出版发行。

《星落凝成糖》在中央广播电视总台和云听 App 上线。《废后将军》《东风恶》等 13 部有声小说在蜻蜓 FM、喜马拉雅、猫耳上线。

已售出影视版权的有《不醒》——烈火影业、《江湖小香风》——优酷、《星落凝成糖》——完美世界、《废后将军》——爱奇艺、《一念执着，一念相思》——嘉会文化、《胭脂债》——华谊兄弟、《我和大神有个约会》——上海游族、《拜相为后》——中文在线等共计12本。其中，网剧《胭脂债》由于文文、姚望、杨业明领衔主演，华谊兄弟开发制作，优酷平台播出。电视剧《星落凝成糖》由陈星旭、李兰迪主演。网剧《拜相为后》剧本已完成，剧组选角中。

获得的奖项有：《不醒》获晋江文学城2021年年度盘点优秀古言之一，2020年创作的《星落凝成糖》获评中宣部版权协会年度最佳内容创作奖，《明月入君怀》被评为2018年晋江年度盘点优秀古言之一，《江湖小香风》被评为2017年晋江年度盘点优秀古言之一，《东风恶》被评为2015年晋江年度盘点优秀古言之一，《主公自重》被评为2014年晋江十大优秀玄幻文之一，《灰色国度》被评为2013年晋江十大优秀玄幻文之一，2013年获晋江作者大会奇思妙思奖。

小　引

打开王晓敏的微信朋友圈，她的朋友圈签名竟然是“动不动就下雨的贵阳”，满满宠溺的口吻，足见她对这座城市爱得深沉。

初见王晓敏是在网络作协的成立大会上，她身着一袭长裙，戴着有坠链装饰的金边眼镜，恬静地站在窗前，极符合我心中的作家形象。我着实是羡慕的，再看看自己一副“江湖大佬”的形象，深感惭愧。

原本以为她是江南烟雨中缓缓行来的丁香花女子，熟识后，却发现她根本就是我们黔中最美的杜鹃花，迎风盛放，独有风骨。倒是让人想起刘禹锡的诗句：“山明水净夜来霜，数树深红出浅黄。试上高楼清入骨，岂如春色嗾人狂。”

从2009年写作至今，从《废后将军》《东风恶》《江湖小香风》到《不醒》……王晓敏几乎以一年一部的创作速度，一共有11部简体版本图书已出版，几乎每一本都有繁体版本或在泰国、越南、韩国出版发行，可谓是著作等身了。而她的作品不仅仅在网络平台和正式出版上有成绩，还有有声小说、影视剧等多种版权衍生作品。其中，网剧《胭脂债》由于文文、姚望、杨业明领衔主演，华谊兄弟开发制作，优酷平台播出；电视剧《星落凝成糖》由陈星旭、李兰迪主演。

现在的王晓敏，可谓是“正当红”的状态，可她身上没有一点所谓“红人”的架子，非常的平易近人，甚至在得知我们即将成立贵州省网络作家协会的时候，热心投入，做了很大的贡献。也许是缘分吧，我们比较投缘，时不时也会有一些小聚。聊及一路的创作历程时，她总免不了提到贵阳，这座带给她轻松创作氛围的城市。

2022年4月26日，我驱车去晓敏家。晓敏的家背靠山林、面朝春池，她独居一隅，很有一种大隐隐于市的感觉。坐在落地窗畔，观望着窗外碧绿的树影，品着清香的茗茶，我静静听着她的讲述。

深圳成了贵阳的铺垫

我是2009年开始写作的，毕业的时候并没有从事写作。我老家是四川的，在四川毕业后，我就去深圳从事教育行业的工作了。

我当时住在城市夹缝中的小村里，到公司的通勤路程时间很长，要想不迟到，就必须每天很早出门。天光未明时，许多人还在睡梦中酣眠，我就已经梳洗好了，准备去赶公交车。你知道的，我个子不高，每次挤公交车，好像都是被推耸着上去的。那种感觉……像极了一条漫无目标的鱼，只能随着鱼群流浪。等好不容易挤上公交车后，我紧紧拽住高高的手环，有时候就会觉得，自己好像一条风干的咸鱼。

记得有一次，车缓缓停靠在站台边的时候，我看到一幅色彩艳丽的海报上有一个面容姣好的女子，正面带微笑指着手里的汉堡，旁边的文字配的是："要记得吃早餐哟！"

本来还不太饿的，一看到那句话，我就觉得肚子饿了，但我根本没什么时间吃早餐，就在公司门口的小摊上随便买一袋包子、一杯粥，就行了。

基本上那段时间的生活都是这个样子的，每天早早地起来挤公交，下车后飞快地奔向早餐店，随便买点早餐，再冲刺跑向公司，然后用力挤进保证打卡不迟到的那班电梯……

好不容易坐到工位上的时候，才会有一瞬间的轻松。尤其是那杯暖粥入腹时，疲惫就消散了许多。

我其实很喜欢太阳，很喜欢阳光，我的工位基本上每天早上都会有一缕阳光照进来，但每次我顺着光芒看过去的时候，却只能看到一扇倒映着太阳的玻璃。写字楼森林里，连阳光，都是二手的。

一般就这么休息一下，就得三两口将早餐塞在肚里，然后马上打起十二万分精神开始当天的工作。等到我从办公室出来时，太阳早就下山了。

（在深圳）也不能说是压力大，但确实是比贵阳的生活节奏快。

深圳……是个非常繁华热闹的城市，有很多的发展机遇，生活节奏非常快，是很多年轻人向往的奋斗圣地。大家来到这里，就会不自觉地开启不断学习、不断突破自我的奋斗模式。

在这样的环境氛围里，哪怕是像我这种生性恬淡，没想过要拼事业的人，也会受到影响，变得做任何事情都带着目的性，讲究效率。

我一开始只想在深圳找份工作，有点收入。可是走在马路上看着脚步匆忙的行人，脚步也会不由自主地加快；到了公司，面对越来越优秀的同事，为了不被甩下、不被淘汰，也只好主动买书学习，逼着自己进步。

在那个年轻的城市里，似乎只要拼命努力，就可以挣到很多很多的钱。

我每次从家里拼命往公司赶，或者深夜下班后，拖着疲惫的身子往家的方向蹒跚前行时；每当与那些车水马龙、灯红酒绿的繁华热闹擦肩而过时，都会觉得那些繁华热闹是别人的，与自己无关。我很清楚地知道，于这个城市而言，自己最终只是个过客，而非归人。

因为频繁加班，我身心都不堪重负，鼻炎也越来越严重。直到医生建议手术时，我才不得不暂停了工作。因此有了一段难得的假期，最终我决定离开深圳，到处去走走，感受一下生命的美好。我离开深圳后的第一站是贵阳，因为当时姐姐定居在贵阳。我从来没有想过，有一天会对远隔万水千山的贵阳有如此深的依恋。

与贵阳相遇

当时是2009年，当时的贵阳，是个与深圳截然不同的城市。没有很多高耸入云的摩天大楼，也没有24小时从不落幕的繁华热闹，有的只是数不完的山水，看不到尽头的草木。和深圳相比，我甚至觉得它带着一点质朴的土憨气息。

我刚到贵阳时，还在休假中。那个时候，正饱受鼻炎的折磨，我姐姐和姐夫热情地带我休闲、旅游，想要帮我用最短的时间恢复“健康”。贵阳嘛，毕竟是被叫作“林城”的城市，作为首个官方盖章认定的“国家森林城市”，名副其实，市区处处都是山丘和林木。

贵阳市区山山水水特别多，几乎每个区都最少有一个由自然山林湖泊开辟出来的森林公园。街道绿化得也特别好，行走其中，有一种跟大自然借地方住的感觉。生活在这个城市，会不自觉地对大自然生出一种敬畏感和珍惜感。走在城市里，也不会有什么来自工作和生活的压迫感。

这里的空气含氧量非常高，让我感受到了久违的轻松。

身体松快了，我就开始有心情和精力去寻找一些属于这个城市的惊喜了。我经常一个人出去逛，就是纯粹的闲逛的那种，找找小吃什么的。但我呢，又是个“路痴”，分不清东南西北。贵阳有许多的地下通道，一进了地下通道，我就压根找不到出口，每次出门，都得问路。如果是在深圳问路，其实绝大多数路人都不知道，那个城市的外来人口，真是太多了。可到了贵阳，发现这里的人都特别热情，而且大部分人对这座城市的大街小巷了若指掌，得知我迷路了比我还着急。

记得有一回我迷路了，找路边一个卖樱桃的老大爷问路。老大爷没有半点不耐烦，非常详细地告诉我怎么走能到目的地。可我听了半天，还是不太明白，老大爷干脆找了张纸，当场把路线给我画了出来。在画路线图的过程中，老大爷就像个邻居一样，亲切地和我聊家常，说他自己家里的一些事情，也会问我一些家里的事情，亲昵得宛如认识多年的老友。

我呢，其实是有点内向的，本身不是个会轻易与陌生人闲聊家常的人，而且常年独身在外漂泊，让我多少有点戒心。可在当时，老大爷的不设防、不设限，却让我一下子对这座城市有了好感。

我就觉得，这边的人，真的是刻在骨子里的热情和真挚。

贵阳有一种独特的烟火气，我很喜欢，毕竟老话说“民以食为天”嘛。像我这样的吃货，对一个城市的认同感，目之所及的漂亮景色还是其次，最重要的还是来自当地的美食。

贵阳是个小吃品种非常丰富的城市。一个寻常的土豆，都能做出各种新花样来。什么狼牙土豆、洋芋粑粑、麻辣洋芋片洋芋丝啦，还有烤洋芋、烙锅洋芋、洋芋丝饼啦……太多了，感觉随随便便就有几十种。

而且众所周知，越是地道的小吃，越是低调，总是藏在各种老旧的街巷里，而且很多小吃往往连店面都没有，就是一个小摊子而已。对于那些本地老饕来说，要想找到那些美食，是件轻而易举的事，可对于初来乍到的外地人而言，这就跟个寻宝游戏一样刺激。

我刚到贵阳时，最喜欢做的事情就是穿街走巷去寻访各种本地特色美食。几个月下来，我几乎把贵阳传统美食都尝了个遍。我闭着眼睛也能说出哪里的豆腐果最好吃，哪家的洋芋粑最香，哪个摊子的丝娃娃料最足，哪家的酸汤鱼最得劲儿。

要不就留在这里吧

就挺突然的……其实我自己也没想到，真正让我决定要留下在这里工作、生活的瞬间，竟然是一顿就着明媚阳光吃下的早餐。就算过去了 10 多年，我也还清楚地记得，那时贵阳市中心的花果园还是个棚户区，尚未被改造成亚洲最大的楼盘，整个贵阳也并没有如今这般繁华风光。

有天早上，我百无聊赖，信步走到花果园湿地公园的湖边，然后买了个早餐，坐在长椅上，慢慢地吃着，感受着岁月的静好。我以前从来没有试过在这种露天的环境下吃早餐，那天是我毕业工作后，第一次在大自然中，吃的第一顿慢悠悠的早餐。

那天真的很美……早晨的湖畔，绿中透着隐隐的蓝，有轻轻薄薄的白雾袅袅升起，有着大城市所见不到的纯净。天空瓦蓝瓦蓝的，有朵朵缠绵的白云飘于其间，有着大城市所见不到的透明。温暖的阳光照在身上，让人莫名地觉得自己有了光芒的感觉。

微风轻轻袭来，拂过了湖面，泛起粼粼波光，带来混杂着青草和泥土的气息，感觉好像就是那阵风拂乱了我的心。心在那一瞬加速跳动起来，我看着眼前的一切，突然生出“要不就留在这里吧”的想法。然后我深呼吸一下，平静了一些，仔细地回想起刚刚冒出的念头，回想着以往忙碌的生活，再一次确定，这就是我想要的，这里有生活该有的样子。

我觉得吧，人与人之间的相遇相知需要缘分，人与一座城市之间的联结，也是一样的。当即我就决定，要在这座城市找个工作，开始新的生活。然后，我姐姐听了我的决定后，也非常支持我，提议让我住她家里。但是我知道自己很热爱自由，自己一个人住会更自在，而且也不想麻烦姐姐，于是就拒绝了姐姐的提议。之后，我在花果园一带找了一个一室一厅的房子，当时租金也便宜，每月只要 200 元。那里离花果园湿地公园很近，可以守着我喜欢的那片湖。

很快，我就在这座城市找了第一份工作，正式开始了我的贵漂生涯。不不，不能说是贵漂，我只是打了个比方。因为这里并没有给我那种“漂泊”的感觉。因为贵阳和我家乡南充的口音非常接近，我来到贵阳后，并没有像去往其他城市时那样，因为陌生的口音而产生疏离感。

虽然贵阳看起来缓慢悠闲，可能会让人觉得这是一座只能用来养老的城市，但事实上，并非如此。在这里工作，也需要全身心地投入，也需要不断提升自身的竞争力，不然也会被毫不留情地淘汰掉。这里的人能很好地把“工作”和“生活”区分开来，让你在忙了一天的工作后，能够很好地享受生活。

被这个世界深爱着的感觉

刚落脚贵阳时，我从事的还是最熟悉的教育工作，当了一名语文老师。工作内容和在深圳相比差别不是很大，可生活方式却迥然相异。

深圳很繁华，高楼林立，科技感很强，面积好像只有贵阳的四分之一，可人口总数却是贵阳的两三倍。那里深藏着许多青春勇者的梦……寻梦总是艰辛的。在那里，“加班”两个字，不需要任何人提醒。为了实现自己的梦想，我有很长一段时间没有完整地休过周末。因为教培行业内卷严重，周末家长们才会有空。

在贵阳工作后，我不用再经历跨区赶车上班的疲惫，不用在一天才刚开始就被人海淹得喘不过气。那种在路上就得拼命，还没有进入办公室，全身力气就被交通消耗得差不多的感觉，也消失得无影无踪。没有交通压力，在工作日的早上，我也可以很从容地吃完一顿早餐，然后慢慢悠悠地向学校走去。

因为城市里绿化得非常好，一路上都能看到花开。以信步闲庭的姿态走在其中，一路繁花相送，我就会有种强烈的被这个世界深爱着的感觉。那个时候，我终于发现，原来人生是一个可以让你停下脚步来看一下花草阳光，感受阴雨晴雪，观察四季变化的过程。那些看似无用，却能让人变得身心舒畅的爱好，那些可以让人脚步慢下来的花开，才是人生中最难能可贵的东西。

这个世界上一切的物质都可以用金钱买到，可那份从容自在的生活状态，却是多贵的包包、多好的车子都给不了的。这个可能就是当有人问我对贵阳的印象时，我会不由自主地把深圳和贵阳拿来对比的原因。而且，贵阳的公园真是多。不管住在哪个区，下楼打个车，走个七八分钟，就能到达一个带着原始狂野气息的公园。走进去，闻着无比清新的草木香气，恍惚间，会有种自己去的不是公园，而是推开了时空之门，瞬移到了深山老林的感觉。工作忙碌带来的压力，很快就能释放出去。而且，这边不仅仅自然风景多，也有很多先进的现代化娱乐场所和商业气息非常浓厚的商场。如果哪天不想去太幽静的地方玩，想凑凑热闹，感受现代化的气息，也可以去逛逛商场，或者去游乐场。

总之，这是一个可以在大自然和现代化之间随意切换的城市，至少让我觉得，已经全方位地满足了我的各种需求。

在深圳那种快节奏的生活氛围里，每个人都被环境的力量裹挟，像陀螺一样不停地转着，但在贵阳这种无处不在的烟火气中，不管你从事什么工作，只要你愿意，你永远都可以拥有热气腾腾的生活。大家完全可以在把自己事业经营得很好的同时，发展自己的兴趣爱好，以及好好品味生活的美好。

如果非要用一句话来形容贵阳，那应该是“山水为骨，市井为魂”。这“魂”，属于每一个贵阳人。贵阳的每一分热闹，都是新老贵阳人对人间烟火热切的刻在骨血里的追求。在这里，下班走出办公室之后，完全可以暂时把工作抛下，去做自己喜欢的事情。在下班时间，哪怕我吃喝玩乐三条街，还全程在社交平台直播，领导看到了也不会在心里给穿小鞋，认为我工作不够用心，反而可能会加入其中，和我一起“玩物丧志”。

这也就有心情和时间去做一些别人看起来没什么用处的事情，发展一下自己的爱好，比如我就有心情、有时间去写作了。

人生中非常重要的决定

王晓敏的工作室

一开始的时候，写作就纯粹是我的爱好嘛。在贵阳能让自己过得还算安逸的情况下，又有一些业余时间的时候，我就发展了一下爱好。我从未想过要写出什么样的成就，达到什么样的高度，挣多少钱，所以每天下班回家之后，都可以心平气和地坐在电脑跟前，用文字去构建一个与现实生活完全不同的世界。

因为当时我是老师嘛，有寒暑假，就有了更多的写作时间，就可以全心全意地钻研怎样写出更好的小说来。然后随着更文越来越多，写得越来越好，我也就慢慢拥有了一些认可我的读者，也通过写作有了一些收益。我从未想过有一天居然可以通过网文写作挣钱。

我清楚地记得，第一次收到稿费时，还觉得特别新奇，特别惊讶。一开始稿费并不多，只够交个水电费、吃一顿好吃的。但毕竟是爱好，也没那么多的得失心，就一如既往地保持着往日的心态和节奏，认真努力地写着。慢慢地，累积的经验多了，写出来的作品多了，也就越来越娴熟了。加上你们都知道嘛，老师是一个非常费嗓子的工作。我本来就有鼻炎和咽炎的，在当了老师之后，咽炎越来越严重。为了身体着想，在嗓子快要废掉的时候，我不得不申请停薪留职，专门抽时间养病。

在养病期间，我有了大把的时间写作，稿费也慢慢超过了自己的工资了。而且，因为逐渐沉迷写作，也就逐渐发现，自己真的很喜欢这一行，人也就不由得有些动摇。于是在权衡之后，我做出了人生中非常重要的决定——辞去老师的职务，专心写作。写作是一件需要远离喧嚣、静下心来才能做好的事情，而贵阳正是一座可以让人静下心来的城市。

我全职写作之后，并没有太多的经济压力，不用像很多作家那样，需要靠其他工作谋生，以滋养梦想。也许正是因为如此，我的作品质量也越来越好，稿费收入也越来越高。这也意味着，我拥有了更多的自由。我可以在写作之余，能做更多自己喜欢的事情，比如说旅游之类的。可这些年，不管我去了多少地方，看过多少美景，最终都还是会回到贵阳。

这个城市，像是有一种奇怪的魔力，让我除了家乡四川以外，又延长出了第二条根系。而且贵阳的气候真的很养人，它没有火炉城市的炎热，也没有北方城市的寒冷，我好像越来越适应这里了，也就慢慢滋生出要定居在这里的想法了，加上租房太麻烦，便萌生了买房的念头，然后就开始考虑到底在哪个城市定居。我也曾经想过去一线城市的，但是和北、上、广、深那些一线城市比起来，贵阳的房价很低，并不需要太高的收入来维持基本生活。在一线城市，买到市区四五十平方米的一室一厅的价格，可以在贵阳市区买下一栋四五百平方米的精装修别墅。相比之下，贵阳的房价可以说是白菜价了。当时我的收入，已经可以在贵阳买得起自己喜欢的房子了，这样一对比，我更是觉得贵阳真的是个非常宜居的城市。

中国人真正的归属感，大多是从可以称为自己家的那座房子开始的。我对贵阳生出的真正眷恋，可能也是如此。

当我搬进自己买的房子，站在阳台上看外面时才发现，自己在这个城市里已经有一个可以遮风挡雨的屋檐了，才突然意识到好像我也是这个城市的一分子了。

贵阳是个好地方

（对贵阳的感觉是）来到这个城市后，慢慢地穿过它，感受它，在慢慢融入进去的过程中，一点一点萌生出来的。像我现在住的这里，在两个繁华区域之间的过渡带，家在半山腰，开门见山，推窗有花开。身处其中，一点都感受不到现代化城市的气息，但也不会有任何的不便。因为无论是外卖，还是线上买菜都非常方便。我可以在各种 App 上面买菜，下单 40 分钟左右，新鲜的食材就给送到家门口了。如果要出门，打开打车软件，也随时可以打到车。这种便利的生活体验，一点也不比北、上、广、深这些一线城市差。

我觉得（这些年贵阳）变化最大的，就是交通了。我还记得刚到贵阳那几年，几乎从来没有遇到过堵车的情况，但现在，随着开私家车出行的人越来越多，贵阳已经从“林城”变成了“堵城”。其实有时候也会忍不住抱怨，现在怎么这么容易堵车，可是更多时候，我是觉得欣慰。因为这也说明，贵阳的经济在飞速发展，人均收入在提高，整个民生水平都在提高。更值得庆贺的是，随着高铁的开通，贵阳对外的交通也是越来越便利了。以前我想要回一趟老家四川南充，只能开车或者坐大巴。那个时候，路况非常糟糕，要耗上十几个小时才能到家。那时最大的感觉就是家很遥远，想要与家人团聚，需要历尽千辛万苦。如果是去北京，那更加艰难。那个时候，只能坐绿皮火车，又慢又不舒服，光是花在路上的时间，就得两三天。当时会觉得出行是件非常大的事情，必须得把家里的事情处理完毕了，特意腾出好几天时间，才敢出去一趟。

现在高铁通了，贵阳到南充也只要 3 小时左右。如果我想家人了，想要回去，直接买个高铁票，3 小时就可以到家。比如下午两点想家了，五六点就能坐在家里的饭厅中，和家人一起开开心心吃晚饭了。如果要去北京，高铁也就八九小时。机票也不那么贵了，如果非常赶时间，还可以坐飞机，只要 3 小时就能从贵阳飞到北京。

除了贵阳，我也比较喜欢重庆。高铁开通后，从贵阳到重庆一个来回，也不费什么时间。我喜欢到重庆购物、吃吃地道的重庆火锅，时不时来个短途旅游，换换心情。而且交通的便利，也大大改变了外地人对贵阳的印象。我还记得以前在深圳的时候，想要给在贵阳的姐姐寄东西，除了邮政，其他的快递都到不了。当时在很多人的印象里，贵阳是个贫穷又偏远的地方，如果要出门旅游，也不会考虑来贵阳。

让我印象特别深刻的是，有一次我去外省，和别人说我是从贵阳来的，对方居然很认真地问我，贵阳通电了没有。现在，交通的便利、城市发展的日新月异，以及政府的大力宣传，也刷新了很多外地朋友对贵阳的印象。我在外地再提及自己来自贵阳时，很多人的第一反应都是，贵阳是个好地方，山清水秀，气候宜人，非常适合避暑度假，等到夏天了，一定要找时间到贵阳去玩一下。

作为一个写作者，如果非要我说点什么事情来进一步证明贵阳的成长，莫过于文化产业的发展变化，以及人们对写作者的态度变化了。

在我的记忆中，10 多年前贵阳还在紧锣密鼓地建设中，外地人，尤其是父辈的人来到贵阳，大多是从事土建方面的工作，比如修路、工地搬砖等。但是现在，大多数人来了这里后，从事的是文明程度更高的文化、旅游、教育这些行业。而我刚开始写作那两年，贵阳还只有文化产业的概念，没有实际与之匹配的一切，周围从事这方面工作的人也很少。那时候，贵阳也没有与动漫相关的培训学校，我曾经创业做动漫，周围人惊讶的反应，让我有一种是自己把动漫概念带回来的感觉。那时候，就连我和别人说，我是个作家，是写小说的，大家也会觉得很稀奇。

到了现在，贵阳的发展速度很快，与其他一二线城市的差距在逐渐缩小，高新行业的发展也越来越好，无论从事哪一个行业，大家提及时也不会觉得稀奇。

回顾起来，我觉得这种变化真的让人忍不住惊叹。

爱之深，盼之切

在休闲娱乐上……其实以前会多一些。贵阳以前夜市非常多，我也会和朋友们去合群路、青云路那一带的夜市喝啤酒、吃夜宵，或者去市西路一带逛小摊、淘宝贝。如果刚好能淘到自己特别喜欢的小东西，就会特别开心、特别满足。

后来朋友们陆续成家，会把较多时间放在照顾家庭和孩子上，而我也随着年岁渐长，越来越宅，不那么喜欢热闹了，外出次数也大大减少了。平时出门，一般也就去看个电影、喝个咖啡，仅此而已。

还有因为长期伏案写作，肩颈容易疲劳，也偶尔会出门去做个肩颈按摩，护理一下身体。

然后就是我养了两条狗，平时还会抽时间特意带着狗狗去外面走走，放放风，也让自己接触接触人气，感受一下人间烟火。

总之，从生活角度来说，我觉得贵阳真的一点需要改进的地方都没有。就算是挑剔一些，从事业发展角度出发，我也会觉得贵阳是个很适合发展文化产业的城市。但贵阳作为一个发展中的城市，也还是有需要完善的地方。比如影视产业这一块，贵阳和一线城市相比依然有很大的差距，还需要继续努力。

不过作为陪着贵阳一起成长的新贵阳人，我相信，这座我所深爱的城市，影视产业这一块肯定也会慢慢好起来的。我觉得再过几年，贵阳的影视公司凭借着这里得天独厚的原生态环境，一定会在影视产业中占一席之地的。

这可能就叫作“爱之深，盼之切”吧。

我愿贵阳越来越好，让光阴草木以及生活在这片土地的每一个人都可以得偿所愿。

Dream Come True in Guiyang

贵阳，自然与城市两者兼得

口述……郭乔宇（Joy）
整理……马丽娅

郭乔宇和其儿子

口述者小传

郭乔宇（Joy），贵阳出生、满月，其妈妈是昆明人，爸爸是贵阳人。之后随父母在昆明长大，15 岁随父母移民至加拿大。在加拿大读完高中、大学。毕业后在加拿大从事中小企业风险管理服务。

郭乔宇原本对贵阳的印象只有暑假回来探亲的些许记忆。少小随父母移民海外多年，她却在贵阳找到了亲情归宿。更意想不到的是，2017 年，在即将返回加拿大前的探亲中，她因为一份工作，在贵阳结识了在贵州从事户外极限运动的男友，随后便定居贵阳。借助贵州独特而丰富的山地旅游资源，她打造了自己的以滑翔伞洞穴探险等极限运动为主的户外运动公司。

小 引

对郭乔宇的采访进行了两次，这两次采访的间隙里，她带我穿行体验了深居小巷的茶馆、咖啡店、面馆、火锅店等，都是那种藏在小巷里极有趣的小店。她用熟练的贵阳话和店主聊天点餐，这些一度让我怀疑她就是个土生土长的贵阳人。

和郭乔宇聊天，总是会被她热爱自然的情绪影响，每每提到在成片茶园上空架着滑翔伞飞行，或洞穴探险中的黑暗神秘时，笔者总有一种想和她一同体验这些户外极限运动的冲动。等听她聊到走街串巷，在贵阳寻找美食的经历时，笔者又得到了一种看贵阳的风土人情的不同视角。

“工作得如此辛苦无非是想让自己过得更开心”，“逃离大城市”并不是软弱的表现，相反，寻找真正令自己开心的工作和生活，在其中找到自己的价值感，才是最有意义的表现。这一点，郭乔宇其实很清醒，也做到了。

那个“被迫”来贵阳探亲的小孩

我是个出生在贵阳，却几乎没有在贵阳成长过的孩子。

虽然在30岁决定定居贵阳之前，几乎每年都要回来探亲，可那时候“去贵阳”对我来说都是一种考验，更多的是完成父亲布置的任务，枯燥乏味。却没想到，后来是贵阳给了我这个漂泊大半个地球的人最温暖的亲情归宿。

我父亲是地道的贵阳人，结束知青生涯后，父亲在恢复高考的第一年考上了西安交通大学的电机系高电压专业。考上大学后，父亲离开家乡，很少再回贵阳。父亲大学毕业后被分配到了云南宣威，在宣威与我母亲相识、结婚。

我在贵阳出生是个有趣的故事。我奶奶因循传统地认为：媳妇得在婆家生小孩。所以1987年，我妈大着个肚子从昆明来到贵阳，在贵阳医学院生下了我。我在贵阳满月之后，就跟着爸妈又回到了昆明。

我满月就回到了昆明，这之后与贵阳的缘分交集，仅仅只是每年暑假的时候回来看一下爷爷奶奶，以及过春节的时候过来待几天。其实，我小时候对贵阳的山水是完全没有印象的，唯一的印象是大概 9 岁的时候，全家去情人谷玩，然后我在盘山公路上吐得稀里哗啦的。

小学、初中的时光里，我几乎每到暑假都会被父亲逼着在贵阳待一段时间，一定要我来陪陪爷爷奶奶。

我的爷爷早年在贵州教会办的学校里读书，后来一直在这个教会里工作，他工作的地方以前叫和平路（即贵阳今北天主教堂一带），爷爷奶奶家住在附近，所以我小时候的活动范围就是现在的陕西路这一带。

我对沙河桥附近有很深的记忆。那时候爷爷奶奶家住在普陀路上很老的居民楼里，二楼推开窗，后面就是一条河。我八九岁的时候，窗外那条河还没有被填起来，河里还依稀有些河水，记忆中总觉得那条河臭烘烘的，不过我依然觉得很有趣。弯弯曲曲的河边还有很多户人家，还有沙河街附近总是熙熙攘攘的菜市场。

那时的记忆里，贵阳的建筑都是顺着坡一层层地建起来的，可是真好玩。跟着家里的哥哥、弟弟、妹妹在小巷里钻来钻去的，就可以玩一整天。对于一个外地小孩子来说，可以在有住户、煤棚的街道里捉迷藏，在河边跑来跑去已经是一件非常快乐的事情了。这些小街巷，特别容易让人迷路，可我还是天天穿着短裤、短袖跑出去玩。

毕竟没有跟着爷爷奶奶长大，单单只是每年一个暑假短暂的时间，其实也没法与他们培养起太深的感情。

爷爷奶奶对我们这一辈的爱，非常自然和简单。晚上肚子饿了，奶奶会宠溺地给我煮非常好吃的素粉。奶奶是石阡县盐商大家族里的孩子，小时候偷偷跑进家里的私塾学会了认字，一辈子非常好学、要强。

在昆明，妈妈不许我吃得太辣，更不许我吃消夜。到了贵阳可就没人管我了，我可以放开了吃小吃和消夜。暑假时偶尔一个晚上，大我两岁的哥哥会拿着零花钱，带着我去街上买各种小吃，陕西路是我记忆深刻的地方，那段时间也是我记忆最深刻的时光。

昆明完全没有这种布满美食的夜市，在这一点上，我太喜欢贵阳了。那时候陕西路夜市还没拆迁，摊位种类特别丰富：这一家卖八宝饭，那家卖汤圆，隔壁又是卖素粉的，再往前走又是卖什么鸡丝豆花面的。小孩子嘛，总会吃得不亦乐乎，再满足地回家睡觉。

平常天的话，伯伯、姑妈、叔叔、婶婶这些家里的其他长辈，就会带着我们小辈去其他地方吃小吃。什么恋爱豆腐果啦，丝娃娃啦，烤肉串啦，我记得那时候丝娃娃都是摆在路边的小摊上，一盘盘的蔬菜放在面前，完全靠你自己包。在我的记忆中，小时候路边摊的丝娃娃的种类完全不像现在那么丰富，也没有现在如酸汤这些丰富的汤料，那时候丝娃娃的汤料，更像一碗酱油水。

暑假还有一段有趣的记忆，就是去贵州饭店的露天游泳池里游泳。那时候三叔家在贵州省人民政府大院里面，院子里绿化得特别好，那些树特别高，这里又凉快又舒服。

至于春节假期，爸妈偶尔会带着我一块来和爷爷奶奶过年，小时候对贵阳还有一个深刻的印象是空气里面会有一股酸酸的味道。尤其是以前一下火车，就会闻到那种烧煤的硫化物的气味，这大概是我童年里的一个重要的嗅觉记忆。我奶奶家以前住在居民楼，也都用那种烧煤炭的大铁炉子，有股特别的味道，还有特别暖和的记忆。

不过，当“去贵阳”成为一个爸爸非要逼你完成的任务时，就显得有些沉重了。毕竟我那时候就是个小学生，大部分时间都得在家里和爷爷奶奶待着，和老人家也没什么可以聊的东西，就只好一个人在家呆呆地看电视。这期间如果我爸打电话来，正巧遇见我出去玩了，就会被他唠叨：“你好不容易到一趟贵阳，你都不多陪一下爷爷奶奶？”我那时候还会生闷气：“你自己咋不来？”

父亲带着“出国梦”全家移民加拿大

我15岁开始上高中的第一年，父亲带着自己的“出国梦”，也带着全家一块移民到了加拿大。

出发之前为了不让我读书分心，父亲准备了近两年的移民手续，直到出国前半年必须开始体检，才和我说即将移民的事。那时候，对于移民这件事，我满脑子只觉得新鲜，年轻人嘛，谁不想出去看一下外面的世界和生活。到加拿大后，母亲因为不习惯国外的生活，很快返回国内。而我就一直和父亲在加拿大生活。

15岁开始，我开启了在加拿大的生活。

我从小就是一个特别叛逆的孩子，记得刚到加拿大的第一个月，我就开始打工了，主要是在周末打工。主要是觉得好玩，当然零花钱对我来说也是一个诱惑。其实一直以来我并不抵触工作这件事。我到了加拿大以后，想的第一件事情就是怎么样去找一份工作。虽然那个时候自己年纪很小，可我居然想要看看这个社会是怎么样运转的，想要去了解这个社会的样子，很自然地，我就开始过打工赚零花钱的生活了。为此还和我父亲起了非常大的冲突，因为我爸虽然到了国外，但他的想法还是“你得安安心心把书读好”。

移民加拿大后第一次回贵阳，是到那边两三年以后了。那时候在加拿大快高中毕业了，第一次回来的机票钱这些杂费全部都是用我打工的钱买的。我还记得那一次来回的机票大概是1500加币，按照那个时候1∶7左右的汇率来算，大概是人民币8000元。

那时候，每一次回贵阳我都觉得头很大，像有一个艰巨的任务要去完成。因为那个时候父亲依然固执强势地要求我，每次回国都要回贵阳来看爷爷奶奶，甚至会很过分地要求我，不准出去玩，就只准在家陪着他们。作为年轻人来讲，和有着年龄鸿沟而且相处时间很少的长辈待在一块其实挺别扭的，尤其是当这件事变成一个任务的时候，回贵阳探望爷爷奶奶就变成一件我极度不情愿的事。反而，用剩余不多的时间和母亲相处，是那一段时光中难得的开心时光。

因为父亲的工作性质的关系，我从小和父亲相处的时间就很短暂，加上我们的性格都很强势，所以在加拿大的时候我们的关系变得更加紧张。我有阵子处于抑郁的状态里，在医生的建议下，有了靠跑步这样开放式的运动排解困扰的习惯，每天至少 15 千米的长跑，也成为假期回到贵阳不变的习惯。

回到贵阳，我就开始找可以跑步的线路，一开始是每天从三叔家跑到黔灵山公园后门，花 5 块钱买一张公园门票，就可以进山里跑步。从公园后门跑进黔灵山，一口气跑到黔灵湖边，那时候一路的感觉简直太舒服、太美好了。不过好笑的是，没过几天我就被黔灵山里的流浪狗发现，被他们追着跑，后面我也不太敢在那条路上跑了。

可以说，黔灵山公园让我第一次感受到贵阳不一样的烟火气息，你会发现周边的居民和公园门卫大叔都是好朋友，逛公园就像小区遛弯一样自然惬意。

直面人生转折，在贵阳寻找到亲情温暖

2014年，我在加拿大已经正式毕业开始工作，总是喜欢独处的父亲借工作的机会回到了国内，我们之间交流的机会还是很少。万万没想到的是，父亲在回国后没多久就确诊了口腔癌，立即进行了第一次手术。这之后，父亲选择了回到贵阳生活，与我的爷爷奶奶有了更多的交集。父亲10多岁离开贵阳这座城市外出求学、工作、定居，时隔近40年选择了落叶归根。

2015年，依旧固执的父亲在手术之后拒绝接受化疗，开始用一些类似偏方的治疗方案，为此我还和他发生过争吵。又过了一年，父亲的癌症越发严重，在贵阳离开了我们。我清晰地记得，那时候我正准备从北京路打车到医院照顾父亲，就接到了父亲过世的电话。

父亲的离去，对我产生了很大的影响，可以说是我人生的一个巨大转折。对我来说，这是我人生第一次直面亲人的死亡。我对于丧葬的传统步骤，例如我需要做什么完全是蒙的，在殡仪馆

的 3 天，全靠我的伯伯、叔叔、姑妈他们操持了父亲的后事。

我伯伯是一个普通话都说得不太好的地道老贵阳人，从父亲生病回到贵阳开始，伯伯付出很多精力照顾父亲，我想这对于几十年未感受过兄长温暖的父亲来说，格外温暖，这一点我至今非常感激我的伯伯。父亲离世，从某种程度上来说对我是一个契机，让我第一次真正意义上感受到什么是亲情。

我少小移民出国，在加拿大的 10 多年几乎是我一个人在生活，在我的成长过程中，我除了和我妈偶尔相见和假期来贵阳之外，其实没有真正意义上和亲人们亲密地相处，没有真正一家人共同去面对生老病死这样的人生的巨大转折。

父亲的离世让我第一次意识到，亲人之间情感的联结来自于生活点滴的相处，但同时也来自于共同的交集。这让我第一次去思考亲情对于一个人来说到底意味着什么？亲情的联结是如何建立起来的，它是如何在一个人最需要的时候去支撑你内心很脆弱的地方的，这其实让我觉得很奇妙。那时候考虑的第一个结果就是，不能和我妈分开得太远，所以我在那时就动了回国的念头。

不过我也很明白，我不能和我妈生活在一个城市。我们一家都是性格特别要强的人，如果生活在一块，估计又得天天吵架，若即若离、我随时能到她身边的状态更好一些。

接着我很快结束了在加拿大的工作，开始在北京和上海工作和生活。

那时候我非常不习惯回国后的生活，之前我在国外每天都要到河边去跑步，我每周都要去爬山，总体来说是一种很亲近自然的状态。突然到了北京、上海，我只有一种进入了花花世界的感觉，这种感觉迷人却又会带来莫名的恐惧感。

让人“走火入魔”的大城市令我失控

北京、上海这样的超大城市，吸引了众多非常优秀、非常有趣的人，在这儿我会觉得整个眼界都打开了。天天都在和有趣的人打交道，这样的感觉的确很迷人。当时我还在从事企业咨询类型的工作，工作状态是早上 7 点起来一直工作到晚上 11 点。人沉醉在工作里面，其实是值得尊敬的，可是这种沉醉的状态，一旦超过某个界限，就可以说是“走火入魔”了。

当周围的人都在谈那种几千万上亿元的项目时，我自己其实是很虚、很慌张的，会觉得：这一切好像和我有关，好像又和我无关。我真的好像巨大的机器里面的一颗螺丝钉，无法感受到对自身的掌控。可以说那一段时间我的生活就是在一种失控的状态中。那时候我唯一的消遣就是工作之余去喝杯酒，靠酒精暂时的麻痹忘却痛苦，却解决不了任何问题。

那两三年，我过着一日三餐吃外卖的日子，又刚好那时是北京雾霾比较严重的时期，出门都得戴着口罩，我就没法再通过曾经十分依赖的跑步来缓解自身的焦虑了。这让我觉得，与非常亲近的自然失去了连接。我一直认为，人是需要和自然建立很深的连接的，我多么看重的连接，在回国后突然就断开了。

在跑步的过程中，你会把自己挤压到一个很极限的状态，当你把自己放在山川河流里面，看到、触摸到、呼吸到自然真实创造的一切时，才会看到自己的渺小，但这种渺小是可以接受的，因为自然万物就是那样宏大地展示在你面前，你无法打破这种宏大，就会很自然地去接受自己的渺小。

可身处庞大的城市构架里，我深刻地明白自己的恐慌，有越来越严重的窒息感。在这样的大城市中，你永远看到的都是比自己更优秀的人，想得到别人都拥有的东西，整个人都无法坦诚地接受自己的渺小了。

很有意思，那时候我的生活突然出现了一奇怪的“仪式感”——每天早上起来洗头吹头，吹完头发之后，我坚持要拿粘毛的滚筒，把地上粘得一尘不染。现在看来，这是我希望自己能通过一个奇怪的可控制的仪式感，“抓住”一些什么东西。

那两年，我的暴躁、心绪不宁，让我和母亲的关系也变得异常紧张，我很清晰地感受到对自己有一种强烈的不满的情绪，对我自己所处的环境也有一种不满的感觉。最重要的一点是，我很明确地知道，我不是真正的开心。

似乎就在那个时候，我感觉到是自己不够优秀，我没有资格留在这样的大城市。我做出了回到加拿大的选择，走之前再次回到贵阳探亲，没想到却有了让我留在贵阳定居的契机。

机缘巧合“嫁回”贵阳

2017 年，我结束了在北京、上海差不多 3 年的工作生活，做出了返回加拿大的决定。在出发之前，我又来到贵阳探亲。机缘巧合，在这一次探亲中接下的一个“纯属帮忙”的工作，让我认识了后来成为我老公的人，也就是这一次探亲之旅让我决定落户贵阳结婚生子，成为一个真正的、地道的贵阳人。

在决定返回加拿大后，我也清晰地计划了自己未来的工作——我不想再做企业咨询这个老本行了，准备在从事运动类的公司里做一些事情。很巧的是，在贵阳探亲的时候，经一个朋友引荐认识了贵州极限运动行业的老前辈“三哥”，刚好他有开办专业运动公司的想法，我就决定以这个有趣的案例“试水”运动行业。

三四个月的工作关系，让我们找到了很多默契的地方。最开始只是发现我们俩在一起工作非常合拍，比如对外谈事情的时候，我们能互为补充地进行合作谈判；在一些工作原则层面的问题上，我们俩的坚守也比较类似。后来发现，我和他之间好有默契，就像有一种久违的老友那样熟悉的感觉，就连笑点都能想到一块。

当然一开始我们根本没往恋爱方面想，他绝对不是我脑海中构想的“另一半”的样子。

我很明白，找一个好的公司合伙人，比找婚姻中的另一半更难。

几个月的工作顺利完成，磨合下来，没想到他非常简单直接地向我“表白”了，我这时候也才突然意识到，好像我对他的感觉也有点不太一样了。当然，当时更多的是他用坚定的态度说服了我。我没想到这段感情会来得这么快。

相处几个月后，一次做项目时我意外扭伤，当时还是男朋友的他，很自然地帮我去办理所有的东西，帮我交所有的费用。天哪，我和他的相处，一切是如此的自然、熟悉，没有任何的客套或者是隔阂，就连害臊都没有，一切就像家里人那样。那时我心里就感觉：嗯，就是这个人了。

可能是我不久前经历了父亲去世这个事情，也让我意识到我的人生开始进入我可能要更频繁地去面对生老病死的阶段了。而这时有一个如此默契的人出现在身边，我感受到，有人能和我站在一起去面对很多事情，随后婚姻、我们的孩子也就自然地出现了。

贵阳，通往户外极限运动地的“售票处”

在贵阳，有一种更“人间烟火气”的生活方式。在这个城市里，有着一切“刚刚好”的生活状态和距离。比如我可以在步行不远的地方，找到一家口味地道、三代人经营的小粉面馆吃早餐，和店里的孃孃处成好朋友。

你可以看到他们几十年用心经营着一家小店，用类似“匠人”的心境做着日常小菜。也可以几步之遥，找到一家口味不输任何国外同行的面包店、咖啡店，享受一顿舒适的下午茶，这可真的是太妙了。

而在贵阳的户外运动产业，也因此有了与其他地方不同的热闹玩法，就是更有“人味”。

在很多人的眼中，极限运动是一个很“吃苦”的状态，这些做极限运动的人都是苦在在山林里吃不饱、穿不暖。其实在贵阳体验极限运动绝不是这样的状态。贵阳是一个既有烟火气，又有与山川相邻的这种优势的城市。这两种状态在贵阳可以很快切换，可以说是无缝切换。

我去过国内外很多的极限运动场地，那种“与自然相处”的状态，其实没有太多选择，只能接受这种“吃不好、睡不好、苦哈哈”的状态。

当然，很多人对户外极限运动的观念还有些迟滞，他们脑海中呈现的景象是：穿着个冲锋衣，背着那种45升的巨大背包，啃着干粮，去那种人烟稀少的地方。

而在贵阳的极限运动可有点颠覆这样的传统印象。可以说，贵阳是一个让大家入门极限运动的好地方。如果要打个比方的话，我会觉得贵阳是一个通往户外极限运动地的“售票处”，这个城市能快速、便捷、舒适地打开通往攀岩、滑翔伞、洞穴探险等很多极限运动优质目的地的大门。

比如，你是一个攀岩爱好者，贵阳出发抵达紫云格凸河也就一小时左右，那里是世界级的攀岩胜地。想要漂流，还有一小时就能抵达贵定洛北河。洞穴探险就更多了，贵阳周边就有很多不错的洞穴，要是想找更漂亮的东西，平塘附近的探洞开车过去两小时就可以抵达。

还有，贵阳这座城市对很多类型的户外极限运动入门者、爱好者来说非常友好。它在野性之余又有舒适的一面，有优异的户外运动资源的同时，参与其中的饮食和住宿硬件也跟得上。

目前我们发掘的几个进行滑翔伞、洞穴探险的户外运动基地，都属于距离贵阳市区车程两小时以内的地方。这几年贵州高速公路发展快，又让我们的车程变得更舒适、快捷了。

所以外地的朋友到贵阳跟我们玩各项运动，都是非常尽兴而且满意的。以我们典型的行程为例，一行人可以在贵阳吃一顿种类极其丰富的早餐后再出发，抵达基地以后，在舒适的气温下完成滑翔伞学习或者是长时间的放空，晚上再回到贵阳吃一顿热闹的消夜，品尝不同于早餐的另一种饮食风味，就是这么妙。

要区别一下，这绝不等同于“腐败游”的概念，更准确地来说，是大家的旅游方式变得更加个性化和深度化了，而贵州贵阳，真的是未来旅游市场细分之后，一个非常非常具有潜力的目的地。

我们希望来到贵州参与户外极限运动的人，看到的不仅是贵州的山水本身。我觉得，户外极限运动绝不是一个独立的存在，极限运动的发展和一座城市的人文环境是密不可分的。

我们现在在做的一些户外极限运动线路和产品，也是得益于贵阳城市本土的人文环境，这座城市为从各地来的户外运动爱好者提供了具有地域特色的“吃住行游购娱”六大服务，而且可以说是很好地满足了不同人群的需求。对我们接待的来纯玩的客人或者是一些极限运动界的“大神”级客户来说，他们都能找到自己想要而且喜欢的玩法，这就是我刚说过的：所有客户无缝对接，贵阳这座城市以及它的周边能为户外极限运动提供很广阔的空间。

郭乔宇与其爱人

贵州的户外极限运动，带你上天入地

2020年左右，我们开始找寻更适合构建滑翔伞基地的场地。几经寻找，我们最后选择把滑翔伞训练基地定在贵定云雾山附近的甲子屯。经过两年的持续建设，甲子屯现在已经成为一个可以接待各类滑翔伞体验课程及其他课程学员的飞伞基地。这个基地风向气流稳定，既能满足更长的“留空时间”的经验累积，又能满足安全平稳的落地需求，可以说非常适合发展滑翔伞运动，能满足从体验到初学者培训，再到高手进阶训练等诸多要求。

从交通区位来说，这个基地的地理位置和通达条件非常好，一般从贵阳市区出发，开车经过高速，一个半小时就能抵达训练基地。对于很多想接近自然的极限运动者来说，如果目的地太偏远了，就会限制大部分人抵达——好不容易有7天假期，结果来回4天在路上，这真的挺让人难受的。

我们选的这个基地周边有非常优异的山地形态，基地前面有一片面积很大的平坦场地，基地上面是高山台地的茶园，相对比较平，所以吹上来的风也比较稳，没有乱流，这对初学者来说是很友好的，初学者不需要会太多的控制技术，就可以比较安全地完成学习课程。同样，这对游客来讲体验感也比较好，因为安全对游客来讲是重中之重。对中高级别的运动员或者是专业滑翔伞伞友来讲，这个基地同样有挑战性：场地因为气流很好，可以飞得很高，只要你体力好，一次起飞，留空飞行四五小时都是完全没问题的。

从气候来说，贵阳太适合做滑翔伞之类的户外极限运动了。众所周知，贵阳的夏季是非常凉爽的，这一点就吸引了很多国内的伞友。

我们一整套的滑翔伞装备有15千克到20千克重，在飞行前的准备过程中，你要背着这套装备摆弄半天，如果气温高，一身上下连同背袋就都湿透了，好在在贵州飞滑翔伞很少出现这样的情况。

在我们的滑翔伞基地，基本是这样一个情况：你吹着小凉风准备起飞，等翱翔在空中时，又可以欣赏脚下绿油油的茶园。落地了就坐着吹牛，再喝几杯贵阳本地精品咖啡店自己烘焙的咖啡豆做的现磨咖啡，或者苏打水配贵州特产的刺梨汁……我就希望来玩的人，能够感觉到贵州的这些东西还挺不错的。所以外地来的伞友们都很快乐，大家觉得：天，这样的夏天不要太好过。

我们的户外产品里有这样一条非常受欢迎的线路：高铁站接上客人，开车20分钟到达市区，撮一顿贵阳小馆子里特色的家常小炒或者在夜市里吃一顿消夜，然后安排一个洞穴探险的短线。进洞以后，受光线影响模糊了时间的概念，而洞穴中的美更能让外地游客惊讶不已。会对这样一趟旅程感到奇妙不已，因为你不会想到，在距离贵阳这种近500万人口的城市的不远之处，还有这样一种旅行方式。你突然从熙熙攘攘的环境里，就走到了洞穴中极度安静和绝对黑暗的环境里。

郭乔宇的户外探险

在洞穴里你可以看到，脚下这片土地的洞穴像一个一个日记本一样，记载着地球的变迁。洞穴里面形成的沉积物都在给你讲述当地的地质变迁。这种反差感真的太奇妙了。两小时前你还在吃吃喝喝，突然就到了这样一个环境里，这样的感觉，简直是太妙了。

而后探完洞出来，大家休整一晚上，第二天又在山上吹着风，在滑翔伞基地完整地感受一次“上天入地”的贵州山地运动行程。

这些年在做户外极限运动的运营和推广时，我一直在基地放大“贵州特色”这个卖点，我之前就说过，极限运动它不是独立于城市的存在。我觉得城市是所有活动的一个巨大的心脏、一个动脉，我们的户外极限运动业务，其实也是需要城市给我们供血的。我们希望把贵阳的生活感和社区感延续到户外，所以这些年选择坚持在非景区做独立运营。

不完美，才有了更多发展空间

工作之外，我的生活也发生了根本的变化，1999 年，我的孩子在贵阳出生。

我觉得贵阳是一个很适合孩子成长的地方。

因为贵阳这座城市，既有城市生活的诸多便利，又能让孩子很迅速地接触到自然。我不是那种“鸡娃”的教育方式，也不是特别自然流派的养娃方式的提倡者，我是希望能够在两者之间找到一个平衡的方式。我不希望孩子太过于地在自然中生活，他也得有城市化生活的一面，毕竟他的未来还是要在城市中继续的。

我觉得当我们谈到自然的时候，一定不能把城市剥离开。

前些年看见好多父母，觉得城市里面太喧嚣了，然后举家搬到乡下，要在自然里面寻找平静、寻找爱。虽然我都不反对，但是我觉得这两种生活是不矛盾的。我觉得贵阳这座城市的好处就在于，你可以自然与城市两者兼得。在贵阳，你可以享受城市的便利、城市的这种烟火气，但同时你又能够很迅速地进入自然环境中去与自然联结。我喜欢这样的生活方式，它既有现代文明，也有这种山野的宁静。

而这也正是这个城市的不完美之处，也就意味着这个城市还有更多的发展空间。

对于我们大部分的普通人来讲，这些所谓的不完美其实就是生活的一部分。

北京、上海等整个城市的机器太庞大了，你觉得你没有什么可以贡献的了，你只是在那些大城市中有磨炼自己的机会，把你的青春放在那里去磨炼，甚至有的时候我觉得有点消耗自己内心的精神力量。

此刻回头来看，我觉得贵阳是座什么都有的城市，即使每一方面也不是 100% 的完美，但是我觉得恰恰是这些不完美，给了我们很多发展的空间，让我觉得我在这座城市是有一席之地、有用武之地的，在这里还有很不错的事业可以经营。

Dream Come True in Guiyang

和顺赢发展

口述……战国胜

整理……朱登麟

战国胜在办公室工作

口述者小传

战国胜，男，汉族，中共党员，1975年10月14日于辽宁海城出生。现为贵州西洋实业有限公司副总经理，息烽县人大代表。1997年8月毕业于鞍山钢铁学院（今辽宁科技大学）化工专业，后在本地一家小型民营企业工作了4年。2001年7月至2003年1月，被辽宁西洋特肥有限责任公司聘用，从技术员做到车间主任。2003年1月至2004年1月，任辽宁西洋特肥有限责任公司硫酸厂厂长。2004年1月至2005年6月，任辽宁西洋特肥有限责任公司复合肥厂厂长。2005年3月，作为优秀年轻干部被选派到贵州西洋肥业有限公司工作。2005年7月至2010年6月，在贵州西洋肥业有限公司任生产部部长。2010年6月至2014年9月，任贵州西洋肥业有限公司副总经理。2014年，贵州西洋实业有限公司租赁贵州西洋肥业有限公司厂房和设备从事肥料生产，应聘出任贵州西洋实业有限公司副总经理。2020年，贵州西洋实业有限公司全资收购贵州西洋肥业有限公司，应聘出任贵州西洋实业有限公司副总经理至今。截至2022年，战国胜携家人在贵州生活了18年，工作兢兢业业，事业稳步发展，多次获公司表彰，并获全国光彩事业奖章。其公司荣获全国抗击新冠肺炎疫情先进集体称号，并获全省民建脱贫攻坚突出贡献奖。

小 引

明知从息烽县城到贵州西洋实业有限公司只有半小时车程，我们还是选择12∶30出发，因为担心迟到。到达西洋公司，离约定时间还有一小时。我们将车停进大门口的停车场，设置好闹铃，摇下车窗，准备小寐一会，为下午的采访积攒精力。天空一碧如洗，车位两侧的法国梧桐撑起宽大的叶子，像一把把绿伞，遮挡住似火骄阳。树荫下凉风习习，不时有清脆婉转的鸟鸣声从头顶和周围的山林中传过来，轻轻敲打着耳鼓。藏在深山中的西洋公司，向我们呈现了大自然的宁静与悠然，引人遐想，思绪不自觉回到20世纪末21世纪初那个如火如荼的年代。

1999年，中共贵州省委、省人民政府加大招商引资力度，邀请一批省外民营企业赴贵州考察，举办投资贸易洽谈会。名列中国乡镇企业500强的辽宁海城西洋耐火材料厂与息烽县达成协议，决定投资9亿元人民币，对息烽县境“三线”企业息烽宏泰化工厂进行改制，成立贵州西洋肥业有限公司，新建年产100万吨硫基复合肥的生产线。这个当时全省单个企业引资最大的项目，在省内引起人们的高度关注。笔者以中共息烽县委宣传部宣传通讯科科长兼贵阳日报社驻息烽记者站站长身份，亲自见证了公司从招商引资、谈判签约、落地建设的全过程，并陆续采写了《西洋为何能西行》等系列报道，跟该公司中高层及部分一线员工有过密切接触，对该公司产值、利税、员工薪酬有过密切关注。印象中的西洋公司是热闹而红火的，厂区烟囱林立，车间热火朝天，公路上的加长货车来来往往，仿佛青春少年，昂扬，蓬勃，躁动，充满生机和活力。今天，西洋公司已发生了翻天覆地的变化，成为国内复合肥产业的巨子，就像一个人昂首阔步跨入壮年，成熟，沉着，厚重，祥和，呈现出一种大气磅礴的气质和底蕴。

按约定时间打通电话，战国胜副总经理坚持要到厂区大门口接我们。透过车窗，第一眼看到战国胜，才发觉我们早就认识。他 2005 年 3 月下旬从东北来到息烽工作，我正好也是那个时间从宣传部调到乡镇任职。因为工作性质发生变化，之后再没到西洋公司采访，后来到文化部门工作，跟工矿企业生产一线打交道也不多，但从没减少过对企业发展情况的关注，毕竟西洋公司在息烽磷化工产业大盘子中举足轻重，都希望企业做大做强。虽然跟战国胜有时间上的“错过”，但是在弹丸之地的息烽，仍有过一些交接与“遇见”。

跟战国胜交谈，感觉他敦厚的身板中，蕴藏着一种自信的力量。这种自信，源自“曾经沧海方为水”的岁月沉淀，源自“霜叶红于二月花”的人生磨砺。我感觉他在公司 18 年，主管和分管企业生产，其中必有无数酸甜苦辣，必有很多“闪光”的素材，足以让这篇口述材料精彩纷呈。可是两个小时的采访，战国胜始终云淡风轻，任我怎么追问也不谈自己经历的坎坷和创造的辉煌，说得最多的话是企业团队的拼搏与创造，是地方党委、政府的支持和帮助。总结起来有两个方面：一是地方党委、政府给力，给企业的壮大营造了和气生财的好环境；二是企业领导团队支持，给他个人的发展提供了顺势而为的好机会。

到贵州工作，我是自愿的

到贵州工作，我是自愿的，家里也没人反对。

我的老家海城，隶属鞍山市，是世界菱镁、滑石探明储量最大的地区之一。其中，菱镁矿储量达26亿吨，占世界的1/4；滑石探明储量有5700万吨。钢铁冶炼及深加工、装备制造、菱镁新材料、滑石加工、耐火材料、精细化工产业基础好。我上大学时选择化工专业，是因为当时鞍山市化工产业发展迅猛，需要大量的化工行业技术人才，毕业后可以就近就业，找到自己心仪的工作。

1997年，我22岁，于鞍山钢铁学院，就是现在的辽宁科技大学毕业，也没想过考公务员或事业单位什么的，直接应聘到本地一家小型民营化工企业上班，这一上就是4年。4年中，我认认真真学技术、学管理，积累了一定的企业工作经验。2001年7月，辽宁西洋特肥有限责任公司招聘技术员，我觉得这家企业规模更大，发展前景更广阔，经营的行业跟自己的专业对口，便报名应聘，顺利进入特肥公司。当时企业里的大学生不多，企业领导对我很关心，给予重点培养。企业给了机会，我自己也很努力，干了一年半，被任命为车间主任，第一次感受到自己的人生价值被认可的喜悦。干了一年半车间主任，有了点成绩，又得到领导栽培，先后调任特肥公司下属的硫酸厂和复合肥厂任厂长，进入了公司管理层。我特别感谢公司的培养，让我得以多岗位锻炼，掌握了复合肥生产最前沿的技术，积累了一些企业生产经营管理的经验。

1999 年 9 月，公司响应国家实施西部大开发的号召，参加贵州省民营企业投资贸易洽谈会，通过招商引资，以当时名列中国乡镇企业 500 强的辽宁海城西洋耐火材料厂为投资主体，斥资 9 亿元，组建贵州西洋肥业有限公司，落地息烽。2000 年 4 月 22 日，贵州西洋肥业有限公司年产 100 万吨硫基复合肥项目在息烽温泉镇奠基，经过 4 年多的建设，到 2005 年，公司生产、销售进入正轨，正是扩大规模、提速发展的重要窗口期，需要从总公司选派一批优秀的年轻干部到贵州工作。我是属牛的，从小就有一股子牛劲，喜欢跟自己较劲，加上当时人年轻，有闯劲，没想太多，也没想过得在贵州工作多久、还回不回东北这些问题，得知企业决定选派员工到贵州工作，内心确实很兴奋，就报了名。毕竟自己是学化工的，又有化肥企业工作经历，能到一个更大的平台展示自己，感觉未来可期。

那一年我正好30岁，已经成家，儿子14个月大，妻子也是海城人，对我特别理解，不仅支持我的选择，还决定带着孩子跟我一起来贵州。鞍山作为钢铁之城，矿产资源丰富，工矿企业多，居民来自五湖四海，祖辈多是闯关东的移民，有着“好男儿志在四方”的传统基因，父母一般不反对子女离家外出闯天下。我父亲当时已经年过八旬，并且查出患了癌症，只是没有告诉他，老人家的病当时还没有恶化，生活还能自理，得知我要去贵州，不仅没有反对，还鼓励我，叫我放心出去闯，家里有兄弟姐妹照顾。没想到我来贵州后父亲病情恶化，瘫痪在床两年，全靠哥哥在家照顾。因为距离太远，父亲在世的最后两年，我没有尽到孝心，这是我最大的遗憾。

当时，公司在这边已经经营了5年，得到地方党委、政府的大力支持，各项基础设施配备完善，员工吃住都安排得很到位，不需要做太多准备。2005年3月23日，我们一家三口都没怎么收拾，带了些随身衣物，就上了飞机。说实话，我们一路上谈得更多的不是离开家乡、离别亲人的惆怅与失落，而是对企业和个人发展的美好憧憬。来之前我们做过功课，知道公司是由以前的一家“大三线”企业改制建成的，地处大山沟里，离省城贵阳 80 多千米，离息烽县城 20 多千米，地理位置相当偏远。我还知道西南地区跟东北地区在饮食习惯、语言、人的性格等方面都会有些差别，一开始有可能不适应。但这些都没有给我们造成任何顾虑，毕竟年轻人豪气干云，以事业和前途为重。

3 月下旬，东北还是冰天雪地，气温低到零下 20 多摄氏度，走到哪儿都冷飕飕的。不想一走出贵阳机场，一阵和煦的春风拂面吹来，我们的身心顿时为之一暖，感觉即便仅仅从生态环境和气候条件两方面来看，选择来贵州工作真是没选错。

从贵阳到息烽的路上，我们打开车窗，尽情享受着自然风，满眼尽是起伏连绵的青山和山间高低错落的城市、村镇，而且每座山峰有每座山峰的样貌，每道沟谷有每道沟谷的风景，即便是走上一天，看上一天，视觉也一点儿不会觉得乏味和枯燥，身心也一点儿不会疲惫和倦怠。对于从小生长在一望无际的东北平原上的人来说，贵州完全是另一片新天地。我们觉得这是个好兆头，似乎预示着从今天开始，我们的生活和事业也将开启一片新天地。

我从没把自己当外方人

来到贵州，我就面临着语言和饮食习惯的双重“考验”。

作为企业管理人员，与员工之间直接高效地沟通是一项基本技能。东北和西南相距遥远，地质地貌、生态物产、风俗习惯、生活方式不同，饮食、语言各方面都有差异。克服语言障碍是与当地员工沟通交流、融为一体的第一关，也是我到贵州工作要练好的第一项“基本功”。

当时，公司生产车间一线只有少量技术人员来自东北，有化工行业工作经验。企业员工中的一部分来自原“三线”企业，有在国有企业工作的经历，熟悉企业生产的操作流程。加上他们大都来自五湖四海，统一使用普通话交流，所以不存在语言障碍。员工中还有约 40% 的人是从附近村庄招聘来的农村富余劳动力，他们没有从事工业生产的经验，需要培训。虽然他们也能听懂普通话，会说一点“贵普话”，但一说本地话，我就傻了眼，很多词语要“翻译”才能听懂。语言的障碍，一定程度上影响了交流的顺畅，不利于工作和情感上的沟通。

在东北工作时，企业中就有很多来自不同区域的职工，大家从不以出生地“划界线”，都是“西洋人”，认同西洋公司的企业文化和管理方式。这是一种好的传统，我得坚持，所以来到息烽，我从没把自己当成北方人，更不会区别对待北方人跟南方人。不管来自北方还是南方，大家都是一个企业的员工，一个团队，对企业的发展有着共同的愿景：企业好，自己发展才好。但作为中层干部，要跟员工朝夕相处，要处理涉及员工和当地群众的矛盾和问题，语言这个关是必须得过的。按现在的说法，我是一个标准的“理工男”，天生对语言不敏感，学语言比背化学公式和记化肥配方更难。面对现实，就要舍得下功夫学，跟同事学，跟老百姓学，平时在家里，一家人就一起练。经过几个月时间的“练级”，我彻底克服了语言障碍，不管是息烽本地话，还是本地员工憋着嗓子说的“贵普话”，我都完全能听懂。这就大大缩小了我跟本地员工、老百姓交流的陌生感，我们彼此间在思想上再没有距离感，完全成了相亲相近的一家人。用贵州话说，就是“打破脑壳都镶得拢”的好兄弟。

饮食也是一个问题，在东北时我们虽然也能吃一点辣，但是跟贵州菜的“怕不辣”比起来，差了好几个级别。虽然公司食堂照顾我们的胃口，辣子放得少，一开始还是觉得太辣。入乡随俗，我们在饮食上也得跟本地员工缩小距离，加上贵州菜不辣不香，确实诱人食欲，也想能自在品味，所以就努力去适应。现在好了，全家人都适应了。虽然企业有食堂，员工一日三餐全免费，但妻子还是学会了做一些贵州菜。春节回老家探亲，在东北住一段时间，反而想念那一口香辣纯正的黔味。如今，我们一家三口都已完全适应了贵州的生活，还在贵阳买了房子。儿子是在厂里上的幼儿园，在西洋学校上小学，在息烽二中上初中，在贵阳上高中，已经成为一个地道的贵州男孩。孩子原本想在贵州上大学的，因为没找到喜欢的专业，只好选择到外省上大学。他寒暑假回来，我们就给他做贵州菜，平时也寄一点贵州调味品，如油辣椒什么的，给他解馋。

要说不尽人意的地方，主要是对父母尽孝方面。父亲去世后，我曾经把母亲接到贵州生活。老人家已经年近八旬，要改变生活习惯很难，吃不了辣还好，可以给她做东北菜，主要是语言交流不顺畅，没法很好地融入当地老年人的生活圈，自由自在地生活，就难免怀念老家，怀念家乡的亲友，所以母亲每次来都住不了多久就匆匆回东北了。虽然老家有兄弟姐妹照顾，有亲友邻居陪伴，老人家也叮嘱我们不用担心，但自己心里头还是很愧疚，毕竟不能在身边侍奉老人，欠着做儿子应尽的一份孝心。

贵州生态环境好，政策环境也好

我到贵州西洋肥业有限公司工作的第一感受是环境太好了。不光是自然环境，还包括政府招商安商的政策环境。公司所在地四面青山环绕，绿树成荫，冬暖夏凉，早晚都能听到山林里的鸟鸣虫吟，空气特别清新，气温非常合适，生态特别宜人。同时，政府的服务也非常到位，老百姓也很质朴，为企业提供了良好的生产经营环境。

我到西洋肥业公司后，被任命为生产部部长。当时，企业正处于加快发展的关键时期，政府对企业的生存发展高度重视，市、县、镇的领导经常深入生产生活一线调研，帮助企业解决生产经营上存在的困难，改善员工生活起居、文化娱乐、子女入学条件。一方水土养一方人，可能是地域文化造就了人的性格，我发觉南方的领导都很谦虚，都很敬业，都很执着，都很细心，对地方的发展有一份坚韧不拔的情怀。他们说话小心翼翼，办事高效细心，唯恐对企业服务不到位，唯恐因为服务不到位影响企业的建设发展速度。这种工作状态，充分说明大家对西洋公司的发展壮大充满期待，期盼我们保持好的工作状态，尽快让企业生产经营上规模、上台阶。

闲暇时光，第一批来息烽“开疆拓土”的领导和同事怕我们不了解情况，经常找我们聊天，谈起公司入驻前后的一些事，教导员工要感恩地方党委、政府，是他们做了大量细致、高效的排忧解难工作，企业才得以顺利完成建设、投产达产，才得以顺利转型升级、做大做强。他们随便给我列举了一些例子，让我既感动，又敬佩。

他们告诉我，公司筹建之初，需要办理一些前期手续，解决一批遗留问题。县里成立了专门的领导小组，从相关乡镇和部门抽调专人，集中为企业筹建、配套提供服务。投资协议一签订，县工商局就立即派人上门，就如何办理公司名称预先审核及设立公司的类型、公司登记程序、公司股东出资方式等方面提供了咨询、代办，派人到省、市，仅用一天时间就为公司办理了名称权，核发了企业执照。县国土局根据企业建设工期安排，利用“双休日”对原宏泰化工厂所属土地进行了权属定界和边界勘察，及时为企业提供了建设用地。县人社局派人深入车间班组为原企业移交的职工办理劳动合同签证，为在职和离退休职工办理社会养老保险。建设用地、供电、供水、通信都是企业生产的基础性保障，需要提前或同步解决。由于原企业无力结清所欠电费，贵阳市副市长都出了面，率相关部门负责人多次现场办公，解决了遗留问题，赶在企业投产前为公司建成 110 千伏变电站 1 个，安装 15 兆瓦余热发电机组 2 台。县人民政府成立专门的西洋公司供水工程指挥部，由一名副县长牵头，争取水利项目资金支持，一边组织技术力量上山采线，一边组织人员采购管道等物资。当时正是冬天，工人们冒着严寒修通了 6.5 千米的运输公路，踏着冰雪挖管道槽，安装管道，奋战一个冬春，于 2001 年 3 月中旬前安通 11 千米的引水管道，保证了公司一期工程投产后的工业和生活用水。之后，县政府又向上争取项目资金 3400 万元，新建上沟水库，为公司全面达产提供了充足的水源保障。为维护厂区社会稳定，确保企业安心生产，县人民法院在公司设立巡回法庭，县公安局抽调人员设立治安值勤室，县司法局也派出人员对聘用人员进行岗前法律培训，为公司办理购销合同公证。

一桩桩、一件件，让我充分体会到地方政府谋求发展的决心，服务企业的细心，奋发图强的真心，感受到自己身上背负着带动一方百姓脱贫致富的期望，肩上的担子沉甸甸的。我希望把自己的本职工作做好，把生产搞好，把企业的社会责任担当好，以工作业绩回报地方党委、政府，回报百姓。

当时，经过地企双方5年的努力后，公司水、电、路、通信等基础设施已经完善，职工住宿、生活、文化娱乐、子女入学等生活条件已经完备，厂房、设备、生产线都已建好，老员工改制、新员工招聘都很顺利，生产经营步入正轨。营销部门在南方21省、区、市1500多个县设有一级代理商，30000多个村镇设有零售商，在全国肥料企业中销售网络布局最全面、最合理，覆盖面最广、最接地气。往前看，西洋复合肥的宣传促销力度越来越大，品牌的市场认知度越来越高，“西洋复合肥，种啥啥丰收”越来越深入人心，西洋复合肥已成为中国化肥行业的标志性产品。企业跟大专院校、科研院所的产学研合作越来越紧密，依靠科技推进新型肥料研发的力度也越来越大。作为生产部部长，我的任务就是按照公司下达的生产计划组织产品生产。我结合自己所学专业，借鉴在特肥公司下属硫酸厂和复合肥厂积累的生产管理经验，带领生产部同事，广泛征求员工和客户意见，积极向管理层建言献策，不断优化工艺流程，提高工作效率。通过持续不断的努力，我们已形成了一套科学、高效的生产管理模式，并随着企业的发展壮大与时俱进，不断升级。为了实现目标，企业管理层率先垂范，不分白昼，没有节假日，没有双休，及时解决生产中出现的问题，这给了我极大的支持，我自身的业务水平也得到了提高。

个人的事业总是与国家和企业的发展息息相关。在生产部工作4年后，公司任命我做分管生产的副总经理，工作的涉及面更广、空间更大。经历过个人与企业共同发展的过程，我对公司的情感更深厚，对公司的前途信心更足。因此，2014年，贵州西洋实业有限公司租赁贵州西洋肥业有限公司厂房和设备从事肥料生产时，我主动应聘，出任贵州西洋实业有限公司副总经理。2020年，贵州西洋实业有限公司全资收购贵州西洋肥业有限公司，我又主动要求继续留在公司工作。这一方面是企业发展的需要；另一方面也是有一份割舍不下的情怀，特别舍不得公司历尽艰辛创下的西洋肥料这个知名品牌。

我们真正为农民着想，问题就能迎刃而解

任何企业的发展都不可能一帆风顺。当初，西洋公司由原来的国有企业改制，不可避免会遇到改革中的“阵痛”。企业建在山区，跟附近的村庄空间相连，命运攸关，按照现在的说法，地企双方就是一个命运共同体，难免会有“摩擦”，甚至是博弈。这很正常，毕竟在中国特色社会主义市场经济发展进程中，大家都渴望得到最大化发展，都期盼日子过得更好。

对于这些问题，我们选择直面而不是回避。因为我们相信党委、政府，树立了“心系大地，俯身为农”的核心价值观，形成了“包容、博爱、团结、奋进、担当、维新”的企业文化。一方面靠地方政府在其中协调，起到发动机和润滑剂的作用；另一方面切实履行社会责任，带动地方发展。肥料行业是服务“三农”的行业，更要注重跟农业、农村、农民的融合共生。面对员工和附近村民的诉求，只要是合理而企业又能帮助解决的，我们就积极帮助解决。

比如这些年，企业生产生活条件在改善，环境面貌越变越好，乡村也希望发展，希望有更好的基础设施和更高的生活品质。对于合情合理、企业又有能力解决的问题，我们就配合政府，积极予以解决，比如安装路灯、接通自来水、帮助富余劳动力就业、发展农业产业、助力脱贫攻坚等，我们都努力去做，让村庄的面貌跟着提升，让群众切实感受到企业发展带给乡村的实惠，更加支持企业的发展。对于不合理或者企业一时没能力解决的诉求，我们会协调政府部门来做，比如乡村公路、串户路硬化、农村文体设施等。

作为两届县人大代表，每年的“两会”上，我都会跟其他代表商讨、合作，向政府提出意见、建议，让一些涉及民生的问题得到快速解决。只要我们真正为农民着想，端正态度，摆正位置，很多问题就能迎刃而解，企业也会获得和睦和谐的生存环境、顺风顺水的发展空间。说真的，在西洋公司这18年，企业虽然也遇到过一些困难，个人也忍受过一些“委屈”，但有党委、政府支持，真没有遇到跨不过去的“坎”。

记得有一次，村民闹情绪，堵渣场，温泉镇党委政法委原书记朱定光带着我一起进村找群众做思想工作，一时没做通，两个人累了一天，躺在草地上，看着天空发愁。朱定光安慰我，心急吃不了热稀饭，办法总比困难多，总会找到打开老百姓心锁的“钥匙”。最终，我们找到了症结所在，协调资金为村庄补齐了生产生活设施方面的短板，让村民看到了企业付出的努力，问题迎刃而解，企业跟村庄更加和谐，企业的发展和员工的成长更加顺遂。

心系大地，俯身为农

贵州西洋实业有限公司秉承“心系大地，俯身为农”的核心价值观，在夯实产品和品牌的基础上，匠心打造良心肥，实现了每年增速 20% 的高速发展，成为当今中国最大的硫基复合肥生产基地、中国复合肥行业龙头企业。

西洋实业是首批国家高新技术企业。我们立足于创造传统产业新价值，坚持自主创新、走产学研相结合的发展道路，注重对化肥利用率的研究，从土壤健康、农产品健康等方面研发更优质、更高效的肥料，注重肥料对农产品质量的提升，在坚持做好主打产品高浓度硫酸钾复合肥的基础上，实施技术升级。2015

年，公司成立贵州诺威施生物工程有限公司，我作为法定代表人，得到了公司的全力支持，先后与南京工业大学、云南农业大学、贵州大学等高等院校及科研机构展开全面合作，致力于修复酸化土壤，提高肥料利用率，研发更加环保的生态肥料。

2019年，为了满足中国农业对有机肥的需求，公司推出系列新产品硝基氮钙肥、微晶肥、有机肥、针状肥等，这些新产品具有溶解速度快、安全环保性强、肥力效果好的优势。公司还与茅台集团合作，利用酒糟生产生物肥，进一步拓展了农用肥生产的空间和向度。为满足国内不同土壤、不同作物对肥料的要求，公司先后进入湖北天门土豆种植基地、贵州省修文县猕猴桃生产基地、云南昭通苹果基地等开展测土工作，建立西洋肥土壤数据库，开展一对一测土配方肥制订方案，构建网络运营平台。公司还流转土地，建起自己的农场，既满足了产品研发部门化肥测土配方的需要，又为企业食堂提供了优质的有机农产品，还可以跟周边农户深度联结，为他们提供种植技术指导，提高产品质量和经济效益，这算得上一举三得。

目前，公司已建成8条生产线，每天可生产各类复合肥4000多吨，年产能150万吨。公司结合农业现代化、精品化、高效化发展的大趋势，不断加大投入，推进新产品研发，实现产品多元化、全覆盖，为每一种农作物、经济作物、花卉林木量身定制专用肥料，形成了西洋、卫禾、魔力宝、1号庄园、特铵、极素、素瀜、星二代、全安素等多个品牌，诺威施、土壤膨松剂、西洋魔力宝、西洋四元硫、喜盈盈、金光大道、龙腾盛世、西洋三代、西洋85°等多个子品牌，覆盖硫基复合肥、氯基复合肥、硫酸钾复合肥、缓释肥、控失肥、水溶肥、有机肥、高氮高钾、螯合肥、碱性肥料等系列产品500余种，能够满足国内不同土壤、不同作物对肥料的要求。其中黄腐酸钾肥料、西洋魔力宝、土壤膨松剂等新型肥料在销售总量中的占比已超过30%。

2020年，全国的农资企业陷入冰火两重天境地，西洋公司实际销售量却实现了20%的“逆势增长”，成为国内复合肥行业竞争中的领跑者。产业升级了，格局做大了，各种荣誉接踵而来，公司被评为全国化肥质量领军企业，多次名列贵州省优秀企业、贵州省100强企业、贵州民营企业100强企业排行榜。成绩越好，荣誉越多，责任就越重，压力就越大，我们越是一刻不敢懈怠，时刻不忘绷紧抢抓机遇谋求持续发展这根弦。

企业要持续发展，需要人才辈出。公司高度重视年轻人才的梯度培养和使用，围绕深化“脱虚入实、求变强基”的经营理念，组织开办“强基班”，通过主动报名、选拔推荐等环节，从公司不同部门系统选出72名学员，开展为期1年的课程学习。强基班在公司管理、技术双晋升通道的基础上为学员提供了更多、更专业的管理、营销等全方位的知识，在公司的战术战略上、执行规划上进行了更系统的培养。紧扣项目管理、流程管理、团队管理、沟通技能、时间与计划管理、调研统计能力、法务、营销管理、财务管理、生产管理、采购管理、产品管理、安全管理、环保管理等方面开设课程，积极探索人才建设的新举措、新路径、新方法，为企业自身持续发展提供强有力的人才保证，为社会输送全方位发展的综合性人才。公司机制灵活，用人不拘一格，大胆起用年轻干部，先给位置，给责任，逐渐提升格局，让他们得到锻炼、快速成长。“十三五”期末，企业邀请专家团队，编制了“十四五”发展规划，未来的发展路径更加清晰，大家更有信心，干劲更足。

安全环保是1，其余都是0。作为国家安全环保标杆企业，西洋公司始终坚守生态底线，打造生态循环经济产业链，不断加大环保投入，提升环保水平。为了解决每年产生的约40万吨废渣磷石膏的综合利用问题，公司先后引进贵州鸿海石膏粉产业有限公司、贵州上和筑新材料科技有限公司、贵州绿邦众创新材料有限公司等8家生产石膏粉及配套石膏粉利用的企业，通过引进下游项目，让磷石膏实现去库存、消现量的目的，并形成生态循环经济产业链条，这在保护环境的同时还能造福下游企业，让磷石膏“变废为宝”。

仅贵州鸿海石膏粉产业有限公司两条年产20万吨石膏粉的生产线正常运转，2019年就消化了西洋实业24万吨磷石膏，制成20.46万吨石膏粉，销往江浙。守住发展和生态“两条底线”，是贵州省一贯坚持的发展理念，西洋实业还通过渣场防渗、氨法脱硫等多种举措推进生态保护工作。在安全和环保方面，虽然持续投入比一次性投入容易些，但公司高层认为，标准高一点才能保障持续发展，所以仅2021年，公司在环保和安全上就投入了1.5亿元，从根本上保证了长治久安。未来3年，企业还计划投入8000万元进行装备升级，为蓝天白云、青山绿水提供更强的保护。像保护眼睛一样保护环境，是公司发展一向坚持的原则，也是一个地方、一个企业实现可持续发展的生命线。

我生长在北方，家庭和事业都在党州

彰显责任担当，助力脱贫攻坚，是近年来企业落实社会责任的重点。作为分管生产的副总，我多次受公司委托，参加过很多扶贫济困、救灾救济活动。

“5•12”汶川地震、河南水灾、县内遭遇的一些自然灾害，以及对学校、学生、贫困农户的扶持等公益活动，我都代表公司出席过。公司还积极帮扶慰问织金县贫困群众，在脱贫攻坚大决战中，共帮扶5个乡镇实现了脱贫目标，向周边群众提供了千余个就业岗位，让农民有了稳定的经济收入，实现了就业脱贫。

2020年是脱贫攻坚决战决胜之年，受新型冠状病毒感染疫情的影响，相当一部分省区春耕备耕遭遇困难。作为全省最大的民营复合肥生产企业，“国肥公信倡导企业”，责任重大。公司党委高度重视，党委书记、总经理贾启彬同志组织召开党委会专题研究，并提出号召：“越是在国家遇到困难、社会需要我们的时候，我们越要讲原则保质量，承担起企业社会责任，保护农民利益。”

为确保农民群众买到优质低价的化肥，公司联合各地经销商，向全国农资市场发出倡议，承诺疫情期间不囤货、不涨价、不断货，每吨化肥向农民让利50元，共让利约1000万元。作为分管生产的副总，为落实公司党委的决定，我跟生产部门的同志一道，经常吃住在车间，组织全公司1000余名干部、工人全部到岗投入生产，开启“人歇机不歇”的生产模式，24小时满负荷运行，将日化肥产能提升到3000余吨，全力保障春耕所需。我们还在原有销售网络基础上，通过“中邮合作”，开拓营销新渠道，确保农资及时送达。

那段时间，公司每天发往全国各地的火车平均有30节约2000吨，重卡80辆约1800吨。发货高峰时段，常常有近50台卡车停在厂区，等待装货。

公司积极参与息烽县的脱贫攻坚决战，全力支持农村产业升级，向贵阳市2.5万亩高标准蔬菜保供基地息烽园区涉及的多个村镇捐赠优质肥料240多吨。息烽县鹿窝镇大石头村和胡广村进行产业结构调整，种植金银花、红叶李、辣椒、高粱等经济价值较高的农作物，公司为两村送去20吨优质复

战国胜代表公司给息烽县捐赠100吨优质复合肥

战国胜代表公司为留守儿童户送去春耕用肥

合肥料。公司党委还组织党员职工捐款捐物，向周边镇、村防疫监测卡点和村民赠送口罩及相关生活用品，用实际行动支持地方防疫工作。企业勇于担当社会责任，得到党委、政府的肯定和百姓的认同，我个人因此获得全国光彩事业奖章，公司获得全国抗击新冠肺炎疫情先进集体、全省民建脱贫攻坚突出贡献奖等荣誉。

我个人认为，心系大地是一份情怀，俯身为农是一种态度。贯彻好企业发展理念重在行动，当前重点是保生产、保市场、保经济大盘、保民生、保就业，扎扎实实做好企业的使命担当。

目前，贵州西洋实业有限公司“十四五”发展蓝图已经绘就，有国家政策的指引，有地方党委、政府的支持，有全体员工的共同奋斗，企业的明天一定会更美好。我虽然生长在北方，但家庭和事业都在贵州，在西洋实业，就是一个真真正正的贵州人。趁自己还年富力强，我会时刻警醒自己，实实在在做事，老老实实做人，俯下身子，脚踏实地，兢兢业业，为企业发展、乡村振兴，为推进实施“强省会”战略，做出一个新贵阳人应有的贡献。

Dream Come True
in Guiyang

贵阳，命中注定的归宿

口述……李钟璐
整理……晏九九

李钟璐

口述者小传

李钟璐，男，1983年1月1日于北京出生，毕业于中央戏剧学院，职业为影视演员。

代表作：在贵州电视台第一部大型情景喜剧《六点开心帮》中饰演钟璐。

其他作品：

舞台剧：《遗失的角落》《青春禁忌游戏》。

广告代言：《海丹胶囊》《威龙服饰（平面）》。

其他：短片《塑》中饰丁洋，短片《蜂房》中饰三哥，北京电视台相声小品大赛《金子心》中饰喀嚓，参与拍摄了中央电视台专题片《毕业了》、北京电视台栏目《真情北京》、新疆电视台影片《花儿为什么这么红》。

小　引

这次采访约在钟璐开的餐厅——“大中小寻味生活餐厅”，藏在当初的贵阳卷烟厂旧址里，藏在浓绿色的梧桐树下，满满的烟火味儿中透出一股子文艺腔。

店如其人，李钟璐便给人一种这样的感觉，有着历经社会风霜后的江湖侠义味儿，又带有自己独特的文艺青年调调。虽然来贵阳10多年了，但他依旧是一口京腔，聊天吐字嘎嘣脆，恍然间竟有种在北京胡同老茶楼里闲聊的感觉。

与贵阳的牵绊

我是土生土长的北京人，大学在中央戏剧学院学戏剧，第一次到贵阳，是 2006 年。当时贵州电视台有一部方言情景剧《六点开心帮》在选演员，我过来旅游，顺便陪一个同学到贵阳面试。没想到面试的时候，导演竟然看上我了，觉得我不错，问我想不想参演那个剧。我之前听说《六点开心帮》这部剧是地方戏，得用方言去演。可我一点也不会贵州的方言，也不知道导演为什么会看上我。当时，我其实还没有毕业呢，但机会都送到跟前儿了，我要是还拒之门外，就太说不过去了吧。所以，我就跟导演说想。

我和贵阳这座城市的牵绊，就这么稀里糊涂又顺理成章地开始了。

《六点开心帮》是 2007 年才正式开拍的，拍了一年多。当时在冬天拍夏天的戏份，零度的气温，还得穿短袖，真的特别冷。而且因为在戏棚里拍戏，一说话哈气就容易穿帮，所以还得吃冰棍解决哈气的问题。现在想起来，还是觉得苦。可因为做的是自己喜欢的事情，拍戏的时候，又总能找到乐子，就不觉得苦了。

在戏里，我演的是一个广告公司的人，很贪吃。因为入戏太深了，拍完后很长一段时间无法从戏中走出来。还沉浸在广告公司氛围里的我，就真的回北京找了一个上市的广告公司上班，从事销售岗位的工作。当时还年轻，没有想太长远的事情，工作收入也还可以，一干就是两年多。

如果说第一次到贵州，是机缘巧合；那第二次到贵州，就有点俗了——纯粹为了钱。

2010年，贵州这边有一个老板给我开了很高的工资，叫我来仁怀（遵义市的县级市）做一个酒业公司的招商总监。我当时在北京工作收入也没有这么高，对北京职场的快节奏也有点疲了，正想换个地。加上之前在贵阳拍戏的时候，对这边印象也很好，一对比、一衡量，就觉得来这边发展也挺好的，也许会比留在北京有出路，于是很痛快地过来了。

当时，我把北京的房子卖了，就不打算回去了。房子卖的时候4万元一平方米，后来那一块儿的房价涨到了16万元一平方米。朋友们会笑我，说我真的很傻。其实，我当时也没有想那么多，就想着先抓住眼前的机会，在喜欢的城市，做一些喜欢的事情。况且人生在世，难得糊涂；很多事情如人饮水，冷暖自知。鞋合不合脚，只有自己的脚知道，这个地方适不适合你生活，只有问你自己的内心。有时候太过于谨慎，想得太多，顾虑太深，生活反而容易停滞不前。

过来之后，我除了做酒业公司的工作外，还同时干着演戏的事。后面陆续又拍了《开心帮 3》《城市人家》《华夏医家乐》等这些戏，反正大大小小拍了五六百集吧。也是在这个过程中，我和贵阳的牵绊越来越多，在这边也开启了新的生活。谈恋爱，结婚，生娃，人生中很重要的几件事情，都是在贵阳完成的。现在回首到贵阳来的经历，会觉得日子过得很快，但又很慢。快是因为我这些年在贵阳的生活一直很精彩，一点也不觉得日子难熬；慢则是因为留存在脑海里的美好回忆非常非常多，莫名有种我在这里过了几辈子的感觉。

李钟璐开的餐厅

"大中小"贵阳生活

一直以来，我都认为人活着就是要折腾。只有把日子过得热气腾腾的，才不算白来人世间一趟。奔着这个热气腾腾的小目标，我在贵阳除了拍戏，还做过不少生意。比如说开酒吧、开餐厅。

我现在和朋友们合伙开的餐厅叫“大中小寻味生活餐厅”，主打黔菜。餐厅名看着有点玄乎，其实来源于我和另外两个合伙人的名字：大方、钟璐和小夕。

但如果真要说点什么，也是有许多可以掰扯的地方。

比如世界很大，我们很小，每个人都乐在其中，这是其一；吃饭是大事，也是小事，是生命中必需的事儿，一盘小菜有你记忆中的味道，带给你一个很大的回忆，这是其二。除此之外，“大中小”在我看来，是非常开阔又有很强的包容度的组合。就像贵阳这座城市一样，粗犷又不失细腻，耿直又不缺温情。看起来很大，可是每个有梦的人，在其中都可以实现个人追求；每个热爱生活的人，都可以被温柔以待。“大中小”三个字，看起来好像是在描述范围，事实上，已经把整个世界都包含进去了。

但我必须强调一点，我虽然喜欢折腾，却并不是个工作狂。对于我来说，一般一天 24 小时，我只会用 3 小时左右的时间集中精力去工作，去挣钱，剩下的时间，都是用来生活的。在这点上，贵阳的慢节奏，就和我的生活理念高度匹配。如果是在北京，绝对不可能有这么多宽裕的时间留给自己。

现在开餐厅，很多客人是冲着我来的。他们来了之后，喜欢和我聊天。我有时候很享受这种感觉，会跟他们聊聊我的故事，聊聊贵州一些奇闻逸事。如果我觉得自己该休息了，就不太想聊，就想回家陪陪家人。

烟火气的贵阳城

贵阳不是被评为“森林城市”吗？这个称号，是一点不夸张。市区里到处都是草木，甚至每走几步就是一个风景。生活在现代化的都市里，可以有这么好的环境，真的是很幸福了。

这里的空气质量也是一绝，到贵阳生活这么些年，我肺病都好得差不多了。在这点上，我真的觉得贵阳的环境好，简直可以当老天爷恩赐的神药使。

我现在住的地方，算是在市中心，但一点没有城市的喧嚣，风景很好，小区里有个很大的人工湖，在楼上可以看到中心花园。树很多，鸟也特别多，很符合我对居住环境的要求。

以前我老是喜欢往外跑，现在没事我就喜欢窝在家里。哪怕什么也不干，听听窗外的鸟叫，我也觉得很好。虽然说现在很多人都喜欢往北、上、广、深那些超一线城市跑，养老喜欢去三亚那些海滨城市，但我觉得从贵阳的综合实力看，肯定会有越来越多的人愿意来这里的。

像我们《六点开心帮》里“张总”(角色）的妈妈，也和我一样是北京人。她因为喜欢贵阳，就来贵阳当老师了。

我认识的一些其他外地的朋友，也都跟我说过，觉得现在的贵阳真的很棒，既可以奋斗，又可以享受生活的美好。

贵阳最明显的特点，就是有烟火气。无论是商业街还是寻常巷陌，行走其中，都能感觉到它蓬勃的生机。在我看来，贵阳的文化氛围，主要也来自这份蓬勃的烟火气。说到烟火气，大家的第一反应肯定就是吃。我当初留在贵阳，其实在一定程度上，也和贵阳的美食有关。

我在《六点开心帮》那个戏里，演的就是一个比较爱吃、贪吃的角色。在拍戏的时候，我接触到了这边形形色色的美食，莫名地就变得越来越爱吃。刚到贵阳那两年，生活中最重要的事情，可能就是寻访美食了。有时候会觉得，贵阳的美食有种神奇的力量。早餐来一碗冒着热气的肠旺面，就觉得无论接下来的一天里遇到点什么事，都能扛得住了。

想要犒劳自己时，来一锅老凯里的酸汤鱼、特别有意思的肉饼鸡，也是人生一大乐事。兴致来了，还可以到各种美食街去遛一圈，什么丝娃娃、酸汤豆腐吃个遍，就会有种没有白来人间走一趟的满足感。

我本人不是爱吃嘛，出去玩的时候，也会特别留意哪里有什么好吃的。贵阳的大街小巷哪里有好吃的，我全都知道。每次在贵阳和本地朋友聚会的，他们都是让我带路去找吃的。如果对我的日常生活进行跟拍，估计你们看到的是这么一个场景：一帮贵州人跟着一个北京人在贵州旅游，让北京人指路，介绍景点和美食。甚至有时候去一些小县城，都是我带路当美食导游。比如到距离贵阳 150 多千米外的毕节市大方县，都是我带朋友们去吃大方最正宗的“骟鸡点豆腐”。

后来开餐厅，研究各种吃的，也算是让这个爱好彻底地在我人生中扎根了。

生于北京，爱上贵阳

我长这么大，除了贵阳，最熟悉的就是北京了。在谈论贵阳时，可能就会习惯拿北京和贵阳做对比。

说实话，刚来贵阳的时候，真觉得贵阳挺破的。尤其是火车站出来那一块，鱼龙混杂，“脏乱差”。第一反应是，这简直是一个村嘛！不过 10 多年过去了，我现在对贵阳的感情，其实比北京还深。虽然贵阳这些年发展得挺好的，但经济比起北京来，肯定还是比不上的，可我就是更喜欢贵阳。那种感觉，说不上来，一句两句也说不清。就是在贵阳待着，我会觉得很舒服、很安逸。尤其是我这 10 来年，几乎把贵州都走遍了。深入了解过这里的山山水水，和这片土地上的很多人都聊过天、吃过饭、喝过酒，就会对整个贵州的感情更深一些。而我对贵州的感情，聚拢再聚拢，汇总到一起，最后被我投放到了贵阳。这 10 来年的经历也告诉我，当初我的选择是对的。所以对于卖了北京的房子来贵阳发展这个事情，我从来没有后悔过。

之前回北京的时候，还有一个特别逗的事儿。当时一朋友说我：“一个北京人开着一辆京A牌照的车，行驶在北京的大街，车上放的是《北京北京》，结果却说一句：‘我想贵阳了。’”

随着我在贵阳待的时间越来越长，贵阳不知不觉就成了眷恋不已的家乡，而北京则成了回不去的故乡。

还记得有一次我从贵阳回北京，有一天晚上就在北京街头溜达。当看着把天空塞得满满当当的高楼，把地面填得快没有缝隙的车水马龙，所有的车子都在想方设法提速，所有的行人都走得很快时，我就在想，他们匆匆忙忙地，到底是为了什么？

“忙”这个字，是由一个“忄”和一个“亡”组合而成。从字义上解释，“忄”指“神志”，“亡”意为“丧失”“消失”。“忄”与“亡”联合起来，是“神志丧失”的意思。

和忙搭配的词汇，比如“慌忙”“匆忙”“忙乱”，都不是什么好词。当这些词汇在生活中频繁出现的时候，在某种程度上，就已经预示着生活没那么快乐了。

北京很大，房价又高，市中心的房租也不便宜。好多人虽然在市中心上班，可是根本住不起那里的房子，只能住在偏远的地方。由于公司和家隔得比较远，很多人可能早上五六点钟就要起床去赶车。北京的公司基本都是要加班的，朝九晚五的很少很少。白领们通常晚上七八点钟下班，到家都九十点钟了。那时饿得肚皮贴背，也没有时间、精力给自己做一顿好吃的，通常都是随便吃一口就睡了。睡到第二天五六点钟又起床，又去赶公共交通，然后去上班。

日复一日，年复一年。每天都很忙，挣着的也是万儿八千。钱没有多少，人却是被逼成了麻木的机器。像我的同学，过得可能稍微还好点，但被环境裹挟，不得不忙碌，生活品质也是一言难尽。

由于北京是首都这个特殊的身份，加上北京的经济、教育等方面的优势，很多人都对北京趋之若鹜，北京的房价也随之飙升。但说句心里话，综合对比起来，我真的觉得贵阳的房子性价比更高。

对于像我这样性格的人来说，贵阳的钱，可能会更值钱。比如说同样大的房子，在北京得一个亿，而在贵阳，只要一千万。如果真的有一个亿，在贵阳买了豪华大别墅之后，还能剩下九千万。用那九千万去享受生活，去交朋友，去学习，去看世界，都绰绰有余。哪怕我是土生土长的北京人，也不得不客观地说一句，北京虽然好，但和我一样的普通人，即使穷尽一生努力，可能也没有办法爬到金字塔顶端。既然是这样，不如换种思维方式，扎根贵阳这样的发展中城市，寻找更适合自己奋斗的方向，陪着这个城市一起前进。

多彩的未来

贵阳现在真的是多姿多彩，各行各业都有很大的发展，我比较有感触的是旅游、餐饮和酒店这些服务行业。

现在贵阳的酒店、民宿，在软配套和人性化服务水平这一块，总体可能会比北京差一些，但也已经有很多超一类的代表了，而且这些有代表性的酒店、民宿，都具有明显的贵州地方特色。

黄果树边上有个民宿叫“匠庐”，是由有着600年历史的布依族古村落改造而成的。村里的老房子都是石头建的，品牌方在改造时，刻意留存历史感，同时又配备了现代人想要的一切生活设施，提高生活的便利度。在那里度假的时候，既能感受到光阴的痕迹，也能听到时代前进的跫音，摸到历史进步的脉络。那里的房子都在深山里，开门见景，云雾不绝，诗意和现实生活并存，像是一首百年的布依族歌谣，在村落里流淌着，旧时光仿佛从未走远，一边是梦境，一边是生活。

除了“匠庐”，平塘围绕“天眼”而形成的旅游景区中，有个叫桃源洞天坑的地方，那里建在山脚下的民宿，更是一绝。因为要穿过一个溶洞才能到达村子，行走其中，真的会有一种进入陶渊明笔下的“桃花源”的错觉。我第一次去的时候，简直都要怀疑陶渊明的《桃花源记》，其实写的就是那里了。更加难得的是，这些藏着贵州独有浪漫的民宿，离贵阳都很近，交通也很方便。从贵阳市区过去，都只要一个多小时的车程。这个距离，不管是对于来贵阳玩的外地人，还是对于想要放松一下的贵阳本地人来说，都非常友好。所以在我眼里，这些好地方，都属于贵阳生活的一部分。

说到交通，插个题外话。

以前贵阳的交通的确很不好，我回一趟北京，得坐近 30 小时的火车。现在贵阳乃至整个贵州的交通都发展起来了，回一趟北京坐高铁只要几小时，就让人觉得在这里生活越来越有盼头了。也有些朋友说，觉得贵阳堵车的情况越来越严重了，很烦这一点，可因为我是从“首堵”北京来的，就会觉得还好。而且贵州是第一个“县县通高速”的省，我作为一个外地人，也觉得很自豪。我跟其他地方的朋友说起这点，都会不由自主地激动起来。

如果要论消费层级，其实贵阳也有消费水平很高的地方，有些高档的酒店，从大堂到客房就要走10分钟，配置和北京出名的盘古七星酒店不相上下。

再比如说世贸双子塔附近的花果园艺术中心，这是一座英式古堡风格的建筑，因为外墙涂料颜色和美国白宫差不多，所以本地人就都叫它“白宫”。它既是私人博物馆，也是私人住宅。听说由于地方太大，还配置了和机场一样的自动人行道。这种豪华程度的现代建筑，就连北京都没有。而且贵阳是全国都排得上名号的森林城市，绿化啊、空气啊那肯定是没得说的，关键是整个生活氛围都特别好。

对，就是生活的氛围。普通人在北京，光是为一天三顿和房租都得拼尽全力，只有生存。挣个万儿八千的，穿行在北京街头，其实没有什么时间、精力去感受北京的美好，根本不可能有什么生活。但是在贵阳，挣三千有三千的生活，挣万儿八千有万儿八千的舒坦。真的，每个人都可以在这里找到属于自己的生活，都可以拥有一份乐乐呵呵的体面。因为工作和爱旅游的原因，我的活动范围会比较广一些，并不局限在贵阳市区。贵州省的 88 个县（市），我几乎全都去过了。没去过的县，一个巴掌都数得过来。有些地方除了去拍戏，以及带不同的朋友去玩外，还会反复去。比如说黄果树瀑布，我就去了 10 次。千年古镇、黔灵山公园，每年都会去个四五次。像赤水佛光岩、江口梵净山、石阡佛顶山温泉等，我都非常熟悉。

贵州的热情

说起来也是蛮有意思的，谁能想到，我一个土生土长的北京人，不过就在贵阳待了 10 来年，却比很多本地人都熟悉贵阳，乃至整个贵州省。

我是从事影视行业的，如果从职业层面去客观评价贵阳的风景，其实有点两极分化。大家也知道，贵阳之所以叫这个名字，其中一个原因就是贵阳常年多阴雨，阳光很难得。可对于影视拍摄来说，光线是非常重要的。所以每次取景的时候，都是一边夸贵阳的山水人文都特别棒，一边可惜贵阳的天空不够灿烂。不过呢，老天爷总是公平的，它虽然拿走了贵阳的阳光，却赋予了贵阳人更多的热情。

大家都知道云南风景优美，是旅游胜地，其实和云南挨着边的贵州，风景一点也不比云南差。虽然在西南三省里贵州的面积是最小的，可我觉得贵州可玩的地方还真的蛮多的。无论是它神奇的喀斯特地貌，还是其风土人情，都很让人迷恋。

说到旅游，我觉得想要旅途愉快，除了要跟对的人一起去外，还要有个对的人给你当向导。因为很多有意思的地方，外地人可能找不着。来了之后，跟着网上攻略走马观花地看一遍，其实没啥意思。如果有个熟门熟路的本地人当向导，那就是完全不一样的感受了。对于这点，贵州就有一个得天独厚的条件了，因为这边的人，真的特别热情。

我之前也和朋友聊到过贵州人热情这一点，都是双双竖起大拇指的。比如说在街上问路，本地人恨不得亲自把你带到目的地。

关于贵阳人热情这一块，我真是有太多想说的了。本来我觉得北京人已经是特别热心肠的了，但和贵阳人比起来，还是差了点。北京人的热心肠，还是有一定距离感的。贵阳这边的人呢，和他们打交道时，是没有任何距离感的。换言之，就是他们会把距离感化解得很好。

我认识的亲友邻里，为人处世都很平和，既不会特别恭维你，也不会绞尽脑汁挤对你。在他们眼里，能处就处，能喝酒就一块儿喝酒，喝不到一块就各喝各的。他们不会做什么表面功夫，相处的方式特别简单，让我觉得很愉快。

现在我在这里待久了，也会有贵阳本地人那点劲儿，会觉得，不管你是谁，你要是爱和我说话喝酒，你就来；不爱，你就别来，我也不会在意你身份的高低。你要是不来，我自己的日子，一样可以过得很愉快。

怎么说呢，在生活中，莫名就有种活开了的感觉，不会很执着于追求八面玲珑的人际关系。不过说到与人相处这方面，贵阳乃至贵州这边的人，有时候其实也会给我一种过度热情的感觉。尤其是少数民族地区的人，他们那股子热情劲，就好像刻在骨子里一样。

我经常要去少数民族地区拍节目，刚开始接触到当地人的时候，都有点被吓到了。贵州大多数少数民族地区的人，都爱用酒来表达热情好客的一面。反正对于他们来说，来了都是客，都得用酒招呼好。有时候，我们去一些少数民族聚居的村子拍戏时，刚到村口，压根不用人介绍，村民们就主动招呼我们到家里去吃饭喝酒了。而且是第一家还没喝完，第二家的人就守在门口来请了。

我们从进村开始，酒杯就没有放下来过。好家伙，那真的感觉跟闯关一样，不从村头喝到村尾，那压根就出不来。我本来酒量还行，可到了那里，没一会就准会被灌得分不清东南西北。所以进村第一天，是基本上拍不成节目的。

今年（2022 年）端午节，我们在一个水族的村子拍节目。

按照计划，我们是上午九十点钟开始拍摄，所以也不会起来很早。但没有想到的是，7 点多村民们就开始喊口号喝酒了。我在屋子里听着声响，还以为是在搞拔河比赛呢！

印象特别深的是，有一次我一个北京的朋友来贵阳找我玩，我带他去西江千户苗寨那些地方玩。我们才进寨子，就被拦下让喝拦门酒。我那朋友喝多了，还没有走到计划要去的房子，就倒在田里睡着了。玩到第七天的时候，一到饭点，我朋友就“崩溃”了。

最后一天，我们中午去吃饭，我说不喝酒，保证不喝酒了。可一进吊脚楼，那些姑娘端着酒，又要劝。现在我还记得他当时那个“生无可恋”，还得硬着头皮喝酒的样子，真是记忆太深刻了。其实我本身比较爱喝酒，性子也比较豪爽，但贵州的酒文化，还是分分钟就能把我的酒量摁地上“摩擦”，经常会遭遇

“感情深一口闷”的情况。

可以说贵阳的烟火气，有一半是被酒撑起来的。

慢时光里的归宿

贵阳这座城市，一半被山水勾勒得超尘脱俗，一半被烟火气熏染得无比平易近人。穿行其中，时常会有种亦真亦幻的感觉，让人很容易就放松下来。

但凡事都有两面，这个慢节奏用来生活，会让人很享受，放在搞事业上，其实就会变成软肋。在北京，大家做事都追求效率，时间观念比较强，如果有约定，一般都会提前几分钟到，基本不会让对方等着。

我在北京的时候，受环境和周围人的影响，对不守时的行为是比较反感的，让我等超过 10 分钟，我都会不高兴。但是到了贵阳，我发现大家的时间观念都不太强，和周围人一比，我居然成了“急性子”。其中最夸张的就是我的朋友加生意搭档大方，他磨叽的程度，简直让我惊讶。比如有一次他给我打电话说，10 分钟后就能到我家楼下了，然后我就下楼等他。那天还下着雨，结果我在楼下淋着雨等他两小时，冻得我都发烧了，他还没有出现。

我和大方共同的朋友朴哥，也知道大方这毛病。朴哥要是和他约好，第二天上午要去他家，都是早上醒来后就给他打电话，说快到他家楼下了，让他快点下来。挂了电话后，朴哥才起床洗漱，慢慢悠悠吃个早餐。一般收拾利落、吃饱喝足了，开车去到大方家楼下，他正好下来。虽然说大部分贵阳本地朋友都不至于夸张成大方这样，但在我看来，也都是比较磨叽的。来贵阳 10 来年，我简直都被朋友们的不守时磨得要没脾气了。可没办法，大家伙都这样，我只好默认他们的行为是正常的。

如果真要算起来，在这份对于“贵阳磨叽”的理解和包容里，我也是受益匪浅。因为这份不得不慢，在某种程度上来说，是把我和“忙碌”“忙乱”这种状态隔离开了。

我在贵阳的慢时光里，听到了心的声音，也品到了生活的美妙。

人生路还很长，我和贵阳的故事也还很长，也许要用一生去讲。不过没关系，让我们陪着贵阳慢慢走，慢慢聊。

哪怕到最后故事怎么也讲不完也没有关系，反正我的生活归宿就在这里。

Dream Come True in Guiyang

李想的理想

口述……李想

整理……杨骊

李想演出现场

口述者小传

李想，男，1983 年出生于四川成都，5 岁开始学习钢琴，师从四川音乐学院教授郑大昕老师。11 岁学习双簧管，师从中央音乐学院祝盾教授。1996 年就读于中央音乐学院附中，2003 年考入瑞士苏黎世音乐学院，深造双簧管与钢琴。在瑞士上学期间，2007 年至 2009 年他曾担任瑞士温特图尔天主教教堂管风琴师；2008 年夏季参加苏黎世新乐团，担任双簧管首席参与欧洲巡回演出；2009 年取得了教育和演奏双硕士学位。

2009 年，李想开始担任贵阳交响乐团双簧管首席，与李心草先生、陈佐湟先生、张国勇先生、Rico Saccani、林大叶先生、吕嘉先生、杨洋先生、邵恩先生等众多著名指挥家都有过多次合作，并参加过《长笛与双簧管协奏曲》，双簧管、黑管、巴松管、圆号四重协奏曲，木管五重奏等多个类型的重大作品演出，受到观众和众多艺术家们的认可和支持。

小 引

相对于李想，我要更熟悉他的爱人张嫒嫒。他们两个人都是贵阳交响乐团的，一个是坐在乐池中的双簧管音乐家，一个是管理贵阳交响乐团的副团长，现在担任了烁果文化的负责人。更熟悉遵义姑娘张嫒嫒，是因为我接受了写贵阳交响乐团的长篇报告文学的任务，要采访乐团很多的人和事，张嫒嫒作为乐团的副团长，又是最早加入乐团的管理人员之一，自然联系更多一点。为了写好乐团的故事，两年的写作过程中，通过她我几乎认识了乐团里的每一个人，当然也蹭了不少的音乐会听。乐团里的每个人都有很多故事。《圆梦贵阳》要写的是新贵阳人的故事，几乎乐团的人都符合这本书的角色设定。选李想作为“圆梦”主角之一，是因为他在2022年7月12日的音乐会上给我留下了极深的印象。我知道音乐家最大的梦想就是能够和一支职业乐团完成一次完美的协奏。李想是那天音乐会的主角，音乐会一开始，这个主角站在台上极度紧张，舞台的灯光打在他脸上，他的汗水绝对不是因为天气太热。中间的间隙，我看见他悄悄地擦了一把汗，悄悄地松了一口气。当时我就想，如果有机会，我一定要问问他，作为一个站在这个舞台上已经13年的“老”艺术家，面对台下那些熟悉的乐迷们，他到底在想些什么。

在与李想的访谈中，我能感受到贵阳这座城市给他的生活、他的事业、他的家庭带来的惬意。和所有我采访过的乐团的音乐家们一样，他对这座城市、这座城市的乐迷们给予了高度的评价。13年来，李想“们”把贵阳当成了故乡。他们为贵阳带来了美妙的音乐，让古典音乐滋养了贵阳这座城市，贵阳也圆了他们音乐家的梦想，圆了一个音乐人对音乐的各种想象。

把自己的人生定格在贵阳

我是成都人，在人们的眼里成都是一座既古老又年轻、既安宁又繁荣的城市，有很深的文化积淀，商业意识很强，也是年轻人的时尚之都。很多人都非常喜欢成都，会选择在成都安家。但是从小在成都长大的我，为什么会把自己的人生定格在贵阳这座城市呢？

这得从我学习音乐说起。

说来都有点让人不敢相信，最初学习音乐并不是源于我对音乐的热爱，我是被逼的。小时候我非常喜欢唱歌，音准也很好，听到一段音乐，就能很准确地唱出来，但我至今也没有想明白，为什么父母没有选择让我学习唱歌而是选择了学习乐器。我对这样的选择是非常抗拒的，学习钢琴并不出于我的主动，出于我的喜欢或是爱好，而是父母觉得 5 岁了，我应该学习一门乐器而替我做了选择。虽然心里一万个不愿意，但我是个性格特别温顺的孩子，我顺从了父母的心思。

现在我有了女儿，是一个父亲了，每次想起这样的经历，我总在想，在教育我的孩子、启发她要学习什么的时候，我一定要更多地引导，而不是强迫她要学什么或是不学什么，干什么或不干什么。我会更多地去启发她、发现她更多的可能性，我会尊重她的选择。

就这样，在不情愿中，我跟着郑大昕老师开始了钢琴学习。从一开始，我就对自己在钢琴方面的天赋有了自知之明，我先天条件并不是很好，手比较小，弹琴刚好八度，这也是我一直都有点抗拒钢琴的原因，也可以说是我在钢琴学习中的一种自卑吧。好在我遇到了一位非常好的启蒙老师——郑大昕，他是中国非常著名的钢琴教育家。他在教学上的成就令人刮目相看，培养了很多在中国有影响力的钢琴家，在钢琴教学方面有很多独特之处。比如他对钢琴“基础”“技术”的看法和别的教授不同，认为手指能快速跑动只是其中的一个方面。“技术”的含义是多方面的：不同的弹奏法——连奏、断奏，以及歌唱性等，都应包含在“技术”范畴内。“个性”也是能力。因而郑老师在对我的教学中一直很注重不压抑我的个性，也一直在寻找一种能弥补我天生缺陷的方式，这种教学让我对钢琴、对音乐产生了兴趣。跟着郑大昕老师学习了6年，他独特的教学方法让我慢慢接受了音乐的学习，也让我从最初的抵触，转变为最后的接受，并坚持了6年。随着这种坚持，我慢慢明白了一些东西，我对自身的能力也有了更多的自知。量的积累发生了质的改变，我就是这样爱上了音乐，觉得学习音乐也是一件挺不错的事，直到今天我仍然非常感谢在我学习音乐的最初时期遇到了像郑老师这样的好老师。

对成都我是没有记忆的，成都是我童年的懵懂，我对它是陌生的，从5岁开始学习音乐，到11岁离开成都，我的童年期除了正常的九年义务教育的学习，就是枯燥的音乐训练，这样的童年对我来讲不算美妙。我每天奔波于学校和音乐教室，每天都在对音乐学习的抗拒中挣扎。11岁我离开成都，来到北京中央音乐学院附中学习，这是形成自我的人生观、价值观和世界观最关键的几年，后来我与成都这座城市再没有过交集。在北京待了7年后，我就去瑞士的苏黎世音乐学院学习音乐了。所以我对成都是陌生的。

小学即将毕业那年，父母准备让我去北京考中央音乐学院附中。随着我对自己的音乐能力和对音乐的了解，我明白自己先天的不足，我在钢琴方面不可能有更好的建树，必须寻找另外的出路，才能继续我的音乐梦想。我向父母提出，继续学习音乐没有问题，但学任何乐器都可以，“就不能是钢琴”。看到我这样坚决，父母也开始重新思考，事实上我们都在思考，未来我学什么乐器才是最适合我的。

我父亲是四川省歌舞团的双簧管演奏员。他走上音乐道路完全是靠自己一步一步摸索出来的。父亲的青年时代正是 20 世纪五六十年代，是中国最特殊的时期，那时中国的经济和文化都欠发达，文化生活也没有现在这样丰富，基本没有什么娱乐活动，也没有读书的机会，最多的娱乐就是看样板戏——八大样板戏非常流行，每个中国人随口都可以哼唱。父亲经常去剧团看样板戏，时间久了，就开始帮剧团的乐队做点事。他不会乐器，就帮着乐团打鼓，但打鼓也是一个技术活，起码得有基本的乐感。好在父亲的乐感很好，没多久就被乐团的老师发现父亲在音乐方面的天赋，他觉得父亲的才华不应该被埋没，就对父亲说：“既然你喜欢音乐，就学一门乐器吧。”受到鼓励的父亲信心十足地自学了双簧管，不到一年时间，他就可以跟着乐团排练了。后来他凭着这个音乐技能，在四川省歌舞团从事音乐工作直到退休。我选择学习双簧管并不是受父亲的影响，父亲也没有让我子承父业的想法。在这一点上父亲倒还是非常开明的，起码在我 5 岁学习音乐的时候，他并没有让我选择跟随他学习。他认为自己从来没有接受过音乐院校的专业培训，而我应该从一开始就接受更专业的音乐教育。当我提出不再修习钢琴而重新选择一门乐器的时候，父亲并没有给出他的想法，而是认真地研究和思考究竟让我转学什么乐器会更好。而我性格使然，也提不出什么建设性的想法，只是觉得自己 11 岁了，除了深知自己在学习钢琴方面有短板外，也许我下意识里还觉得终于找到了一种反抗父亲的方式。

重修什么乐器，父亲是忐忑的。有了强迫我学习钢琴的经历后，这一次，父亲希望这次的选择是我能接受和喜欢的，毕竟这次选择涉及我未来的职业选择。父亲动用了在音乐圈的朋友关系，进行了各种访问和咨询，最终更多的朋友认为学习双簧管的人比较少，竞争比其他的乐器——钢琴、小提琴这样的乐器小，以后就业找工作也相对容易一点。加上父亲自己就是双簧管演奏家，我已经接受了 6 年非常严格而专业的音乐训练，他自己就可以担任我的双簧管老师。

就这样，父亲成为我的双簧管启蒙老师。双簧管是由哨片和乐器两个部分组成的，父亲从吹哨片开始教我，我进步很快，没有多久我就可以吹乐器了。我想在双簧管演奏方面我有一定的天赋吧。我很快就爱上了双簧管，并很快就取得了很大的进步。

我至今都还记得，12 岁那年中央音乐学院附中的考试竞争非常大，挺难考的。首先考试内容很难，得完成三个升调号以内的音程和和弦，练习曲的程度相当于中级偏下一点，曲子难度如果用考级的标准来衡量的话，大概是五级。全国的音乐学院考试最难的就是中央音乐学院和上海音乐学院。为了准备好这场考试，10 岁那年的暑假，我和父亲来到了北京，父亲通过朋友关系找到了中央音乐学院的祝盾老师，他是老一辈里非常有资历的双簧管老师。父亲带着我去，拜他为师，正式向祝教授学习双簧管。然而暑假也只有一两个月的时间，完全不能满足技能的提升和考试的要求。暑期结束我就回到了成都，但双簧管的学习并没有停止，每个星期我通过打电话的方式向祝盾老师学习。那时候还没有手机，也没有什么视频，连座机电话都还没有普及每个家庭，电话费还挺贵的。祝盾老师通过电话对我进行教学。电话打通后按下免提，祝教授说可以开始了，我就在电话这边吹，祝教授就在电话那头教。每次电话一打就是 40 分钟，就这样坚持了 1 年。这应该是最早的线上教学了吧。11 岁那年，快到中央音乐学院附中考试之前，我和父亲提前来到了北京，开始了更加魔鬼式的训练。

每一年考中央音乐学院附中的学生都是最多的，那一年全国各地大概有500人参加了考试，成都就我一个考生考上了中央音乐学院附中。我的视唱练耳考了第三名，还得了1万元的奖学金。我的耳朵很灵，听到什么基本都能准确地唱出来，视唱练耳对我来说很简单，但是对很多人来讲却不是一件容易的事情，这就是有些人为什么唱歌会跑调的原因。还有音程与和弦表达的是什么意思，这些都需要用天赋去理解。经过这么多年的音乐学习，我有了更多的自知和自信，如果让我现在重新开始学习音乐，我可能会选择学习指挥和视唱练耳，因为我的优势是在这两个方面。不过这是题外话了。

转双簧管专业后，我觉得这个选择是对的，我在双簧管的学习中找到了更多的自信，有了更多的兴趣，对音乐我也有了更多的认知、了解。尤其我能从演奏中感受到每一个音符的独特性，它们都是有情绪和表达的——开心、紧张、难过、恐怖、刺激，音乐表达的情绪都不是偶然的，它会让听者产生无穷的想象。有了这样的理解，我在演奏过程中会更加自如地将音乐的情绪通过我的演奏完美地表现出来。人类的耳朵赋予了我们感知音乐的能力，我们的心灵则赋予了每一支曲子独一无二的含义，我尽量在音乐中表达出我对每一支曲子的理解，让每一个听众都能在音乐中感知到我所想要表达的情绪和色彩。这些都是我在中央音乐学院附中学习时的体会。

上中央音乐学院附中的时候，我还很小，才 11 岁。一个人远离父母，去到那么远的地方学习，是有很多困难的。现在想起来，我非常感谢父母在我学习音乐的路上的所有付出。父亲向四川省歌舞团申请了停薪留职，他跟领导说孩子太小，要陪两年，虽然有基本工资和生活保障，但父亲的这个决定是最大的牺牲。对一个音乐家来讲，最炫目的就是站在舞台上，更何况那两年是他最黄金的时候。父亲在北京租了房子，每个周末，我都会回到父亲的出租屋，与父亲交流学习上的心得和体会。然后洗洗衣服，父亲带我出去吃好吃的、去哪里玩一下。虽然每周的相聚总是很短暂，但是对我来说却非常重要，毕竟我只有 11 岁，正是一个男孩从少年成长为青年，形成自己的人生观、价值观和世界观最重要的阶段。学校里都是一些十五六岁的孩子，正处于青春期、叛逆期，好不容易离开父母的管教，大家都不愿意被老师继续管教，尤其是宿舍舍管老师的管教。那时候正流行港片，流行古惑仔，老师一管教我们，大一点的学生就会和老师对着干。当然，大一点的学生也会欺负小一点的学生。我个子很小，全班五六十人中我的个头倒数第四名。

每周有父亲陪伴，一回到有父亲的出租屋，就像回到了一个温馨的避风港。

我读初三那一年，父亲回到成都，回到单位继续上班，留下我一个人在北京。我在学校周末也很少出校门，但也学会了交朋友。周末我约着朋友一起到处逛逛玩玩，爬长城、游故宫……从那个时候起我学会了更好地照顾自己。19 岁那年我考上了中央音乐学院，上了一年大学后，我就开始为去瑞士苏黎世学习做准备了。

你一定很好奇我为什么会选择去瑞士学习音乐，这就要说到我的母亲了。母亲是煤矿气公司的普通员工，我学习双簧管一段时间后，母亲的一个朋友认为我很有天赋，很喜欢我，觉得我应该跟更加优秀的老师学习，她向我妈妈推荐了陈三庆老师。这是我音乐人生中一位非常重要的老师，他打开了我的音乐视野。陈三庆老师是著名的国际长笛演奏家，出生于广州长笛音乐世家，13 岁接替父亲成为广州军区政治部战士歌舞团首席长笛。1990 年，他赴瑞士苏黎世音乐学院，师从著名长笛大师奥雷尔·尼柯莱（Aurele Nicolet），同时师从彼得·卢卡斯·格拉夫（Peter-Lukas Graf）、马克桑斯·拉里厄（Maxence Larrieu）学习长笛，并参加了詹姆斯·高威（James Galway）、阿兰·马利翁（Alain Marion）等大师班进行学习。

2000 年至 2008 年，陈三庆老师在北京交响乐团担任长笛首席；2012 年，他与妹妹陈琦玲女士创办了尼柯莱长笛艺术交流中心；他现是中国音乐学院与中央音乐学院附中教授。从高二开始，我每周都会去他家上课，虽然长笛和双簧管是两个不同的乐器，但老师不仅教我怎么吹奏乐器，还教会我很多音乐的理念。比如他告诉我音乐是有颜色的，每一个调性都有它独特的色彩，每一个音符都是有色彩的，就像绘画一样，有虚有实，有近有远。陈老师教给我的不仅是学院派的知识，还给了我很多启发，这些都是我以前不知道的。陈老师曾经在瑞士苏黎世音乐学院学习，我跟他学习了 3 年左右，老师认为我很优秀，他推荐我去瑞士苏黎世音乐学院学习双簧管。至今我都还记得老师对我说的话："你要学习双簧管还是得去到国外，就像外国人学二胡，怎么学都不可能学好，得去属于那个音乐文化的氛围里去学习，去理解他们的人文思想。"在陈老师的教导下，我增长了不少音乐见识，加深了对音乐的理解。

大二那年，我去瑞士苏黎世音乐学院深造。2003 年至 2009 年整整 6 年，我在那里学习了钢琴和双簧管。2007 年至 2009 年，我担任瑞士温特图尔天主教堂管风琴师；2009 年我获得了教育和演奏双硕士学位。

在瑞士，我的生活非常丰富多彩。我交到了很多瑞士朋友，还有五六个成人学生跟我学双簧管。我有一个成人学生，她吹得不是很好，每次我都特别耐心，她说我是她遇到的最好的老师。她问我还会什么乐器，她在教堂工作，她先生是教堂的负责人，她让我去试着弹管风琴，信众在教区做礼拜时为他们弹奏管风琴，每个月 3 次，每天 8 点左右演出。每周我都会准备三四支曲子，同时为唱诗班准备合唱的伴奏。就这样我每周都会在不同的教堂演奏，同时我还加入了一些当地的乐队，跟着乐队演出。2008 年，我参加了苏黎世新乐团，并在乐团担任双簧管首席，跟着乐团在欧洲进行了巡演。在瑞士的学习和生活是很惬意的。

虽然在瑞士交了这么多朋友，事业也小有成就，但对我来说，东西方的文化差异和不同的生活理念让我无法有归属感。在瑞士，每一个地方的风光都非常漂亮，都像一幅画一样，空气也非常好，是滑雪胜地，建筑特别契合当地的风景，当地的人也非常友善。它是欧洲文化的中心，在文化上与东方还是存在差异，西方人之间的交流更学术一点、专业一点，东方人的交流更加生活化。瑞士人在某一个方面很专业，但是他们不会与我们聊生活，不会聊生活的规划。比如买房子这样的事情，瑞士人不买房，基本都是租房，想去哪里就去哪里，不会给下一代买一个房子或是为下一代付出什么。孩子养到 18 岁，就是独立的个体，与父母没有太大的关系，孩子学成什么样、学不学就不是父母操心的事了。这种家庭理念在东方人看来就很奇怪，东方人会操心孩子的学习和成长。这些东西方文化和生活理念上的差异让我无法适应，每一次与他们交流始终隔了很多东西，如果我在那里有很好的中国伴侣，我可能会留在那里，加上中国人留下来的不是很多，我就会觉得很孤单，就这样我选择了回国。

为什么会是贵阳

从瑞士学成回来，我为什么会选择贵阳作为我最终的归属地呢？看起来我可以有更多的选择，可以是北京、上海、成都，可为什么会是贵阳？

从瑞士回来，我在北京待了半年多，一直想在北京找工作，算是北漂吧。有些乐团演出缺人，我会去帮忙。有一次有机会去一个很正规的文工团，但是考察下来，感觉那个乐团不是我想要的乐团。在这段北漂的日子里，我认识了李心草，李心草是中国最年轻、最有才华的指挥家，1971 年出生的他在 1999 年就担任了中国国家交响乐团的驻团指挥。在一些演出中我与他有一些合作。

2009 年 2 月 19 日，贵阳交响乐团成立，李心草担任乐团的音乐总监。我知道这个乐团的时候已经过了国庆，正好贵阳交响乐团的一场演出需要一个双簧管，李心草提出让我到贵阳来帮忙做一场演出。就这样，我来到了贵阳，虽然只是一次临时的演出，但是我却看到了这个乐团的不一样之处。贵阳交响乐团是星力百货集团注资成立的乐团，它是中国唯一一家政府大力扶持、企业投资的董事会制职业交响乐团，乐团演奏员平均年龄为 26 岁，管理团队专业、高效、年轻、朝气蓬勃。每年的乐季也采用了国际化的音乐季制度。而我去过很多体制内乐团，有的乐团的现状是基本不排练的，是疲乏和懈怠的——干吗要练习？干吗不喝茶、聊天？包括指挥，训练的时候都可以睡觉，可能还沉醉在昨天的应酬里，没有休息好。

刚毕业的我在北京那一段时间里更多的是看到这个行业的

李想演出现场

疲乏，但是贵阳这支乐团真的是不一样，是那样的朝气蓬勃，尤其是认识了乐团的团长黄志明以后，我觉得他作为企业家，为了建这个乐团，拿出了自己的很多钱，为留住人才、发展乐团都在尽心尽力地做着奉献。黄志明对交响乐团的期待和决心打动了我，而另一位人事总监王小星女士，她作为一位贵州小有名气的钢琴家，为了这个乐团甘愿隐退幕后，事无巨细地打理乐团的各种琐事，同时还要投入大量精力，为那些加入乐团的音乐家们服务。不仅如此，还有陈佐湟、刘云志、李心草这样蜚声中外的音乐家，都为这支乐团全身心地付出，这些都让我看到了贵阳这支乐团的未来和光明，我真的非常感动。

我到贵阳的时候，贵阳交响乐团已经有六七十人，人手还不是很齐，双簧管这个专业还缺人。演出结束，我挺感动的，这群人——陈佐湟、刘云志、李心草，还有那些比我先来到贵阳的乐队队员们为了音乐聚在贵阳这座城市，让我觉得如果能与这群人在一起，一定也能在这座城市里实现自己的音乐梦想。

贵阳这座城市吧，总让我能感受到它的独特之处。首先是中共贵阳市委、市人民政府，为了让贵阳有一个职业交响乐团，做出了最大的支持，不仅贵阳大剧院音乐厅给乐团免费使用，还提供了整整一层楼作为乐团的办公用地，乐团音乐厅既是排练厅也是演出地。乐团每次排练，不仅仅星力集团的几个老总都会到场，市人民政府的领导们也会经常光顾排练厅，且一守就是一上午或是一下午，每个人的眼神里都透出温暖的光，像守着一亩种下了稻禾的土地，守着埋进土地里的种子，一天天等着它发芽，等着它长出青苗，等着它开出稻花，结出果实，不愿意错过它生长的每一个细节。

乐手们的那股子劲就更不用说了，那段时间的排练，陈佐湟、刘云志、李心草三位中国乐坛有影响力的音乐家经常同时出现在排练场，三个人分别守着不同的谱台，一个音一个音地纠正，乐手们经常被黑着脸的三位音乐家吓得大气都不敢出，但是这并不妨碍他们在下一次排练中更加用功，都知道在中国没有哪一个乐团会有这三位音乐家同时现身，大家都非常珍惜这样的机会，就算有时候会吓得连一个音符都吹不出来，也决不会“逃跑”。在贵阳看到的这些，都让我感受到这座城市的与众不同，它让我感受到一种音乐的力量，一种向上生长的力量。

和乐团其他的元老队员们不一样，他们来的时候没有看到乐团是什么样子，那时只是一个构想，一个空壳子。我来的时候已经能看到贵阳交响乐团是什么样子了，我看到了乐团的状态，看到了乐团为乐手准备的位于中天花园的公寓，看到了乐团为方便乐手排练和演出提供专门接送的奔驰大巴，还有乐团为了让乐手们留下来所开的高薪酬。这些都让我的选择更加理性。

我来的时候正是10月，一下飞机，我就有了亲近之感，全国各地的气温已经热到爆表的程度，但在贵阳却是不一样的，走到哪里都是绿色的森林，每一条出城的高速路都穿梭在绿色的山峦中，非常养眼也非常美丽。尤其是我在成都长大，感受过成都令人窒息的雾霾，贵阳的气候让我非常喜欢。加上贵阳的人文也好、当地的小吃也好——和成都一样都是吃辣，吃的东西非常合我的口味。一切的一切，都没有距离感。成都是我的出生地，我待了11年，是我的童年，我的懵懂。我在北京待了8年，这8年的时间，酸甜苦辣都尝遍了，对北京我的印象和感受特别深刻。北京给我的感受是庄严，是帝王之都，是中国的政治、经济、文化中心，对北京我始终心怀敬畏，我可以在那里学习，但是如果选择在那里生活的话，我找不到归属感，房价、物价、生活的快节奏和压力让我和北京有了距离。在北京不可能静下心来享受生活。在瑞士待了6年，对我来讲是一段美好的风景，而贵阳，它好像在张开双臂召唤我。

从瑞士回来，原本准备在北京待一段时间，父亲那时候也在北京，想帮助我在北京找工作，可是看过的乐团都不尽如人意。原本准备回成都，就在这时认识了李心草，他对我发出了演出的邀请。父亲就说，那就去贵阳看看再说吧。就这样成都还没回去，就到了贵阳。好像冥冥之中，命运让我刻意跳过了成都，心中向往的东西在贵阳这座陌生的城市找到了，这里每个人的状况和对音乐的追求都是我心中想要的，加上这里离成都近，就有了更多的亲切感。就这样，我就把自己的一生交给了一个从来没有在我的人生地图上出现过的地方，缘分就这么有意思。

那天我找到黄志明，对他说我能不能参加乐团的考试，我想加入乐团。黄志明一听就很开心。我参加了考试，正式成为贵阳交响乐团的一员，也成了一个贵阳人。我来贵阳已经有 13 年了，我待过成都、北京、苏黎世，还有贵阳，如果用一个词来形容我待过的这几个城市，我想成都是“懵懂”；北京是“敬畏”；瑞士我是“过客”；贵阳是我的“归宿”，是我的第二故乡，贵阳是最合适我的。

北京、成都、苏黎世，我问过自己很多次，为什么我会选择贵阳？从瑞士回到北京待了一个多月，我对贵阳是完全没有概念的，对这个城市是一点都不知道的，说没有一点忐忑也不可能。起码到贵阳的第一天，贵阳城市的样子还是让我有点“崩溃”的，当时贵阳的城区很小，房子也比较低矮和破旧，高楼不是太多，没有麦当劳，没有咖啡馆，还好乐团给了我信心。

直到今天我仍然很开心自己做了这个决定，这个决定是明智的，在贵阳的13年，感觉最有收获的是事业、爱情、家庭，我已经把自己的根扎在了贵阳。贵阳给了我安定的生活，让我有更多的时间投入音乐演奏和音乐研究当中。试想如果当初我选择了北京、上海这些人才聚集的大城市，可能我还在生活的激流和激烈的竞争中挣扎，不会像今天这样能从容地享受生活和音乐带给我的惬意，我可能人到中年还在到处寻找属于自己的舞台。年轻的时候大家出来聚会，喝啤酒、吃烧烤，过着每天不知道自己该怎么过的日子，现在我还是这样喝啤酒、吃烧烤，一样不知道明天该怎么办，家也成不了——因为满足不了成家的条件，房子也买不起还在租房，不一样的是以前是父母帮你租房，现在得自己租房。

感情生活也还是蛮幸福的。刚来贵阳的时候什么都不熟悉，然后就认识了我现在的爱人，她也是乐团的，是第一批被招聘的管理人员，是办公室的职员。她和我一样都不是贵阳人，我们在工作中产生了爱情，成了家，也有了可爱的女儿。爱人也从一名普通的工作人员成为乐团的副团长、烁果文化的负责人，而我也成为凯基双簧管艺术家（K.Ge Oboe)，这也算是这座城市成就了我们的事业吧。有了家，有了老婆和女儿以后，我明白了很多做人的道理、处理事情的方法。爱人对我的事业一直都在默默地支持，孩子也很懂事，家庭生活非常温馨，我觉得自己是非常幸运的。

作为乐团的第一批成员，结婚后我们就搬离了乐团提供给我们的乐团公寓，自己买了房子，现在我们在未来方舟买了一楼的花园洋房，有一个大大的花园，房间也足够大，满足了我对家的所有想象。如果在其他大城市，我买这个花园洋房的钱可能只能买到一个厕所。

实现这一切，我们仅仅用了 13 年的时间。我坚信自己没有留在上海、北京的选择是明智和正确的。相较于发达城市，贵阳这个城市虽然底子弱，但它一直在完善，尤其是近两年发展的势头一直很迅猛，贵阳已经成为一个非常吸引人的城市。很多人都选择留在贵阳，很多国外留学回来的新贵阳人也在充实这座城市，该有的意大利餐厅、精酿酒吧、日本餐厅都有了，还有很多的精品酒店和民宿，来贵阳避暑的人也越来越多。近 10 年，贵阳的数字经济更是吸引了更多的高端人才落户贵阳。甚至我们音乐厅旁边的南明河也在改变，刚来的时候，南明河的水都是臭的，现在水也清了，河道两岸的风景越来越漂亮，更不用说贵州还有很多好玩的地方，大多都是原生态的风景，近的有青岩，远的有梵净山、小七孔、黄果树瀑布。这些地方的风景都不比瑞士差，人文也很好，让人觉得很舒服。

贵阳还是一个非常友好的城市，在这里我交了很多朋友。贵阳交响乐团为了吸引和培养这座城市的乐迷和音乐人才，不仅开办了很多公益讲座，还专门开办了贵阳交响乐团音乐学校和贵阳交响乐团青少年交响乐团，音乐学校和“青交”不仅为培养音乐人才，也为我们乐团这些来自异乡的音乐家们提供了一个交朋友的平台，我们在这里因为教授学生学习音乐，结识了很多学生家长，有了新的朋友圈。我的生活非常充实，除了音乐，我也会和朋友去郊游，去酒吧、咖啡馆聊天。

在贵阳生活 13 年，我的最大收获就是在贵阳交响乐团的工作中结识了很多中国乃至世界有名的音乐家，参与了很多成功的音乐会，这些经历给我的收获蛮大的，这和在国外学习时的收获是不一样的。在贵阳生活和工作以后才发现，在中国一样有很多很厉害的音乐家，一样可以带给我很多音乐上的启发或震撼，尤其是他们在贵阳为传播古典音乐而做出的那一份努力，让我见到了音乐人的那一份赤子之心。

在乐团 13 年了，经历过很多演出，对我来说最重要的一场演出，是 2021 年 10 月 7 日《古典初心》的演出。这场演出由著名小提琴演奏家刘云志担任指挥，我担任双簧管独奏，演奏了雷伯伦的《d 小调双簧管协奏曲》。这是我第一次和职业乐团完成协奏曲，我的内心是很复杂的，这像是一场考试，一场 13 年来我期待已久的考试。那天在台上，我非常感慨，贵阳这座城市给了我太多，13 年来我也有了自己的粉丝，此时台下正坐着很多我的粉丝，而台上则是那些相互陪伴了 13 年的伙伴们，我不希望这场考试有任何瑕疵。随着刘云志的指挥棒起，我忘记了紧张。贵阳是一个包容的城市，乐迷们从乐团建团开始，就一直以一种包容的态度接纳着我们，我还有什么顾虑呢？努力做到最好就行了。那天演出结束后，我收到了很多乐迷们送的鲜花，在乐迷的微信群里，也收到了非常多的祝福和肯定，当然也收到了中肯的批评。总之，作为一个音乐家，能与一支职业乐团完成协奏，也算是了了一个很大的心愿。

还有一场音乐会，我觉得也蛮自豪和开心的。那是 2016 年 9 月，在张国勇老师的带领下，我们乐团受邀去韩国参加第四届龟尾国际音乐节，那是一个不大的城市，非常漂亮，每一年都要举办国际音乐节。韩国是一个古典音乐比较发达的国家，那一次音乐节邀请到包括德国广播爱乐乐团，贵阳交响乐团以及来自美国、德国、法国、意大利、土耳其、以色列等国的众多

李想在贵州旅行

世界著名的乐团和优秀音乐家。我们团承担了音乐节的闭幕演出，演出的是《柴可夫斯基第四交响曲》，其中第二乐章是双簧管的独奏，那一次压力也是蛮大的。那场音乐会演出非常成功，反复谢幕三次后，贵阳交响乐团应观众要求返场。演出结束后，韩国龟尾市长亲自为我们献花。在这次音乐节上，贵阳交响乐团被评价为“中国交响乐界的一匹黑马”“贵阳高雅文化的名片”

等。13 年里，我们也走出去参加过很多演出——新加坡、中国香港等，所到之处都收获了无数的赞誉，这是我们的骄傲，也是这座城市的骄傲。

如果让我再次选择，我还是选择贵阳。在这里因为生活稳定、生活无忧，才更有心情去做音乐，我才可以全心全意投入音乐事业中。这里让我实现了自己的音乐梦想，体现了音乐家的价值。要说起我未来的理想，我还真的有很多想做的事。

自从当了青少年交响乐团指挥，跟孩子们有了更多的接触以后，我更喜欢这个工作了，就更希望把这种音乐的美好传递给下一代，我非常期待多做一点音乐讲座和普及工作，不仅与孩子们多一点交流，为他们做一些音乐讲座、音乐欣赏，也希望能用最简单的语言，为更多的对音乐既热爱又有距离、既想懂又不了解的普通人搭建一座桥梁，解读音乐是什么、交响乐是什么，了解作曲的形式、作曲家的故事，了解乐器、演奏者等，让他们能了解音乐的方方面面，让大家知道音乐并不神秘，而是就在你身边，甚至很亲切。通过我的传播，让每一个人知道真正的音乐其实就是每一个人内心的感受，让更多的人理解音乐，在音乐中思索、释放喜怒哀乐，思考人生哲理，在音乐中感受自然的风景、万物的声音……去感受音乐带给人生的价值。

我希望在贵阳这座城市中有更多的人去了解音乐、爱上音乐，让古典音乐成为滋养这座城市的养分。

这就是我——李想的理想。

Dream Come True in Guiyang

初心不改，守好一方土地

口述……吕志强
整理……杨学义

2021年7月1日，吕志强（左）为幸福村老党员彭通乾颁发“光荣在党50年”纪念章

口述者小传

吕志强，男，汉族，1990年出生于河南商水。现任中共贵阳市委组织部副部长。2012年7月，本科毕业于清华大学电机工程与应用电子技术系电气工程及其自动化专业。2014年7月，硕士毕业于清华大学核能与新能源技术研究院管理科学与工程专业。2013年，贵州省到清华北大定向引进选调生，吕志强被选调到贵阳市息烽县工作。2014年7月至2016年3月，任中共息烽县委办公室工作人员，在此期间，2015年3月至2016年3月到息烽县永靖镇立碑村同步小康驻村，挂任村党支部副书记；2016年3月至2017年5月，任息烽县工业和信息化局党组成员、副局长；2017年7月至2018年6月，任息烽县永靖镇党委委员、人民政府副镇长；2018年6月至2019年10月，任息烽县养龙司镇党委委员、专职副书记；2019年10月至2021年6月，任息烽县养龙司镇党委副书记、养龙司镇人民政府镇长；2021年6月至2022年11月，任息烽县养龙司镇党委书记、人民武装部政治教导员（兼任）；2022年11月至今，任中共贵阳市委组织部副部长。

作为清华大学高才生，吕志强视野开阔，能力出众，工作勤勉，且善于学习，富有创新精神。其在息烽县永靖镇立碑村推动发展的农村淘宝是贵州农村电商的典范，立碑村因此被评为省级电子商务进农村示范村，息烽县被评为国家级电子商务进农村综合示范县；在养龙司镇推行的“六个农民”利益联结机制，将基层治理的有关要求融入产业发展的利益分配之中，发挥好养龙司镇“半边天文化”发祥地的特殊优势，将所有村党员干部编入“一岗六队”治理机制，激发了群众奋发向上的内生动力，建设了“人人有责、人人尽责、人人享有”的社会治理共同体，形成了“群众看党员，党员看干部，干部看支书”的良好氛围，同时提升了乡村文明程度，中央、省、市媒体多次公开报道，大力推广养龙司镇基层治理经验。

小 引

从兰海高速息烽南出站，沿同城大道往南约3分钟，一座写着“贵州淘宝第一村”的单体标识映入眼帘。这就是立碑村了。立碑村何以成为贵州淘宝第一村？

带着疑问，我查阅过近几年各级媒体的报道。从或长或短的新闻报道中，我了解到了吕志强书记在立碑村挂职时的有关事迹。然而，一个毫无电商基础的村子，是如何一跃成为农村电商的典范的？最初的机缘是什么？一时兴起还是胸有成竹？当我接到息烽县文联朱登麟主席的电话，说要整理吕志强书记口述资料时，心中窃喜，终于有机会解开疑团了。

吕书记果然没让我失望。他从清华求学开始讲起，说起最初的梦想、求学期间的各种训练和准备，以及毕业之际对贵州、对息烽的选择，说起为了立碑村的发展，向上争取项目时的紧迫感……每到要紧处，吕书记总是略显激动，语速不自觉加快，那种奋起赶超、时不我待的精神让在场者凝神屏息，一旁脚架的三条铁腿似乎也跟着绷紧了，摄像机的指示灯更红了一些。谈到电商创业者的成就和村民的改变时，他则是爽朗一笑，让人如沐春风。

我当然希望吕书记能多聊些工作、生活的细节，无奈时间匆匆，8 年的工作主线大致讲述完，时间也就到晚上 8 点 40 多分了。吕书记 9 点还要主持召开一个会议。

收拾设备下楼，同行的县文联朱登麟主席与吕书记话别，我去开车。汽车驶离养龙司镇人民政府办公楼，路口处要右拐，我从右后视镜看到楼上好多办公室都亮着灯。

那天晚上开什么会，我不知道，可以肯定的是，养龙司镇的某项工作，又向前推进了一步。

2022年5月18日，吕志强（右一）率队到开阳县水东乡舍、星悦田园酒店交流学习

我的梦想，我的选择

我老家在河南农村，父母都是农民。对于农民的苦，我从小有切身感受，老想着长大后为农民做点什么。2008 年，我通过高考，考上清华大学电机工程与应用电子技术系电气工程及其自动化专业。清华是多少人圆梦的地方，更是农村学子改变命运的圣殿。进入清华学习后，为农民做点什么的想法不但没有减弱，反而更加强烈起来。我决定毕业后回到农村，到基层

工作，把所学到的知识和在社会实践中锻炼出的能力运用到农村经济社会发展的方方面面，让农村富起来，让农民的日子好起来。基于这样的想法，大学期间，我除了学好课程知识外，还积极参加学校社团活动，争取各种机会参加社会实践。

刚入学还在军训的时候，我就向党组织递交了入党申请书，思想上、能力素质上努力向党组织靠拢。大一期间，我被选为班级团支部书记，一年之后到院团委，先后任实践组组长和团委副书记，后来，又到校团委实践部当副部长，在这个岗位上干了一年。在这期间，也就是大二的时候，经组织批准，我成了中共预备党员。

本科毕业，我又到清华大学核能与新能源技术研究院读了两年研究生，学习管理科学与工程。这期间，我参加了“清华大学学生领导力培养计划唐仲英项目”。“唐仲英项目”由清华大学和唐仲英基金会共同设立，每年选拔一批有意愿到公共部门就业的清华大学优秀在校生实施个性化培养，通过系统培训、导师指导和实习锻炼等培养环节帮助学员获得所需的各类知识和能力。根据培养计划，我参加了各种挂职锻炼和社会调研，走遍中国 10 多个省。我先后在村和乡镇挂过职，参加过温州等乡镇企业发展的调研，还曾经深入过打工群体，调查一线打工者的生活状态。其中，在北京海淀区走访农民工的时候，遇到的一对夫妻让我印象非常深刻。他们来自河南南阳，在北京打工 10 多年没回过一次老家，理由是没挣到钱，不好意思回去。他们有 3 个孩子，最大的孩子已经上初中，但一家人仍然睡在一张床上，那种窘境让人久久不能释怀。

本科和研究生期间的社会实践，一方面锻炼了我的管理能力，同时让我对社会生活的方方面面尤其是对底层群众的所思所想有了比较深入和具体的了解。2012 年暑假，校团委策划全校社会实践，大家一起讨论实践选题，我提议以“我的中国梦”作为整个清华大学社会实践选题，大家都很认可，于是组织学生深入各行各业，去了解我们身边的普通群众、企业家和社会各界人士的梦想，思考怎么用我们的知识帮助他们去实现。2012 年 11 月 29 日，习近平总书记到国家博物馆参观《复兴之路》基本陈列，提出和阐述了“中国梦”，从那时起，“中国梦”就成为全党、全社会乃至全世界高度关注的一个重要思想概念，我也为我们这个团队对时代精神的敏锐把握而感到骄傲，于是自觉学习习近平总书记的深刻阐述，更加坚定为实现伟大的“中国梦”到祖国最需要的地方去，投身基层，扎扎实实干一番事业的决心。

2013年下半年，贵州到清华北大定向引进选调生，我毫不犹豫地报了名。之前，我没想过要到贵州工作。贵州到清华引进选调生的时候，我迅速查了一下资料，初步了解到贵州是中国当时贫困程度最深的一个省份，这意味着贵州的老百姓的困难程度要更大一些，于是我决定要到这里来做贡献。毕业期间，我只投了一份简历，就是到贵州来。和我一样的毕业生，选择其实是很多的，很多人都在犹豫到底去哪儿。我没犹豫过，就是到基层，到贵州，到一个最需要我的地方去发光发热。为了加深对贵州的了解，我投了简历之后，自费来了一趟贵州。那时候正是秋天，北方依然很热，贵阳却十分凉爽，给我的印象非常好，我很喜欢这个地方。

2014年7月15日——我清楚地记得这个日期——我去中共息烽县委组织部报到，从县府路拾级而上穿过县委大楼——这栋外观古朴沧桑、砖混结构的办公楼给我极大震撼，它让我想到了“艰苦奋斗”这个词。在组织部的安排下，我成了县委办的一名工作人员。在此期间，我学习了很多东西。

择业，从来就不是一个人的事，我在感谢贵州给我实现梦想的机会和平台的同时，也要感谢家人的支持。选择到基层工作，选择贵州，我跟家人有过沟通，他们都很支持我。尤其是我爱人，她那时候还是我女朋友，也是清华大学的研究生，她对我的支持不仅是口头上的应允，而是在毕业之后，毅然决然来贵阳工作。就这样，我在贵阳有了幸福的家庭，有了情感的归宿和生活的港湾，我可以心无旁骛地投入工作，长期战斗。

快递到村，电商起步

2015 年 3 月，组织安排我到永靖镇立碑村驻村。为了了解群众的所需所想，我把走访群众当成第一项基础工作。在走访过程中，群众普遍反映寄收快递不方便。有时候，网上买个东西也就几块钱，快递不到村，要到县城去取，路费比买东西的钱还贵。买到的东西不合适，要退货，也要进城，很折腾。2015 年也是互联网时代了，然而因为快递的原因，立碑村村民的网购体验非常差，很多人买卖东西只能选择乡村集市。

带着从群众中收集来的问题，我找支书商议：能不能把快递请到村里来？为此，我和支书到县城各家快递公司去洽谈，总共谈了 20 多家，希望他们在村里设服务点。在洽谈过程中，我们萌生了在立碑村设立自己的快递网点的想法。我们自己设一个网点，作为村里寄收快递的终端，再通过网点与各家快递公司合作，这样就不需要各家快递公司在立碑村独立设点，又能解决快递派送的时效问题。我们的想法得到各家快递公司的支持，最终形成各家快递公司负责做好分拣、服务网点负责运送到村的合作模式。每个包裹，快递公司给服务网点 1 元钱作为派送报酬。5 月份，我们的网点开业，当时一辆车都没有，我就开自己的车去拉快递。业务起来之后，我们县向农业局申请了 3 万块钱经费，买了一辆长安之星。一开始是村干部轮流拉快递，后来随着业务量越来越大，村里明确专人负责快递网点的运维，这件事也就走上了正轨。

快递到村，对于村民来说是个历史性的进步，大家网购的热情一下子高涨起来。从 5 月份快递网点开业，很长一段时间包裹量月增长稳定在 30% 左右，村集体每年增收 5 万元。

做快递网点的初心是方便村民寄收包裹，做得风生水起的时候，我就想，不能到此为止，得和脱贫攻坚结合起来。我们村民花钱把外地的东西买过来，为外地的经济发展做了贡献，我们能不能把自己的东西卖出去，把钱赚回来呢？既然有了快递网点作为基础，那么能不能开网店？带着这些想法，我一边和村支“两委”班子成员反复探讨我们能做什么，一边物色这方面的人才。搞电商，人才是最难办的。当时，农村电商对贵州来说还是个稀罕事，村里人筛了一遍，一无所获，我又开始打立碑村在外发展的乡贤的主意。

6月，立碑村一位远嫁湖南岳阳的姑娘回娘家探亲。我听说她和她老公在广东开网店卖衣服，做得挺成功。得到消息后，我第一时间登门拜访，告知他们我想在立碑村发展电商的想法，希望他们留下来。但人家在外发展得挺好，广东各方面资源都比贵州多，赚钱的机会也更多，政策优势也更明显，所以留在立碑村的意愿不强，前前后后我和他们一共谈了6次，在逐一打消他们的顾虑后，才为立碑村留下了两位电商领头人——立碑姑娘何娇和她的丈夫黄琪。

贵州淘宝第一村

围绕黄琪、何娇夫妇的需求，立碑村发展电商需要什么条件一下子具体起来。水电网如何配备，电脑需要什么配置，商品的采购、加工、销售、售后需要什么条件，这些条件如何满足，我们通过村民代表大会一一研究落实，最终打造了一个村级电商创业园，并且制定了入驻园区水电网费全免的招商政策。就这样，在黄琪夫妇的带动下，立碑村电商顺利起步。

决定做农村电商那一刻起，我的目标就不是浅尝辄止，而是一心做大。然而，做大需要资金，这个钱从哪里来？正当犯愁的时候，贵阳市农委计划在全市范围内培育5个“村淘创富示范村”，每个村匹配100万元的发展资金。听到这个消息，大家兴奋得睡不着觉，与此相伴的是一个坏消息，县里面推荐参评的是另一个村。这个村是老先进，产业基础比立碑村好。我们得到消息的时候，这个村已经在市里面参加过第一轮评估了。我们知道，这个村虽然产业基础好，但是对于电商来说，他们基础比较薄弱，一切都需要从头开始。没多久，我们又得到消息，贵阳市人民政府分管领导将带队到该村进行现场考评。前一天，我和支书找到分管农业的副县长，向他汇报了立碑村在发展电商方面已经有一定条件的情况，希望考评组能到立碑村看一看。考评组最终来了，看到我们快递网点业务量有了不小的规模，黄琪作为示范户起步顺利，很多配套设施基本具备，于是决定让立碑村参与申报。经过进一步的评估，立碑村申报成功，成为贵阳市5个“村淘创富示范村”之一，我们终于拿到100万的发展资金。钱到了村里，我们就拿来购置做电商所需的设施设备，还在村里配备了培训教室。政策匹配到位，商户们干得热火朝天，黄琪除了卖衣服，还卖本地的农特产品，立碑村农特产通过网络销往全国。

贵州是山区，有丰富的农特产品，包括山货，这个是平原地区所没有的，但我们受制于交通和信息闭塞，好东西出不去，“养在深闺人未识”，而电商互联网打破了这种局限，天南海北的客户都可以买到这里的东西。立碑村的电商商户们也充分认识到了这一优势，利用自己优秀的互联网营销能力，把农特产品销售搞得非常成功，当年就实现了淘宝上腊肉单品销量第一、单品销售额全网第一的成绩。

黄琪、何娇赚到了立碑村电商的第一桶金，示范效应非常明显。首先带动的是何娇的几个妹妹，最小的一个叫何叶珂恩，她是贵州民族大学2015级毕业生。何叶珂恩的电商之路很有特色，她非常注重社交电商，2021年疫情期间还在息烽县鹿窝镇瓮舍村直播卖青菜、酸菜，业绩很好。何娇一家都被带动起来之后，村里面不愿意搞种养殖、又找不到合适出路的那些年轻人，就把电商作为发展路径。很快，立碑村就有10来个创业团体入驻创业园。

同一时期，贵阳市大数据产业蓬勃发展，息烽县也在筹备相关的产业。因为在立碑村搞电商有点影响力，11月，我被抽调到县工信局，负责电商办工作。在县级层面的平台上，可以调动的资源更多，我就想用好各种有利政策，深化立碑村的下一步发展。经过研究，我牵头申请了当时电商方面的双创基金，这个基金有200万元，拿到钱后，我们通过招商把专业电商运营公司引进立碑村，再由公司从专业运营的角度，围绕把电商做大做强这个目标，为立碑村制订发展策划方案。根据方案，政府做什么、企业做什么、商家做什么都一一明确了，大家各司其职。运营公司专业人士有20多个，他们积极组织电商创业人员学习运营技巧，线下帮助他们拓展货源，经过一年的努力，立碑村网店数量超过100家，年销售额超过3000万元，本村电商创业者占比超过10%，完全符合阿里巴巴对淘宝村的认定标准。2017年，立碑村正式成为贵州省唯一一个淘宝村，影响力越来越大。2018年11月，世界银行行长金墉率团到息烽考察，高度评价了立碑村发展电商的思路、举措和实绩，指出通过电商手段帮助村民销售农产品、提高村民收入意义重大。金墉走访了黄琪、何娇夫妇，与他们一家亲切合影，鼓励他们大胆创新，进一步提高销售业绩。

立碑村的成功，协同带动了息烽县电商产业的整体发展，息烽县被评为国家级电子商务进农村综合示范县。

2018年年中，根据组织安排，我到养龙司镇工作，服务电商发展的接力棒交给了其他同事。虽然不再担着这份责任，但我一直关注着电商，关注着立碑村。我欣喜地看到，尽管我这个“奠基石”离开了，立碑村电商创业者依然热情满满地干着他们的事业，还越干越好。

推行“六个农民”，扶贫先扶志

2018年6月，我被调到养龙司镇任党委副书记，分管脱贫攻坚工作。老规矩，走访当先。快速熟悉镇情之后，我制订了详细的走访计划，逐一走访建档立卡贫困户。在走访过程中，我发现不少群众对国家扶贫政策存在误读，以为扶贫就是在物质上无条件给予，发钱发物，“等靠要”思想不同程度地存在。

扶贫是授人以渔，如果只想国家送“鱼”上门，不愿意学习，不愿意改变，甚至不想劳动，要想致富根本不可能。我要求我们负责具体工作的同志要加大对国家扶贫政策的宣传，让贫困户准确理解国家的扶贫政策和各级党委、政府的具体措施，教育群众自立自强、自力更生。当然，我也知道，改变成年人的一贯认知谈何容易。正好，当时有大量的扶贫资金分红，政府每年要将至少70%的分红发放给群众，我就想，能不能从这方面做做文章。

过去，村集体分红是“撒胡椒面”，不论贡献、不论品行，平均分配，这也正是部分贫困户“等靠要”思想严重的根源之一。经过反复讨论，我们设计了“六个农民”的利益分配机制。“六个农民”即感恩农民、守法农民、诚信农民、文明农民、奋发农民、孝顺农民，每一个方面有对应的积分，贫困户在这六个方面做得好，自然积分就高，年底分红的时候可以多分钱，做得不好的就少分。可以说，“六个农民”对应了部分贫困户长期存在的六种“病症”，为了年底多分钱，大家就自己找“病根”，自觉遵纪守法，自觉团结邻里，自觉刻苦奋斗。时间一长，原本属于考核要求的“六个农民”就内化为贫困户普遍遵循的文明规程，贫困户的精神面貌焕然一新，以前慵懒度日，得过且过，“等靠要”思想严重，现在奋发向上，创业就业情绪高涨；以前卫生习惯不好，屋里长期脏、乱、差，现在家里干净整洁……

“六个农民”的利益联结机制在激发贫困户内生动力方面取得积极成效之后，我们就把它推广到全体群众中去。因为一直以来，村支“两委”反映群众工作不好做。村支“两委”要钱没钱，要权没权，群众认为，离开村支“两委”，自己照样“玩得开”。常常是村里有号召，响应者寥寥无几，很多本来可以办成的事情，没法办。“六个农民”对应的行为规范扩展到一般群众以后，这种现状立马就有了好转。2022 年，农村“五治”是一项涉及所有群众的重点工作，我们就把农村“五治”的内容也纳入了“六个农民”的积分体系，同样取得了非常好的效果。

2022 年，堡子村村集体有 20 多万元的收入，群众分红资金有 6 万多元，一个家庭可以分几百块钱。这笔钱对于群众来说，完全是额外收入，大家都满心期待。

“六个农民”对养龙司镇来说，是一个成功的基层治理实践，下一步，我们对各个层级的党员干部的管理，将会参照“六个农民”的模式来建机制、抓实施。

农文旅融合，盘活资源谋划未来

农村电商和“六个农民”的基层治理实践，是上级政策和基层实际的创造性结合，是基层改革探索的成果，基层事务纷繁复杂，很多领域需要改革才能走通。我们今天要巩固脱贫攻坚成果，要搞乡村振兴，种种美好愿景落到实际工作中，都有非常具体的难处，这些难处，同样需要通过改革来解决。

为了厘清发展思路，2021 年开镇党代会的时候，我们对养龙司的优势、劣势和发展机遇做了全面分析。经过反复讨论，最后达成三大特色优势、四大瓶颈的共识。其中，三大特色优势是拥有全国唯一“半边天文化”的文化资源优势、特殊“百香果”精品水果优势和特色乡村产业优势，四大瓶颈是交通瓶颈、产业瓶颈、生态环境瓶颈、人才队伍瓶颈。综合分析研判下来，养龙司必须走农文旅一体化融合发展的路子。农旅结合，很多地方都在搞，我们的优势是在此基础上还拥有底蕴深厚的“半边天文化”。

20世纪50年代，堡子妇女针对“男女同工不同酬”发出抗议，用勤劳和汗水证明了妇女在劳动、管理、协调等各方面不比男性差，最终争取到了同工同酬的待遇。1955年，堡子村《在合作社内实行男女同工同酬》的一篇报道被收录在毛泽东主席主持编辑的《中国农村社会主义高潮》一书中，毛主席亲自修改并为该文题写了“这篇文章不长，容易看，建议各乡各社普遍照办”的编者按。之后，1958年5月25日，毛泽东等党和国家领导人在十三陵水库接见参加建设的“燕子工作组”时指出：“贵州堡子的妇女提出‘男女同工同酬’，你们今天的行动就是在践行同工同酬，现在时代不同了，男女都一样，妇女能顶半边天了！”养龙司孕育了极具时代特色的“半边天文化”，凝聚了“巾帼风范、敢为人先”的堡子精神。

“半边天文化”很珍贵，但是堡子半边天文化陈列馆开馆10年了，对地方发展的拉动不明显，仅仅是起到一个陈展的作用。游客来了，看一看，走了，什么消费都没有，产生不了效益，老百姓也不满意。我们就想，要深挖“半边天文化”资源，让文化资源变成文化产业，把它延伸到农旅发展的大局中去，这样文化才能落地，才能变成发展的动力和源泉。

农业方面，我们确立了精品水果的产业定位，要把养龙司打造成贵阳及周边城市市民一年四季的精品果园、休闲田园、文化公园，我们把这个叫“三园四季”，打造为农文旅一体化融合发展示范地。我们首先把养龙司零散的水果种植园整合起来，百香果、橘子、柑子、柚子、葡萄、桃子、草莓、李子不同季节梯次成熟上市，一年四季都能在养龙司吃到各种新鲜的高端水果、精品水果，把贵阳及周边城市市民吸引过来采摘，或者定制化配送。同时，我们在各个水果种植园内进行旅游化的改造，提升观赏性和可玩性。经营主体也进行从种植员向服务员的转变。每一个品类，我们都不搞大面积种植，而是推行种养大户、家庭农场、合作社、龙头企业四类经营主体相互补充的模式，都是小而精，通过提高单产价值来提高经济效益。

文化方面，我们正在策划“半边天文化陈列馆”的改造方案。现在的陈列馆图文资料非常丰富，但是几乎没有什么大的实物展示。我们计划在实物展示方面做出一些调整，展出当时最具代表性和今天看来最具历史感的一些物件，把当时的一些生产场景复原出来，比如照片上的碾米坊、榨油坊，一直放在山洞里面，我们把它恢复出来，搞一个“半边天”的粮油品牌，榨油坊榨出来的油、碾米坊碾出来的米游客可以买走，让游客走进历史“现场”。当时合作社的党支部原址，是一幢木架房，现在都还在，老支书也还健在，我们准备复原当时党支部议事决策的场景，再现决定实施男女同工同酬的决策现场……旅游是做旧如旧，哪怕现在有些东西不在了，也可以按照当时的场景复制出来，把陈列馆里的文字描述或照片上的场景复原到现实里面来，一一对应，才能让文化成为可感知的东西。在此基础上，我们再开发一些互动体验的项目，设计一些文创产品，最大程度把“半边天文化”挖掘好、保护好、开发利用好。

旅游方面，围绕娘子庄园，我们在做两件事。一是贵阳市对旅游的规划是“一堂两心三精品”，“一堂”指孔学堂，“两心”是阳明心学和共产党人的心学，“三精品”是企业家精品路线、党员干部精品路线和学生研学精品路线。我们准备做后两个，养龙司堡子半边天文化陈列馆和娘子庄园已经纳入中共贵阳市委党校息烽现场教学基地的教学路线中，接下来会有各种各样的培训班过来研学。他们来到养龙司，不仅能拉动相关消费，对养龙司产业、文化等方面的口碑也能起到很好的传播效果。研学方面，娘子庄园已经申报贵阳市研学基地和贵州省劳动教育基地，专注于中小学生的劳动体验，以后全省的中小学生都可以到这里来研学。学生来了就能把家长吸引过来，有了这个游客基础，我们的精品民宿、研学民宿，还有那些各具特色的农家乐都会发展起来。

这个规划正在加速推进，我相信我们有能力把整个养龙司的产业串起来，把单纯的传统农业变成现代精品农业，在文化产业、旅游产业的加持下，走出农文旅一体化融合发展之路，让养龙司镇的产业强起来，经济活起来，群众的腰包鼓起来。

吃贵州饭，说贵州话，做贵州人

因为硕士毕业于清华大学，有时候免不了被误解，以为我到贵州来是“镀金”的。偶尔还被朋友调侃，说我这样的人一般都是“飞鸽牌”的，到基层随便混几年就会外调。我不知道这种现象是否普遍存在，但我不是这样的人。扎根基层、服务群众是我主动选择的结果。2021 年，清华大学举行“唐仲英项目”10 周年活动，让我写一篇文章，我在文章里说，要吃贵州饭，说贵州话，做贵州人。当然，这对于初到贵州时的我来说，不是一件容易的事。

首先，吃贵州饭。南北方差异还是挺大的，一开始我是不习惯的。然而民以食为天，吃不了这里的饭，就没法在这里生存，更别说做出贡献。于是我要求自己必须改变饮食习惯，吃不了什么，偏要有意吃什么，慢慢地，就什么都可以接受了。我现在很喜欢吃外地人大多接受不了的折耳根。

学说贵州话是2018年6月，我到养龙司工作，就职之前，我反复告诉自己，必须说贵州话了。作为一名本地干部，老是说普通话，群众总觉得我是个外地人。就职那天，在主席台上发言，我就硬起头皮讲了方言。从那以后，我把讲贵州话当成工作任务，除了和外省朋友交流，其余时候必须讲贵州话。小半年之后，我就可以很流利地用贵州话和别人交流了。

现在，再有朋友问我是哪儿的人，我就说，我是贵州人。

为天下干，无怨无悔

一转眼，来贵州已经8年。8年来，我在基层摸爬滚打。我的同学，有跟我一样服务基层的，也有在国内外科研机构、知名企业供职的。我们散落在世界各地，在不同的领域为自己最初的梦想拼搏着。据我所知，大家都有不同程度的成就。这得感谢清华，她教给我们的，不仅是已有的知识，更多的是获取新知识的能力。如果说我们是猎人，那么清华给我们的就是一杆猎枪，她让我们在森林里遇到各种猎物时，都能取胜。

每当我听说某某同学在某个行业有了什么发展，某某同学一年挣了好几百万时，我总是由衷地为他们感到高兴。而我自己，也常常在回想工作中的点点滴滴，成就感和自豪感油然而生。想当初，永靖镇立碑村取个快递都得进县城，现在电商发展独具气象，不单单是创业者挣了钱，过去为了照顾老人、孩子不能外出务工、买件便宜衣服都得向丈夫要钱的妇女，现在就近在家门口务工，做快递包装、分拣，一个月两三千块钱，生活很滋润。养龙司镇呢，社会和谐稳定，干部群众奋发争先，我相信在乡村振兴道路上，我们将会有更大作为。

我始终认为，服务基层、服务群众，是为天下干。基层不牢地动山摇，我们把这一方土地守好，整个国家就稳如泰山。农村基层组织建强了，乡村振兴的步伐就会更快。

Dream Come True in Guiyang

『讨书的哥』余太湖：在贵阳开启不凡的一生

口述……余太湖
整理……赵毫

的哥余太湖

口述者小传

余太湖，贵州省金沙县人。1966年出生，贵阳市出租车驾驶员，因向乘客“讨书”捐赠给贫困地区学校，被大家称为“讨书的哥”。自“讨书”以来，他共计捐赠图书15万册、学习用具13万件，捐建“蒲公英”图书室70个；成立贵州众恒助学中心，资助贫困学生630余名……因为长年捐书，余太湖2017年被评为第四届CCTV年度慈善人物，2018年获第十届“中华慈善奖”、第四届贵阳市助人为乐道德模范荣誉。

小　引

跑车10余年，他让所开的出租车成为快乐车厢，让郁闷的同行心情变得好起来，他尽力为每一位乘客提供帮助，为贵阳缓堵出了不少主意……但他说得最多的是“您家里有适合娃娃看的、闲置的书吗?”，做得最多的是给山区孩子捐赠图书及相关学习用品。

余太湖是一个出生在金沙、立业于贵阳的“新贵阳人”，他一直强调，自己所做的，不过是给山区孩子送了几本书而已，而个人的真正作用，其实就是一座桥，可以连接富有爱心和被需要的人。这一切始于贵阳，却将贯穿他以后的人生……

18岁到贵阳

我是1966年冬月出生的，记事起，家里是一个有12人的大家庭，我们7姊妹，爷爷奶奶、爸爸妈妈，还有大嫂。20世纪六七十年代的农村，不要说到贵阳，就连到金沙县城都是一种奢侈，哪个到县城去一趟回来，都是很值得炫耀的事情。到了读书的时候，读到“遵义城头金光闪”，都觉得离我们非常遥远，是写在书本上的一个地方。所以说，那会儿没想到有一天能走出家乡，更不要说像在书本上读别人的故事那样，有一天还能在电影、电视上看到我的故事，在书上读到关于我的文字。当时很多东西都是遥不可及的，我初一才第一次走到金沙县城，从我家到金沙县城有15千米，当时全靠走，那种乡村路，下雨天三五小时都走不到。农村人有种很朴质的东西，印象中我父亲是一个很善良、很正直的人。后来才晓得，他在解放前读过几天私塾，多少认得点字，后来年纪大了，还经常拿放大镜读《三国演义》，就连《红楼梦》我都见他读过。我们从小喜欢读点书，可能和我老父亲有一定的关系。他历来希望我们读点书，但我们恰恰没学到多少。

当时家里爷爷奶奶年纪大，也没什么经济来源，除了大哥大嫂，二姐、二哥、三哥和我都在读书，还有一个弟弟和妹妹，条件很困难。就拿穿衣服来说，小孩子都盼过年，但我们三五年都不一定有新衣服，都是大哥穿了二哥穿，二哥穿了三哥穿，一直都是这样过来的。家里经济情况如何？举个例子吧，记得我一年级时是一块钱的学费，之所以记得特别清楚，是在学期快结束了，我妈才背着幺妹，给交了这一块钱，我才领到新书。我现在常跟孩子们讲这个故事，说我读一年级时的书是最新的，原因就是学期快结束了，才有一块钱去交，然后领到书。书包是我妈拿洗脸帕对折过来，然后用线缝起来做的。当时的环境大体就是这样，而且我还经历过一个月家里没煮饭吃的情况。为什么没煮饭吃？因为头一年10月接大嫂，办酒时把粮食给用光了，第二年就造成了粮食危机。这个月吃的是啥东西？就是生苞谷棒、豆子 、南瓜、麦子和洋芋。洋芋都很少，麦子就是煮壳壳，能够用石磨把麦子磨来煮，算是最好的了。忙得过来时，就把苞谷籽抹下来，又在石磨上磨，然后煮成苞谷粑，这算是很奢侈的了。在我的印象中，这是家里最困难的一年，那应该是1976年，我读四年级。

中国普通老百姓都有一种心理，就是望子成龙、望女成凤，所以对读书很支持也很严格，做不了作业或成绩不好，回家挨打挨骂是常有的。老人的想法，其实就像我今天教育娃娃一样，要有点好的出路，还是要靠读书，有句话不是说嘛：万般皆下品，唯有读书高。不管是在哪个时代、哪种环境，这都是实实在在的，就像今天说的一句话：路有千万条，但读书是最好的那条。但我小时候的成绩都很差，感觉四五年级时还马马虎虎，因为我那时当过班长，能够当班长嘛，成绩应该还过得去。但也没什么理想，就像今天问孩子们的理想时，他们都会说当医生当科学家什么的，但实事求是地讲，其实都不清楚。当然也有一些个别的人，但大多数人，包括我现在至少走访了200所学校，问孩子们有什么人生理想和目标时，他们都是很不清晰的。所以，我当时和他们都是一种心理，就是怎么把试考好，得到老师表扬，在同学们面前可以炫耀，或者回家少被父母责骂——这也就是我当时最高的理想。

我印象最深的是初三上学期，当时学校有个补习班，学生有本校的，也有其他学校来的，还有上了高中又返回来读的。那一年我感到很自豪的就是参加龙坝乡作文竞赛，在两个班100

人中得了个作文第一，这是我这辈子一直记得的事，虽说我的文笔很差，也就是一个初中毕业生，但今天还能写通顺一点的东西，可以勉强看一些书，主要就是得益于这次作文竞赛带来的信心。我们的语文老师叫罗安棋，现在都70多岁了，我一直很尊重他。只要有机会，我都会尽量去看看他，或者打个电话问候一下。

还有就是，我读小学时没有读多少书，初中时书很珍贵，学校没有所谓的图书室，更不要讲图书馆，图书角都没有，根本没有课外书读，但时不时，还是可以在社会上或者其他班级的学生那里得到一些课外书。我当时读的小说，好多今天还记得很清楚，如《林海雪原》《大刀记》《插翅难飞》，有的记不得了，但我记得更清楚的是《三国演义》《西游记》《水浒传》这几本书，读初中的时候，有些前前后后至少读过两遍。我很遗憾的就是《红楼梦》，当时老是读不进去，读了很多次都没感觉。后来在厦门打工时，正好邻居家有本《红楼梦》，我还读了两遍，但直到今天，不只是一知半解，简直是一知不解，只是里面有些诗句晓得一点。但《三国演义》《西游记》《水浒传》，特别是《三国演义》《水浒传》，翻到这一回，我就晓得上一回是什么，下一回是什么，就是达到这种程度。

语文成绩还说得过去，其他的数学、物理都还不错，但化学不好，很偏科，所以没考好。当时要交几块钱的补习费，我老父亲也说去借来交，让我复读，但我去了两天，还没交钱。当时，我的一个老师在另外一个学校当校长，那里正好差一个老师代课，我就跑去代了两个月的课，最后也因为其他原因没教了。当时我家族里的一个叔叔，是自卫反击战回来的退伍军人，大家都很尊敬他。他知道了我的情况后说，你不如直接上贵阳去学修车，你姑爹在贵阳。一句话，我就跟他上贵阳了，跟着我家师傅，就是我姑爹学修车。算起来，我 1983 年初中毕业，1984 年 4 月份去代课，1985 年一过完春节，18 岁就到了贵阳。

见证贵阳一步步发展

来的时候，贵阳就到今天的头桥、海马冲这一带，甚至云鹤饭店旁边都还种着苞谷，要过了今天的云鹤饭店那边，才算城市，甚至在今天转弯塘一带，都只有几家厂房，其他都是种苞谷的。当时整个金顶山都是荒坡，还有今天的花香村酒店，对面的烟厂是存在的，但今天的花香上海城那一带是一个打沙场，水泥地都没打的一个大坝子，现作为花香村的停车场。再往那边走，花果园立交桥下是一个十字路口，两边有房子，但也有种菜的。一过解放桥，再到今天的青云路，往遵义路方向走，包括火车站、省体育馆、飞机坝一带，全是矮房子，标志性建筑，一个是火车站，一个是当时的服务大楼，还有今天还存在的邮电大楼。团坡桥那边，今天的大剧院旁边有个南明电影院，此外都是种菜的地方，顺着油榨街一走，从贵钢一路绕过团坡桥，两边都是种苞谷的。宝山路以今天那两排行道树为准，当时的路就是在人行道中间，两边都是后来扩建的。当时还不叫宝山路，而是叫外环城路，也就是说，当时的环城北路今天只有一小点。环城北路、环城东路是哪里呢？环城东路就是今天的文昌路，再下去就是环城南路。

当时就有盐务街的，但进去很少。今天老年大学前的十字路口，两边都没有房子，中间就只有一条路对着上去，一边只有一个浴池场。靠贵州医科大学附属医院后门这边全是菜地，唯一有个制药二厂。为什么宝山路都叫外环城路，就是因为今天的一环以内，当时就是贵阳市市区。我们在三桥，说走贵阳都是说下贵阳。从环境来说，当时还是很局限，包括今天的大小十字都有茅草房，除了瓦房和草房，整个大小十字一带都是那种砖木结构的（房子），路只有现在的1/4左右宽。人们都是很朴实的那种感觉，一般穿那种有4个包包的中山装，是很实在的，不像今天五花八门的这么时尚。那个时候，我以打工为主，除了看电影，也经常去图书馆，还多少读了几本书。图书馆就在北京路那里，一边是省的一边是市的。当时的电影院有省运输公司电影院、合群路电影院、北京路电影院、云岩电影院、人民电影院、朝阳电影院等，当时的房子都很低矮。我在乡下时，有个电影叫《四渡赤水》，我一直很想看，但没得到看，后来就是在和平电影院看的。那时候李连杰演的电影《少林寺》，就算是很红的电影了，都是后来在贵阳才得看的。

在贵阳，我是1993年开始修房子的。20世纪90年代，贵阳市最高的楼就是老贵州饭店了。那时候，贵阳已经开始改造了。那时第一次修贵遵路，是贵州最早的高等级公路，从贵阳到扎佐是一级公路，从扎佐到遵义南北是二级公路，就是没有双向来回这种公路。那个时候的贵阳，都还是老房子偏多，但已经逐步在改造了，最开始改造的是中华路，两边扩宽。中华路改造了，又改造瑞金路，之后是北京路、浣沙桥这一带，然后就是修花果园立交桥。一开始北京路、瑞金路这些，只有今天的 1/4 宽，而且两边都是以老瓦房为主。实际上改造最大的是中华路、延安中路、延安西路，贵阳市改造变化最大的是在 1990 年到 2000 年，基本上各个街道都有了翻天覆地的变化，变得高楼林立。

一开始我是在厂里修车，后来我包中巴车修，一个月不修也给 200 块钱，天天修也是 200 块钱。就是车坏了随喊随到，车不坏你只管玩你的。后来我师傅又去厂里修，就属于那种居无定所的感觉。那时真正的小车，就只有北京吉普最普遍，还有“嘎斯 69”吉普车，除了这些杂七杂八的小车，伏尔加轿车就算是高档的了。20 世纪 80 年代末，就有丰田、本田等车慢慢地进来了。我修得最多的就是北京吉普、解放牌东风，直到今天，老解放牌汽车和北京吉普有好多螺丝，我不说一口气报得出来，但慢慢想，还是清清楚楚的。

为什么没修车了呢？原因有很多。一是那几年又脏又累，然后就是收入不稳定。还有就是，修了 11 年的车，看到好多人都开车，也想办个执（驾）照感受感受，而且不论跟哪家开车，一个月不管多少，都比较稳定。我是 1996 年 2 月份拿到执照的，先给人开临时车，后又去开货车、翻斗车、长途车、大挂车，前前后后跑了11年，但修车也好，跑车也好，都只能是赚点钱养家糊口。那时候有驾照的逐渐多了，我们那期将近百人，第四十九期就是4000多人，驾驶员逐渐饱和了。但你还要吃饭，没办法。从贵阳跑广州（长途）或昆明或厦门，最开始贵州只有一条二级公路，从贵阳到黄果树。后来有贵阳到遵义的公路了，贵遵路现在已经扩了两次。我从贵阳跑昆明要跑24小时，而且还要路上不堵车，现在正常情况下，小车四五小时到昆明，轻松得很。

我跑了11年的长途车后，又回来跑了一段时间的出租车，后又出去在福建开了两年的长途车。因为好多人晓得我开车不错，又打电话喊我去开。2008年凝冻，春节前我从上海开一辆大挂车回福建，车上有两个驾驶员，你开我休息，我开你休息。下大坡的时候，那一次差点把命都甩了。怎么回事呢？虽然是高速路双车道，但坡高弯陡急了点，一个大客车在弯道那里出了交通事故，抵在了前面的护栏上，整个后半部就横在行车道上，我们的车子一直按照行车道行驶，突然一转弯，看到一个货箱抵在那里。我坐在副驾上，那一分钟刹车已经踩得响起来了，驾驶员牯倒甩（硬打方向），正好把驾驶室甩错开。那一分钟，我眼看就要顶上去，如果顶上去，那命都没了。我一个湖北的朋友，就是在他睡觉时，另一个人开车追尾，把他给撞死了。我就在想，不是我技术好坏的问题，我开车时把握得住，但轮回休息时，就没有办法。

那次之后，后来也因为一些其他原因，我说算了，所以就回到贵州，想包个出租车开。实际上，我之前开过两年的出租车，心想已经40多岁了，在外面跑无外乎为了一家人吃饭，跑出租车即便辛苦点，每天能回家，安全感多得多了。开货车时，不是你想不想睡觉、想不想休息，该值守还得值守。因为拖生鲜蔬菜、水果时，连停车的机会都没有。回到贵州后，没想到一干就干到今天，前前后后跑了15年的出租车。

我跟着她回家了再走

那些年，在大部分乘客的心中，出租车就是一个唯利是图的群体，一上车就巴不得多收你三块五块、十块八块的，这是大家对出租车驾驶员的印象。我不是想诋毁或贬低出租车驾驶员，但很多人确实存在这种做法，甚至在出租车驾驶员吃饭的地方，聊起来都是今天在哪里多得了几块，哪天在哪里多喊了几块。这些年，一是出租车驾驶员的素质普遍提高，二是政府的各种引导、监管和处罚力度也在加强，所以风气好得太多。乘客总有一种心理，喊价吧，觉得你故意多喊了；打表呢，又担心你故意绕路。我跑这 10 多年的出租车，对这种故意绕路和故意抬价的行为，可以说一句很负责任的话，我从来没做过。其实乘客有怨言，我们出租车司机也有苦衷。

当然，也有很多令我感动的事。前不久，一个（乘客）从花果园到中铁逸都国际，打表是 38 块钱，人家牯到（硬）要给我 300 块。这是为什么呢？他一上车就说，打车时怕司机如何如何，我说出租车司机其实也是社会的一员，开车时是司机，离开出租车后就是社会上的一分子，每个群体不说全部都是很好的人，但有一部分人是比较好的，一部分人是让人觉得讨厌的，这很正常，出租车驾驶员也一样。我说你如果感兴趣，可以百度搜一下我的名字，你们那里我都捐有图书室。百度搜了后，他下车时说："天，师傅，我真没想到，反正我出不了力，多少表示点心意。"

还有一个，是从城市魔方打车到恒大帝景的乘客，也是一上车就吐槽出租车司机如何如何。我说你不信，可以先看一下我这出租车司机如何，不敢说代表全部司机，但至少在努力服务和帮助更多人。后来堵车，到恒大帝景是48块钱，他扫二维码后就下车了。我一看是50块，心想多扫两块也正常，但再一看，竟然是500块。我就马上停车，说你是不是搞错了，扫成了500块。他说没事没事，然后就咚咚咚地走了。这也不是我做得有多好，但人家能够认可，我还是很欣慰的。我不是讲过嘛，几年前，有人连三亚过年的钱都全部捐给我，后面他们在北京又买了18万（元）的书，3个小学和1个中学的图书，共1000本。这些，我都很感动。

当然，我也不是说自己做得有多好，就是做些力所能及的事情。2013年的时候，一个女娃娃在鹿冲关往万江小区那个路口，说要打车去贵州财经大学后门，她说那个地方比较黑，问了几个车都不愿去，问我去不去。那段时间抢出租车的（事件）时有发生，我就说实在话，她也表示理解，说没事的，你走你的。后来她又说，你们大男八汉（男人）都怕，我一个女娃娃咋办？不说这话，我真的开起车就走了，但这话一说，就觉得人家一个小姑娘回家，大晚上的又下着雨，真的很危险，不管咋样都得送。在车上，她说每次下车后都得跑回家，我说你为什么要跑回家，她说巷子有百米左右，又没有灯，所以有点害怕。我就说，等我调过头来，用灯照着房子，你再下车好不好，我就照着她回家了才走。几个月后，我从乌当过来，有两个大人和一个小姑娘在贵阳市公安局那里打车，上车后我问去哪里，没想到小姑娘说，师傅是你呀，还记得不，那天你拿灯照我跑回家。天哦，后来她爹妈一直说感谢的话。实际上我觉得做这种事，也就是举手之劳。跑出租车真的很累，而且很多人还不理解，但能够帮助一些人，我还是很欣慰的。

当然，有时候心情也特别烦躁。有一天晚上我就遇到一个40多岁的外地口音的人，他从金珠东路往金华园门口那里打的车，我问到哪里，他说到美的，你尽管走，我找得到的，然后就一直打电话。到了会展城那里，他还在打电话，我就习惯性右转，然后他立马就发脾气：出租车司机就是这种素质。我说已经占了这个道了。从前面掉头过来，他就在车上一直骂，很难听。我说真的没必要，你说要到哪里，我走就是，后来就到了他家地下停车场。我说不收他的钱，他还在闹，我就很生气，说今天不跑车都行，我把手机和钥匙一拿，然后离开车走了。后来他又下车拍照，说要发到网上。我说你发你的，晓得我这个车的人多得很，如果有人问，我只在后面回复一句，车上有全程录音录像，请以视频为准。

跑出租车总会遇到很多无可奈何的事。也是几天前，我从沙冲路过来，一个大肚子的人上车，他要在时代广场门口下，当时那里是不准停车的。我说整个中华路都不能停车，否则要罚100元扣3分，你看这两种方案行不：一是从那边转过来，你平时打车好多给我好多；二是实在不行，我就停在正新街口那里，行不行？后来怎么都不行噢，他在车上一直闹，下车后一个投诉电话就给我打来。跑了10多年的出租车，说实在话，让我感动的多，让我无可奈何的也多。我还遇到一个，那天我从云盘路出来，遇到一个醉得站都站不稳的人打车，说实在话，当时真的不想载，但堵得厉害，他拉开车门就上来了。一上来我就晓得完蛋了，问他到哪里，他说我到小孟家，我说小孟家在哪里，堵得很，怕不好走。他就骂起来，说小孟家你都不晓得，你跑哪样出租车！后来我拖他去派出所，他还反过来说手机落在车上了，想诬赖我。

希望孩子们多点知识

送书的原因有两个。一是我初三作文比赛得了第一名，这让我体会到了知识的重要性。但主要的是我出来买配件时，把字母写错了，或者开长途车去广州提货，用贵州话问路，根本问不到，觉得很丢人。最难忘的一次是在厦门跑长途车时，去一个外国合资企业装货，当时那边是40摄氏度的高温，我晓得不说普通话人家听不懂，但我普通话又倒土不洋的，沟通起来很麻烦。当时办公室有七八个20多岁的年轻娃娃，男男女女的哄堂大笑。天，我觉得丑丢得有点太那个了，但没办法，得把这车货装走，不可能开个空车回来，对不对？

我看到一个至少是主管的，就去找她要了纸和笔，写清楚装什么货，请帮助处理一下。全部处理完后，我走在太阳坝里，40摄氏度的高温让人难受，我觉得不能丢了丑，就回到车上写了张纸条，然后双手递给主管。旁边有个女娃娃站起来看后就笑起来了，主管很严肃地没说话，用手示意对方规规矩矩地坐好。之后，这个人给我鞠了个90度的躬，说：“余师傅，对不起，我代表我们办公室给你说声抱歉，我们在礼貌上确实不对。”后来这个女娃娃亲自把我送到车上，等我上了车发动，出厂门我都还通过后视镜看到她一直在那里站着。

我当时写的是啥呢？就是：对不起，由于我知识文化有限，给你们工作带来了不便，但我是堂堂正正的一个人，你们不能取笑我。请相信，下一次来，我绝对用普通话和你们交流！后来我普通话是怎么学的呢？我回到单位就听电视，在车上就开收音机，就这样练出来的。那一次过了后，我每次去那里装货，个个对我不说毕恭毕敬，至少也是客客气气的。我就觉得，人与人之间，最大的差距还是在知识。回来后，我就给我很尊重的语文老师打电话，说凭我这几年的经历，孩子们上学能够读得出去更好，实在读不出去，面临着和我一样要打工的，尽量让他们多学点普通话，就相当于多了一种和外界交流的工具。

实际上，这才是我送书的真正初衷，就是希望孩子们多学点知识，多学点文化，多学点普通话。这个事情有一个契机，就是2012年，我离母校30年了，当时就想给母校送点书，让孩子们起码出门不至于写错字，不会因不懂普通话问不了路。

当时农村电视、电话还不像今天这么发达，而且要学知识文化，还是要从书本中学。我父亲就说，秀才不出门，便知天下事，不出门为什么晓得全天下的事？就是从报纸、从书本上了解到的。当然，我也只能养家糊口，真让我出多少钱买书送，我确实也没有这种能力。怎么办呢？我当时先从亲戚朋友中有读书的找，你送几本给我，他送几本给我，就这样收集起来不少。我送书给母校，是2012年10月3日。为什么是那天？因为高速免过路费，我从这里到遵义可以免费，再从遵义回家，就少花费用了。我第一次送给母校200多本书，就是这么简单。

开始送书后，这个学校需要，那个学校也需要，这让我觉得既然都有需要，就尽量做。有一天从新添寨回贵阳，一个女乘客就说，师傅，你一边跑车一边收书，是不是还要卖破铜烂铁？我说不是，她说那你为啥一直问有书没？我说想给我母校送点书，搞个小型图书室。她说这是好事啊，你可以联系广播电台试试，那面就广得多嘛。下车的时候，她拿300块钱给我，说给你母校买书。我说你既然有这个心，干脆这300块钱你先揣着，我把电话留给你，哪天有空你打电话给我，我跟你去书店，到时候买书你付钱，我把书拿走如何？就这样我们约好了。我当时经常通过电台播报路况，和交通台关系也比较好，他们听了后，说余师傅这是好事啊，我们宣传一下如何。约好后，最终是在延安东路和文昌北路交叉口的西西弗书店买的书，一共 307 块钱，她说我付 300 块钱，余师傅你付这 7 块好不好？我说好好好，感谢感谢！当时，这事被贵阳交通广播 FM102.7 全程现场直播。

就这样，打电话让我收书的有，帮我收书的也有，这个帮一点，那个帮一点，逐步就走到了今天。根据最新的统计数据，我们正式挂牌的蒲公英图书室有 89 个，中间还有些图书室叫其他名字的。我们的第 89 个图书室叫水木图书室，是清华校友会几个校友和家人捐赠的，负责的是中国银监总局的一个老总。图书室在安龙县独山镇民族中学，当时捐的是 700 多本书，体育用品有 200 来件，同时我们还邀请了一些书法家和画家给学生上了两堂课：一是硬笔书法课；二是软笔书法课。他们说清华大学有块匾叫水木清华，取名水木图书室，实际上就是对应清华大学。同时也是说，贵州本身就山清水秀，也对应贵州的青山绿水，希望贵州更多的学生经过努力，能够考上清华北大，以后为贵州的文化做出更多的贡献。

从开始捐书到现在，捐赠的图书保守估计有 50 万册吧，笔墨纸砚这些学习用品在 13 万至 15 万件，体育用品应该有 15 万件，衣服、新袜子这些，在 8 万至 10 万套吧，还 80% 是新的。这些年来，捐赠的这些东西合人民币大概 2000 万元吧。我们除了捐赠，也做了很多一对一的帮扶，我主要就是搭桥，帮助爱心人士和有需要的孩子联系。

帮人帮到自家头上都不晓得

这些年，我们也做了很多医疗援助。2015 年 2 月 14 日，离传统的羊年春节还有 4 天时，我受爱心团队的委托，将给山区孩子办的支持存折卡和爱心人士捐的物资，作为新年礼物送给了孩子们。在金沙县岩孔街道箐口社区关上组的半山腰，在给帮助对象杨仕莲家办理资助时，发现一个女孩总对我躲躲闪闪的，让我有一种异样的感觉，总觉得有些不对劲。之后我了解到，她原来是杨仕莲 7 岁的妹妹，她先天性唇裂，不但给孩子带来了很大的心理负担，而且也给全家带来了很大的精神压力。家人多方咨询，最终因家庭困难无力承受费用而没有治疗，现在孩子越来越大，心理压力也越来越大。

面对这一特殊情况，我们爱心公益团队应该伸出援手，但怎样帮？这可不是几百块钱就能解决的事。我一时也没办法，只在征求家长和孩子的同意后，照相并记录了一些情况，于当天晚上返回贵阳。但团委书记当时就很自信地对别人讲，只要他余师傅照了相的，那肯定有办法，没有办法，咋会留了信息?！实际上那分钟，我真的一点底都没有。回来后，我把这个女娃娃的图片打了马赛克发到QQ空间，说有个娃娃现在是什么样情况，有没有人能伸出援手。大年初三，有几个亲戚在我家玩，电话突然响了，我一下就来劲了。因为我在武汉没朋友，心想肯定是关于资助的事。接通后，对方果然在问小姑娘的情况。我把情况讲了后，他说我来想办法，有3个地方可选择：一是可以到湖北十堰，生活、住宿和医疗都全部免费，但病人得自家承担来回的费用；二是金沙离四川宜宾近，去宜宾可以免治疗费和医药费，但生活费要自己开；再一个就是贵阳医学院，大概要五六千块钱。我心想，生活费能要多少，于是就答应到宜宾去。约好后，他马上请宜宾口腔医院住院部和我联系，约好正月初九那天送孩子过去。那天，我就把贵州商报记者曾瑶约起，一起去接金沙县团委书记，再去把娃娃和她父亲接来，然后到宜宾口腔医院。

但一路上我心里都在打鼓：究竟是真的吗？会不会被骗？到了后，院长没在，但有人招呼我们全部住下。第二天院长来了，沟通后给安排好了，我才全部落心，然后先回贵阳。根据医院安排，医疗费、住宿费、医药费全部免除，生活费家属每人每顿10块钱。第二天女孩做手术，第三天、第四天观察，第五天由护士长和办公室主任亲自送到贵州她家里，没有收一分钱。我知道后，大年十三就咚咚咚地又开起车，在高速路口去接他们。后来我还去了她家两次，这个小姑娘现在都读初一了，早已全部恢复。有段时间我也去岩孔，但都觉得不要去打扰她，没有必要。因为这个事情，金沙县后来筛查到9个唇腭裂患者，其中7个报名给医治好了。再后来，毕节地区排查并免费医治了280多个唇腭裂患者。后来，我又从其他县市发现了一些，近300个唇腭裂患者都得到了免费治疗。

帮助的人中，最令我难忘的是刘艳群。去刘艳群家的路上，金沙县石场乡柏杨小学的薛老师嘱咐说心里要有个底，免得到时候被吓着，我满不在乎地想：还会困难到什么地方？尽管有思想准备，可见到刘艳群时，我还是惊呆了，也陷入了一筹莫展中。原来，早在3年前，刘艳群因病摔在柴火里，等家人发现时，她已经昏死过去，右手手指也被烧去2/3，而左手也大面积被烧伤。这一突发的灾难，让这个原本就困难的家庭陷入了更大的危机中，在多方的支持和帮助下好不容易凑了一些钱，但她的伤情太严重，不但很快把所凑的钱用完，还背了很多外债。万般无奈下，只好把还没有完全治好的刘艳群接回家中。回到家后，由于没有药物控制，左手渐渐发炎化脓，并发出腐肉的臭味。万不得已，丈夫蔡德义在自家山上砍来木材，开始为刘艳群准备后事了。这不是一千八百能解决的，大大超出了我们公益团队帮助的范围，我什么话都不敢说，只是问了一些具体情况，用相机留下了一些相关相片后，和大家一起离开了这个可怜的家庭。

当天回到贵阳已是深夜 3 点多钟，可刘艳群的遭遇和伤情一直困扰着我，让我难以入睡。虽说同行的电视台有好心人帮也愿伸出援手，可是什么时间才能帮到呢？谁也说不清楚。以当时刘艳群的伤情来看，多一天就会多一分危险。刘艳群那无助的眼神时时浮现在我的眼前，一个二年级的儿子和一个学前班的女儿眼看就要失去妈妈，无助的蔡德义也只有看着自己的老婆一天天走向生命的尽头……不帮，我于心不忍；帮，又超出了公益团队的承受能力，我一时无从下手。良久，我终于像抓住救命稻草一样，拨通了贵阳交通广播电台的电话，将刘艳群的伤情和家境做了详细说明。很快，我的救助行动得到了贵阳交通广播 FM102.7 领导的重视和全体同人的大力支持，贵阳东方骨科医院在听到广播后做出了回应，承诺为病危的刘艳群提供免费救助。260 多千米路，经过四五小时的奔波，救护组终于在当天下午 5 点过到达在大山之中的刘艳群家。看到救护车时，刘艳群简直不敢相信这是真的，烧伤 3 年来，眼看着将走近死亡的她，没想到会有素不相识的人，从省城贵阳来接她去大医院免费医治。

在医院周主任的带领下，主治伍医生和随行的护士张静等对刘艳群做了简单的检查和包扎后，马不停蹄地带上病人和家属争分抢秒地赶回贵阳。由于下雨，救护车不得不放慢速度，但还是在深夜两点钟把刘艳群及其家属接到了贵阳东方骨科医院，并送进了早已安排好的病房里。第二天一早，医院立即对刘艳群进行了系统和全面的会诊，并很快做出了周密的治疗方案，与此同时，媒体也没有闲着，贵阳的的哥的姐和爱心市民也没有闲着，在贵阳市水东路水口寺段，整齐地排放着 100 多台出租车，同时也聚集了很多热心的市民朋友，大家联合为资助刘艳群而组织的捐款现场，不一会就募得现金 7000 多元，并送到了病床上的刘艳群手中。后来医院和爱心团队又组织了几次小型的捐助和义卖活动，共募集现金近两万元。在刘艳群住院治疗期间，常有热心的市民到医院送这送那，嘘寒问暖，这让刘艳群及其家人感受到了人间无限的真情、浓浓的社会关爱。

第一期手术非常成功，但等待二次手术实施时，刘艳群却出现了不安的情绪。经多方了解，原来是她到医院一个多月，一儿一女两个孩子只能请同村人照管，她非常放心不下孩子。知道这一情况后，我和团队成员驱车接来孩子，让其家人在医院团聚，既不影响病人的治疗，也能让病人在医院享受到天伦之乐。晚上 7 点过，当我和团队成员陈丙衡以及医院工作人员驱车来回 500 多千米，历时 10 小时左右，把两个孩子送到医院团聚时，已经累得不想动了。可看到他们一家四口其乐无比时，我们都露出了满意的微笑。经过医生的努力，刘艳群终于获得新生，大家有的送上棉被，有的送上现金，有的送上祝福。在一片祝福声中，车厢里前后都装满了大家送给刘艳群的家居生活用品，也装满了大家的深情厚意，陪着刘艳群驶向回家的路。

类似的故事很多，如有个叫陈小明的，十二三岁时从三楼摔下去，把脚摔断了，脚底患了骨髓炎，读书都成问题。她又是跟着养父养母住的，养父是脑梗，养母是癌症晚期，家里花了四五十万，已经医不起了。后来也是贵阳东方骨科医院对她进行了全免费医疗，现在已经医好了，她能自己拄着拐杖走路了。小姑娘一直休学，2022 年 9 月份就要重新上高二了，她的理想就是一定要学医，通过医术尽量为这种患者减轻痛苦。还有一个患白血病的小姑娘，在得到我们的帮助后，第一个月的工资就用来请恩人吃饭，这也让我很欣慰。其实，我们帮着帮着，还可能帮助到自己人。一次，贵阳一个出租车驾驶员和其老婆一起和我下去看望一个受资助的小姑娘，没想到小姑娘和我打招呼后，就喊驾驶员姑爹。这个朋友说，天哦，余哥，你们捐助的这个姑娘，就是我后家（娘家）的侄女。你看嘛，我们帮别人时，帮到自家头上都不晓得。

生活与这座城市紧紧绑在一起了

这么多年来，我因为做公益，贵州北边最远到过桐梓县的木瓜镇，新华小学山那边就是重庆綦江；东边最远到过铜仁市碧江区的老码头小学，那一次很感谢一个企业赞助我们去来的高铁费用；南边最远到过平塘县的边兰小学和望谟县的坎边小学；最西边到过六盘水市的海嘎小学，那是贵州省海拔最高的小学。最远的一次，是到赫章县德卓镇，我们在那里建了两个图书室。当时因为中间还有一个学校，绕路了，一共跑了 460 多千米。

当然，我的这种爱心其实也是有点私心的，为什么呢？我们的捐助都是在贵州，其中最多的是毕节地区。而整个毕节地区，最多的是金沙县，整个金沙县，最多的又是我的老家龙坝乡。因为直到今天，那个乡还是比较落后和特殊，而且那里是我的家乡，我永远无法割舍对家乡的情感。而且，我对这里熟悉，这里对我也熟悉，去其他地方了解情况需要花很多时间和精力，这里大家都知道是怎么回事，联系起来方便得多。因为有时候，资助人在短时间内要处理完，再去找新的帮扶对象时间上来不及。比方说，有时我急需学生的资料，但下面有些干部和老师说已经下班或是周末，得上班了才能给。帮助的人有的是贵州的，有的是外省甚至外国的，比如我们的第 87 个图书室，就是智利的好心人出资建的，人家等不起。再比如，前几天去采访的金沙安底那几个学生，最开始本打算在贵阳周边找的，但联系的老师说要第三天才能拿到资料。联系的人在打电话的同时，已经在从浙江到贵阳的路上了，我能等，人家资助的董事长还有个大工厂等着，根本等不了。所以，我只好临时想办法联系了金沙那边。那个校长说，余老师，我正带爱人在贵阳看病，没有办法，马上让班主任处理，然后几分钟资料就发来了。

实际上，这几年我酸甜苦辣都尝过，支持的人多，质疑的人也不少，中间还有一些很尴尬的事。像现在贵州众恒助学中心，不管是别人给我使绊，还是我中间哪些事情做得不当，会计没拿出财务表，导致无法审核而被注销了，我真的很心痛。我余太湖就算有天大的错，但是不能拿这个开玩笑啊，这个帮助了至少 20 万人的助学中心，也不能因为我个人就没了啊！所以，特别欣慰和自豪的事情经历过不少，让自己觉得遗憾和无奈的事也经历过很多。

无论如何，现在能让我感到欣慰，或能够让我挺起腰杆说几句话的就是，多多少少为社会送了几本书，帮助过几个人。当然，这不仅是我的努力，主要是得到大家的支持和帮助。各种统计下来，至少是 2000 万元，多多少少还是为社会做了一点我能做的事情。说到底，我余太湖就是一个桥的作用，贵州众恒助学中心，就是一座爱的桥梁，河东边是有能力、有爱心的人，他们愿意伸出手，河西边是像学校或需要帮助的人，我真正起的作用就是一种衔接作用。我对我自身的定位，就是起个衔接和桥梁的作用，把这边的信息和另一边进行沟通，两边信息对碰后如果机会巧合，就可以改变很多东西。有一天我遇到我家一个读大学的小侄女，她和我说："伯伯，我高考的时候，得到一本高考作文的教材，那上面有你的故事，我很自豪地跟同学们讲，这就是我伯伯。"而且，金沙公园有个石头，上面刻了当地一些有影响的人的肖像，上面有我的，亲戚朋友都觉得很自豪，包括我开出租车，时不时都有人认出来，也还是很欣慰的。

回头来看，我刚到贵阳时，像大多数人一样，就是如何找一条生路。至于说要做成什么事业，当什么老板，或者为家乡做点什么，那是不敢想也无法想的。就包括我今天跑出租车，一是能赚到钱；二是能够得到欢乐，能够接触很多人。所以很多人说我如何如何，实际上很简单，就是谋条生活之路。严格来说，我这辈子没有奢不奢侈的生活，包括到今天，都只能算是吃得饱。

也有人说我又得这样奖，又得那样称号。这些称号是政府和社会给我的，但我当初所做的其实很简单，就是想送两本书给家乡的孩子，让他们能多读点书，能多学点知识，多有点文化，路比我们走得好一点。一开始根本没想到会走到今天，后

余太湖获第六届贵州省道德模范称号

来这里的媒体报道，那里的媒体报道，还给我评了一些称号。我不敢轻视，也不敢小看这些称号，因为严格说，这是整个社会和党委、政府对我的一种认可，对我来说是一种荣耀。实际上，这些称号给我的更多的是压力，让我觉得，没有这些称号都在做，有了这些称号更要做，而且要做得更好。比如今天我带起孙子和小儿子去买菜，就必须得走斑马线，遵守红绿灯。再比如，我跑车遇到个别乘客，不只是想骂人，连打人的心都有，但都一忍再忍，甚至包括众恒这个事，我一忍再忍，后来有人甚至觉得我软弱可欺。说良心话，众恒对我们影响太大，有好几个人过来要建图书室，一了解到这个情况就直接不干了；有的人一直是一帮一资助的，后来知道这个事后，也和我说，余师傅，资助到这个月，我们就不资助了。突然不资助了，会给这些娃娃的生活带来很大影响！当然，我也承认我知识文化和能力有限，很多方面都有不足之处，但这些不是理由。众恒是一本书一本书地送、一个学生一个学生地资助到今天的，这不是我余太湖一个人的，而是一个社会性的东西了，现在说没就没了，真是太遗憾了。

对我来说，我骨子里是个金沙人，就像我在朋友圈说的一句话：故乡小时候想离开，现在是回不去的地方。从这点来说，我永远都是一个金沙人，这一点是实实在在的。但我十七八岁就到贵阳了，到今天马上 60 岁了，这一辈子我生是金沙人，但还不一定算得上是金沙鬼。从这点来说，我也是一个贵阳人。而且，不仅自己的家在这里了，后辈们更是地地道道的贵阳人了，生活的点点滴滴都与这座城市紧紧绑在一起，再也无法割舍了。

Dream Come True in Guiyang

在贵阳，我终于成就了自我

口述……张明玮
整理……王鹤蕾

张明玮演出照

口述者小传

张明玮，1967 年出生，汉族，一级演奏员，中共党员。现任贵州京剧院有限责任公司党支部纪检委员、副总经理（主抓行政管理）。

张明玮自幼跟随父亲张天鸿（河南省京剧院琴师）习琴，1984 年考入河南省京剧院，1986 年拜中国国家京剧院著名琴师李祖铭为师，1996 年毕业于河南大学音乐学院指挥作曲专业。2002 年被河南省文化厅选送到中国艺术研究院音乐学院研究生班学习、进修，获硕士研究生学历。2004 年，荣获河南省首届专业声乐、器乐大赛金奖。2007 年，荣获河南省第三届专业声乐、器乐大赛金奖。2008 年 8 月，被调入贵州京剧院后参与了《布依女人》的唱腔改编工作。2009 年，协助侯丹梅整理“关派名剧名段专辑”。此后，又为《鱼玄机》和

《梅展霜艺》侯丹梅名家名段演唱会做策划和伴奏工作。

2012年，张明玮被评为贵州省宣传文化系统“四个一批”文艺类人才。2019年5月，他担任乐队指挥、唱腔设计、录音监制的京剧电影《布依女人》在各大农村院线上映，并入围第14届中美电影节“金天使奖”，荣获第26届北京大学生电影节组委会“特别推荐奖”、第二届中国戏曲电影展“十佳优秀戏曲电影”奖、第28届中国金鸡百花电影节暨第32届中国电影金鸡奖“最佳戏曲片”提名奖等诸多殊荣。2018年，他担任音乐监制、指挥的剧目《王阳明龙场悟道》参加2018年多彩贵州艺术节展演获三等奖，2019年获贵州省精神文明建设“五个一工程”奖。2017年—2018年，他担任京胡伴奏和录音监制中国京剧音像集萃工程《铁弓缘》《女杀四门》《战洪州》《红鬃烈马》。为京剧电影《新铁弓缘》担任京胡伴奏、音乐监制。2021年，戏曲电影《新铁弓缘》荣获第34届金鸡奖最佳戏曲片大奖提名。2022年，他被贵州省文旅厅、贵州省人社厅评为贵州省文化旅游工作先进个人。2022年，他被评为市级第六批非遗传承人。

小 引

从事京剧行当的人，身上都有一种独特的气场。采访贵州京剧院琴师张明玮时，他言谈举止间自然而然地呈现出京腔京韵的气派。在我面前坐定的他，有着百年前老京剧人的气定神闲。这是琴师的做派，也是职业习惯使然的超然气质，传统和现代在他身上表现得既和谐又统一。

几次采访都是见缝插针，安排在周末。

初识明玮老师，是在国艺剧场每周五戏迷票友的公益活动中。电梯上升，远远传来咿咿呀呀、铿铿锵锵的音乐声，每周五的票友活动都有很多戏迷来唱戏，老的小的，水平参差不齐。琴师和演员之间不能有太大差距，故有琴师“傍角”的传统。作为一流的专业琴师，为戏迷拉戏，两人之间差距悬殊，根本无法产生艺术上的共鸣共振。张老师累得大汗淋漓，却像正式演出一样标准、规范、不敷衍，这对他来说是一种极大的消耗。贵阳戏迷有福气，这么高规格的琴师来操琴，在全国都极为罕见。明玮老师说，母亲都是在父亲退休之后，才偶尔享受到父亲为她“吊嗓”的殊荣。

明玮老师豪气，爽言直语，提起京剧艺术，滔滔不绝，1 万字的稿件，录音敲出来足足有 4 万多字。

听他讲述，眼前就铺陈出一部跌宕起伏的张氏家族史，瑰丽、壮观、悲喜交集。时代的一粒灰尘，落在祖父头上，他独自承担着命运的残酷诡异和不可掌控的意外，由此带来大伯父决绝的人生选择。父亲对艺术生命的执着与坚忍，在命运定势面前，只专注于艺术，心无旁骛……

凡此种种，都仿若一部波澜壮阔的影视剧。迫于篇幅原因，无法一一呈现，不得不忍痛割舍，是为遗憾。但管中窥豹，从中可见一个三代艺术之家从萍乡到北京，再至郑州，最终扎根贵阳的迁徙史。

明玮老师的父亲张天鸿也是从事专业京胡演奏行业的，师从京胡泰斗李慕良先生。张明玮在郑州与贵阳之间举棋不定，父亲最终拍板，树挪死，人挪活，贵阳京剧有侯丹梅这样的名角，有好的京剧大生态环境，尊重京剧发展的艺术规律，尊重人才，去贵阳赌一把。来贵阳，是张明玮老师一生中的重大抉择，这成就了侯丹梅、张明玮的黄金搭档，这时也正值贵州京剧院自建院以来最好的繁荣时期。

寻根溯源，萍乡终究成“籍贯”

我叫张明玮，1967 年出生于河南省郑州市。很多人都以为我出身于梨园世家，其实从事这一行当始于我父辈。父亲张天鸿为郑州市京剧团后被调入河南省京剧院的琴师，母亲伍全意，是郑州市京剧团武旦演员，舅舅、舅妈、姑父都是专业京剧演员。我从出生起，就一直生活在京剧团的家属大院中，每日听着耳熟能详的琴声和唱腔，耳濡目染，我的从艺之路也就水到渠成。

父亲一辈子和京胡艺术结下了不解之缘，我接下父亲的衣钵，女儿又赓续了我和父亲的艺术之路。从萍乡，到北京、郑州，再到贵阳，这条迁徙之路，见证了一个家族的迁徙史，也见证了国粹京剧艺术的发展史。

我爷爷出生于江西省萍乡市，爷爷是个读书人，奶奶也出身于书香门第，写得一手好字。全家人的一箪一饮、一言一行都活泛在萍乡方言里，日复一日，年复一年。爷爷奶奶没想到，因着国粹的缘故，他们开散的生命枝叶，都离开了萍乡这棵大树。

爷爷家有个邻居，操着一口纯正北京腔，他发着不同于萍乡的口音，在萍乡这个小地方，就显得特别不一样。谁都能在众多芜杂的声音里，一下子就捕捉到这种不同。父亲和大伯就被皇城根的语言俘获，被咿呀的琴声和命运俘获。

时间久了，父亲和大伯就开始和爷爷学唱戏、学琴。爷爷琴师的身世却始终是个谜团，他对此三缄其口，不肯提及，或许有不想被外人道的隐痛吧。爷爷的一生，跌宕起伏。人生海海，时代的那粒灰落在了他头上，一个人，就像一滴水，消融在茫茫人海中，剩下奶奶一人独自拉扯着 5 个孩子。奶奶一辈子都活得体面有尊严，即便是在最为艰难困顿的时候，都保持着优雅的生活习惯，这是刻在骨子里的知识分子的体面。

机缘巧合，父亲和大伯在欢迎解放军进城时联袂表演，父亲拉京胡，大伯唱了一段京剧，就被部队领导相中，招进部队文工团。那一年，他们才十几岁的年纪。父亲以前唱旦角，男扮女装，解放后不提倡这样的艺术形式，领导就劝父亲专职改拉胡琴。父亲跟随部队一路走南闯北，吃过苦，见过生死。从海南直接过渡到西藏，没有冬装，父亲脚上最多穿过 6 双袜子，一辆车刚过去，后面一辆就摔到万丈悬崖下了，前面的车辆继续开，好像一直开在赴死的路上，我的母亲就是那时候和父亲相识的。

拜师李祖铭

父亲的部队集体转业到交通部京剧团（北京），住在国子监的一个小院落里。1958年，各部委就把在北京的文艺团体撤销、下放到各个省市了。我父亲那一辈人，没有小我概念，父亲一辈服从分配，随团到了河南省郑州市，成立了郑州市京剧团。父亲就把奶奶和小姑从萍乡带到了郑州，在郑州扎了根，自此，萍乡和我们就只存在户籍那一栏里的“籍贯”关系了。父亲初小毕业，但是勤奋好学，才华横溢，能拉能唱，能写剧本，人称“小诸葛”，是团里的顶梁柱，团里大事小事都会征求他的意见。他从年幼的文艺兵成长为专业京胡演奏家（我的认识），始终保持着部队文艺工作者的风范和德艺，父亲终其一生，都为后辈们树立了榜样。

我从小就生活在京剧团的家属大院，耳濡目染，在琴声和唱腔里长大，京剧的一板一眼都是我所见所闻的日常。我 8 岁时随父亲学习京胡。京胡不像其他乐器入门相对简单，比如古筝，声音好听是由它的音色决定的。京胡一响，它的声音 20 把小提琴都盖不住。长时间持续的噪声令人无法忍受，隔着屋子就跟别人家装修一样。又不能把琴堵着，必须要把这个音拉好听了才行。京胡没有 3 个月半年拉不出乐音，全是噪声，很多人都卡在基础入门的门槛上。

13 岁时，经邻居大肚婶（我们儿时对她的昵称，至今也不知道其尊姓大名）提醒，我父亲培养我从事京胡职业，就这样京胡成了我的人生目标和以后的职业，再无他物。一个假期时间，我就能给剧团的叔叔阿姨吊嗓子了。上学期间每天做完作业，1 小时的练功时间雷打不动，特别是寒暑假期间，每天练 4 小时。小伙伴们都在院子里玩，一分心，拉错了就挨打，手是不能打的，都是敲脑袋，头上的包此起彼伏就没有断过。父亲是家里的绝对权威，一直坚信不打不成器。练琴辛苦，熬过了那段艰难日子，初中毕业后我进入郑州市京剧团实习，开始了正规的艺术培训。除了父亲教授之外，还得到了周乃里老师、刘世康老师的提携，特别是我的授业恩师李祖铭先生，更是我从艺之路的领路人。

我父亲在北京交通部京剧团时，经人引荐得以见到了他仰慕已久的京胡圣手李慕良先生，先生是京胡泰斗，长期为马连良操琴，后世尊崇为“李派”，追求“心手相印”的艺术境界，老舍先生评价师爷“韵声长自远，意在手之先”。父亲先后多次登门求教，并表达了拜入李门的愿望，最终得到了李慕良先生的首肯，成为李氏门中的弟子之一。

后来扎根郑州，父亲便利用进京演出的机会带我到爷爷（就是我师爷李慕良先生）家里认门儿。父亲有意想让我拜李祖铭（父亲的师弟）为师，几经周折，在得到爷爷首肯后，师父才敢收徒。1987 年 2 月 12 日，在河南省文化厅和中国国家京剧院领导以及两团众多艺术家的见证下，我得以拜入李门，成为师父的开门弟子。

那一年师父 39 岁，我 19 岁。

当年随师父学琴的景象仍历历在目。习琴时师父特别严厉，生活中又特别关照我。每次进京学琴，烤鸭是必不可少的，离京时师娘总是准备许多礼物让我带回去，家里人人有份，细致入微，礼数周全。由于异地，能到师父家学琴的机会有限，我格外珍惜和师父在一起的每分每秒。师父教琴时几乎没有笑脸，对手里的劲头、音色、技巧要求甚严，容不得丝毫“怪味儿”，直至现在，对我们徒弟至多说句“凑合”，就已是最大的褒奖了！我每次见到师父、师娘的时候都觉得特别亲切，但是却从未失去敬畏之心。师父的“威”是骨子里带的，而师娘的“善”是心里发出的。我从来都以我是李门弟子而自豪，它伴随着我走过了 37 年的职业生涯。

从郑州，到贵阳

在河南，地方戏豫剧有着不可撼动的地位，京剧在那里很尴尬，也很边缘。一个琴师的终身目标就是“傍”到名角，琴师和演员之间实力不能相差太大，如果琴师的艺术水平超过了你傍的演员，那就没意思了。如果一个琴师傍不上一个角儿，这个琴师就是废的。有马连良才有李慕良，有了张君秋才有何顺信呐！

刚进团，我跟着父亲和刘世康老师拉京二胡，他们退休以后，我就能拉上京胡了，遗憾的是没有一个特别好的名角。当时文艺界不景气，团里只准出不准进，我 17 岁进团，19 岁还不是正式职工，迟迟解决不了人事关系。恰逢部队招文艺兵，母亲就准备让我参军当文艺兵去，我就提出了辞职。正值团里在外地演出，我的专业也奠定了一定的业务基础，已经没人能接我这活了，底下的演出任务就完不成。团长急了，马上给省文化厅打电话反映，省文化厅的领导说那就特事特办吧。结果，给了我一个劳动合同制工人指标。因为我不是艺校毕业生，初中毕业进省级文艺团体，不符合人事制度和规定。我就上了两年的补习班，1994 年考取了河南大学音乐学院，学的是音乐学，我的作曲和指挥就是在那里开的蒙。

当时在团里我已经是骨干力量，是主要琴师。团里特批带薪读书，大学毕业以后参加全省招干，考上以后才转干。我很感激河南，是河南培养了我。郑州市京剧团和省文化厅对我还是很重视的，文化部为了培养全国院团的业务骨干，与中国艺术研究院合作开办研究生班，河南省有 5 个指标，我有幸经考试入选去中国艺术研究院研究生班进修了两年，取得了硕士研究生学历。这次进修培养了我的艺术鉴赏力和整个艺术水平，包括对音乐的理解。过去交响乐根本就听不懂，在这里一个学期听两首交响乐，把全世界的名曲一小节一小节地进行剖析，就能知道旋律表现的是什么内容。两年的学习使我受益匪浅，提高了我的音乐鉴赏力。

人生峰回路转，一个偶然的机会，改变了我的命运，我从来没有想过，自己有一天会离开河南，离开工作、生活了多年的郑州。

2007 年 6 月，我随河南电视台《梨园春》栏目组到江西省京剧团和贵州京剧院挑选节目，参加全国专业院团擂台赛。因原河南省京剧院的冯冠博在贵州京剧院，经他介绍我认识了侯丹梅院长，对贵州京剧院有了初步了解。10 月底，我接到侯丹梅院长的电话邀请，中央电视台 11 套《CCTV 空中剧院》栏目组要到贵阳录制第三届京剧研究生班的毕业大戏《铁弓缘》，并会进行现场直播，届时剧中的主要角色均由当届研究生扮演。由于一些客观原因，琴师方面没有合适的人选，侯丹梅力邀我担任该剧的京胡伴奏。

当时压力很大，第一，我和侯丹梅从来没有合作过，彼此均不了解；第二，《铁弓缘》是一出“关派”的代表作，以前从未接触过；第三，“搭班如投胎”，我与乐队的各位同行也不熟悉。但是经过慎重考虑我还是答应了，不能辜负侯丹梅院长的信任，也有自信能够完成好这次演出，再者央视直播也是对我从艺 20 多年的考验和给我的展示机会。到贵阳后，我只有 3 天时间做功课，然后就要进入响排了。那 3 天真是每天连做梦都在背戏，3 天后我就背熟了全剧，晚上在宾馆里拉琴生怕影响别人，就拿筷子别在琴上练。演出非常顺利和圆满。当晚，时任中央电视台 11 套的总监带领从北京、云南来的研究生庆功联欢，每一位演员都要即兴演唱两段助兴，由我伴奏。当时只有我一名琴师，这对一名琴师的“肚囊”是一个考验，好在这也是我的强项。从小跟父亲、师父练功，都要求我先会唱再会背，这样一辈子也忘不了。再有就是我在河南电视台《梨园春》栏目组担任过京胡伴奏，12 年来几乎给全国的京剧名家都伴奏过，对他们的代表唱段都非常熟悉。所以，当晚驾轻就熟，应对自如，得到了领导和同行的称赞。云南省京剧院院长张树勇当即就力邀我去云南发展。当时在场的贵阳市文化局领导就打趣说“明玮已经答应到贵阳了，你不能挖我们的人哈”。第二天，侯院就问我愿不愿意到贵阳来工作，有什么条件。我随口应承着，原本以为是个戏言，可到 2008 年 5 月，侯院长突然一个电话说都办好了，你随时可以来。

我们一家三口和贵阳有缘分

虽然在贵阳也待了10来天，但基本都是在排练，贵阳是一个什么样的城市，我一无所知。当时贵州京剧院借用杂技团一个很破旧的排练厅排练，硬件条件比河南省京剧院差远了，家人也不理解，我姨妈说，去贵阳？怎么着也得去省会城市遵义呀。那时候贵阳作为省会城市，在外地人眼中基本没啥存在感。

我爱人刘静怡原来和我在一个团。我那时候当队长，排戏演出也特别不好给她派活，就刻意避嫌，但是她业务能力又是最强的，这样对她就特别不公平。于是就把她从河南省京剧院调到豫剧三团。豫剧三团是河南的样板团，进团后就成为琵琶首席。当年豫剧三团演的《朝阳沟》风靡全国，在河南是“红旗团”，那个团是交响乐团，民乐就几个。她进团以后，演出特别多，所有河南地方剧团的豫剧、曲剧、越调这些戏要拍成电视剧、电影，出磁带，要去全国参赛。我爱人在她的行业内专业能力非常强，地位很高。她从周一到周六还教学生弹琵琶，事业发展得非常好。

当决定和我来贵阳时，许多人劝她不能为了我放弃自己的事业，跟我走她的艺术生涯基本上就宣判结束。我当时已经在郑州奠定了一定的人脉基础，团里也给我分了房子，和院长私交也非常好。到一个人生地不熟的地方，对我来说也有很大的压力，她当时也非常矛盾。

我同父亲商量，父亲说，树挪死，人挪活，那就过去看看吧。当即我父亲、我爱人和我就来到贵阳考察，侯丹梅以及冯冠博全程陪同，那种亲切感使人无法拒绝，最终我决定来贵阳发展。

其实来贵阳之前对这座城市可以说没有一点了解，就是冲着侯丹梅这块金字招牌来的。到贵阳后才对这座城市和单位的同事逐步有了认识。贵阳气候宜人、山清水秀、民风淳朴、院风正派。这是我到贵阳 14 年对贵阳和剧院的评价。贵阳的自然环境自不必说，特别是近 10 年飞速发展，在宜居、安全、人文、民生保障等方面都有质的飞跃。贵阳人不排外、亲和，政府在引进人才政策等方面都落实得比较好。

来剧院就给我定了一级，分给一套房子，我爱人也重操旧业干上了京剧，孩子进了最好的学校。其实最终定居贵阳的决定性因素是《铁弓缘》演出结束后触动了我。这个戏在全国影响特别大，现场直播结束后，北京一些戏校的朋友、中国国家京剧院我老师那边，大家纷纷打电话问候、祝贺，这是我在河南省郑州市京剧团这么多年没有过的，从来就没有过这种机会。

《铁弓缘》是出老戏，原名叫《大英杰烈》，经关肃霜先生改编为《铁弓缘》，戏里一人分饰五个行当，有花旦，有花衫，有青衣，有小生，有武生，这在京剧里面比较难，很难有演员能文武兼备，对演员要求非常高，85% 的戏份都在一个人身上，难度特别大。角儿好，这个戏就好看，侯丹梅的这个戏在全国都没有人能出其左右，这是后话。

当晚拉完一个戏，演员谢幕，侯丹梅过去把我请出来站在旁边献花，镜头照着我，观众在底下鼓掌，那种荣耀感是多少钱、什么条件都换不来的。我一个琴师能得到这种荣誉，傍上名角才会有这种机会。因为侯丹梅，才会有我张明玮今天的艺术成就。

学琴很苦，我也没打算让我孩子学这行。一到夏天，我父亲来贵阳避暑，一教我女儿学琴我就特别反感，她在郑州都是我爱人管她学习，成绩非常好。到贵阳后因语言障碍学习成绩一落千丈。贵阳的教育资源和郑州没法比，河南是教育大省啊。

她刚上完初一我就把她送去中国戏曲学校学京胡了，那一年，她 13 岁。6 年后她又到上海学了 4 年，在校期间专业成绩非常好，年年考试专业成绩都是名列前茅，2021 年毕业考入了贵州京剧院，成就了一家三代从事京胡专业的梨园佳话。

毕业后我想让她去考国家京剧院，成都、昆明都可选择，她不去，死活都要回贵阳。我就不想让她待在贵阳，不想让她在我身边。我当时也有自己的顾虑，一家三口在一个团，工作也不好开展，你看我守着我爸那么多年还不是来贵阳了。她学习期间寒暑假就在方舟戏台实习拉琴，渐渐对贵阳、对团里有了很深的感情。孩子说她长大了，父母也老了，在贵阳也没有亲人，她要留在身边照顾我们。在她没毕业时侯丹梅就和她说，让她回来。不管我怎么劝，她最后还是落在这了，说来也是我们一家三口和贵阳有缘分。

他们来这里，也不后悔

我来贵阳非常习惯，我姥姥是湖南人，我打小就跟姥姥长大。家里从来都是吃米饭，不吃面食，生活习惯和贵阳很接近，嗜辣。包括糯食啊，粉面啊，对我来说都是无缝衔接。贵阳民风淳朴，我指的是整个贵阳，还不是单指少数民族。就我所接触的贵阳人来说，不敢说百分之百，百分之九十九点九的人耿直、坦诚、率真。在贵阳，大家对河南人没有偏见，在河南如果我到别的团去搭班的话还是很难，融入感不会像在贵阳这么强。

我到贵州京剧院来，几乎都是给侯院和冯院拉戏。冯冠博戏校没毕业的时候我们俩就搭班子，冯冠博的戏在我手里边也是驾轻就熟的，唱什么戏我们都几乎不用对戏。现在还有李晨阳，侯院的徒弟。我是她师父的琴师，我也有责任和义务给她吊嗓、拉戏。丹梅也让我带着晨阳，让她提高能力，给她吊嗓子。想当年丹梅到云南学戏时，也是她师父关肃霜的琴师周明义老师给吊嗓子、说唱腔，京剧行里是讲究这个传承的。如果琴师傍着师父，徒弟要想学戏，一般是师父教完了，由琴师来给演员（徒弟）对戏啊，吊嗓子啊，说戏啊。团里面只要他们3个人唱戏，我就要操琴，其他人我就很少操琴了。团里还有另外一位琴师，我们周五票友的公益活动大多都是他拉琴，也很辛苦，我也经常去分担一些，后来我女儿进团以后就她去了。

在一个专业的剧团里，一般要配备 4 到 5 个琴师，这才是标准配置。我们人手不够，现在我还担着行政工作，参与的业务也少了，这个团以前一直都是 1 个琴师，一般团里都不会这么做的，万一生病或有突发事件怎么办，再说一名琴师也很难掌握一个团这么多演员的演唱风格。大一点的团，像京、津、沪地区的团，一个团里边有十几个琴师，是很轻松的。在地方团里，3 到 5 个琴师也是很平常的。原来方舟戏台演出多的时候，也仍然是我们两个琴师，基本上没什么休息时间。

2018 年和 2019 年是最忙的两年，一年大概有 600 场戏，除了方舟戏台，还有一些进校园、进乡村、进社区的公益活动。平均一天两场戏，一人拉一场，有时候一天 3 场。那两年几乎没有节假日，每天都在演，那时候放眼全国来看都是奇迹。

我在地方团待了那么多年，也去过很多院团观摩，贵州京剧院有一个最好的优势就是有一块招牌——侯丹梅。唱京剧的就是要靠角，全国 30 多个地方院团，一提起贵州京剧院，那就是侯丹梅。这得益于贵州京剧院的人才引进和培养机制。2006 到 2011 年引进了冯冠博、范玉、张超等我们这一批，2012 年以后进了李晨阳、李冉、万林峰、窦天琪、李威等 28 个人。如果不是引进这些人才，贵州京剧院也不会发展壮大这么快。贵州本地不容易产生京剧文化，这和地方文化背景有关。贵州本地人对京剧知之甚少，更不会把自己的孩子往这方面培养。中国戏校、上海戏校常年这么招生，贵阳的学员很少，除了那一两届代培了这里送去的学生，再没有了，几乎断档。如果当年不从大连调来侯丹梅，就没有今天的冯冠博，也就更没有这些后来人了。

贵州京剧院创造了一个贵州西南京剧现象，北京专家是这么评议的："贵州作为偏远山区，京剧这么好这么红，第一得益于引进了这么多人才；第二是培养；第三是给人才一个平台，任由他们自由发展。"剧团最低迷的时候，侯丹梅觉得撑不下去决定离开，去派出所办户口时，派出所所长一听，这哪行啊，您是京剧院的金字招牌，怎么能走。派出所没给她办，逐级反映，才解决了侯丹梅的困境，留住了她，贵州京剧院才有了现在。侯丹梅 2005 年当院长，她一看团里的架构，指望她一个人肯定不行，才会花这么大的代价，把冯冠博等人引进来了。冯冠博又带了一拨人。他们当年在地方京剧团是学员班的，也不是正式职工，来这里就解决了编制问题。河南这帮孩子还是能吃苦的，有灵气，肯练功，在中国戏校代培的贵阳籍演员现在一个都不在团里，全改行了。而他们来这里觉得很合适，也不后悔。

没想到贵阳来的能演这么好

我来到贵州京剧院后，当时乐队无论从艺术水平还是艺术理念上，和京、津、沪都有一定的差距，我就给乐队定了条规矩，一个月聚餐一次，交流业务，谈个人意见也行。乐队是一棵菜，任何乐器都不能独立完成演出，经过一段时间的磨合，乐队的整体水平有了显著的提高，保证了2013、2014、2015年连续3年到北京长安大戏院高水平的演出。

当年陈刚来贵阳任市委书记，北京市原常务副市长张百发带北京京剧院来贵阳慰问，在大剧院有一场演出，指定贵州京剧院出两个节目，侯丹梅、冯冠博和我带乐队去的。张百发副市长太内行了，是资深票友，看了我们的演出后，当场就拍板让我们去北京演出。于是侯丹梅的《铁弓缘》、冯冠博的《汉宫惊魂》，还有一台折子戏在北京演出。张百发副市长在观看中不禁感叹说："嘿，真小瞧他们了，没想到贵阳来的能演这么好，贵州京剧院的侯丹梅、冯冠博是国家级的演员。"我来了以后就定目标，协助侯丹梅，力争她的文戏能在全国定一个地位。侯丹梅在京剧界包括在观众的印象里都是武旦演员，但是其实她的文戏也特别好，唱腔既有关派的味道，又有王派的风格。在戏校她学的是旦角班，而且她的演唱方法特别科学，唱一晚上戏一点都不累。

我从2009年开始整理她的唱段，恰逢朱德荣老师动员她出了一版侯丹梅唱腔专辑，由朱德荣老师出资，我们到北京请乐队录制。14段唱腔，按进度，怎么都要3天才录完，我们一天半就录制完毕了。她天赋特别好，音准、节奏好、有味道、发声科学。她不是那种下笨功夫的人，天赋很好。刚来时我以为最起码隔三岔五要给她吊吊嗓子，没有，不用。她的天赋特别高，我见过努力的演员太多了，侯丹梅是天分最高的一个。这得益于小时候的基础打得好，得益于京剧世家耳濡目染的艺术熏陶，她中专时学的东西现在张嘴就来。在我们这个行当里，门里（第）出身特别重要。

2015年12月18日，获得“贵州省甲秀文化人才资助课题及资助项目”之后，我的京胡独奏音乐会《黔山京韵》在国艺剧场举办。这是贵阳首场京胡独奏会，我81岁高龄的父亲登台表演，我师父李祖铭、我女儿张之琳和我同台献艺。最后侯院压轴演唱《让徐州》中的经典唱段“未开言不由人珠泪滚滚”，由师父李祖铭先生亲自操琴，并担任整场晚会的艺术指导。整场晚会也挺成功的，一家三代同台献艺，被业内传为佳话。但是我个人不满意，觉得比较仓促，准备不充分。

我认为现代戏《布依女人》是我们院里的一个艺术高峰，我想继续发展一下，在这个基础上让它更多元，把这个戏里所有的曲子和唱腔体验一下，正在准备写成一个京胡协奏曲。我对这个戏非常有感情，虽然第一稿不是我排的，但是最后拍电影、录像有我设计的几段唱腔，记得录音的时候，最后一天连续录制了 18 小时，累得胳膊都抬不起来了。后期我又在北京待了 10 多天，每天 12 小时做后期工作，从演员对口型到音乐、唱腔的音量调试、校对，真是不容易！像我这样的做法在琴师里边也是有这种传统的，也都是在传统的框架内。很多琴师办音乐会，都有自己创作的曲子。我 2015 年音乐会演奏的基本上是贵州京剧院这么多年大家耳熟能详的经典曲目，还有我师爷李慕良先生的曲子。

我在贵阳过得挺好

老家的亲戚朋友关系好的都来看过我，包括发小都是组团来的。刚来贵阳那几年，一到夏天亲朋不断，与郑州相比，贵阳实在是太凉爽了。师哥师姐一来十几口，来了都是我安排照顾，走走转转，就是让他们放心，我在贵阳过得挺好。

我和冯冠博作为河南省京剧院的老人，对院里有很深厚的感情。前两年我们去外地演出，就邀请河南省京剧院的老同事来方舟戏台演出，河南省京剧院现在发展得也不错。我来贵阳时征求了师父的意见，当时是贵州京剧院和深圳京剧团我都可以去，我还是选择了来贵阳。当时深圳要成立一个京剧团，我师父是艺术总监。可因为种种原因深圳京剧团并没有搞起来，这也是天意吧！我师父在京剧界影响非常大，走到哪里都是名角，现在他还在北京，偶尔拉琴。2021 年，央视《名角来了》栏目为他录制专辑，还把我和丹梅请去客串，师父今年（2022 年）70 多岁，我父亲 2015 年就过世了，无论是我父亲还是师

演出前的张明玮

父，最后对我来贵阳都很满意。

2010 年，师父到河南省京剧院任名誉院长，当时的意思是想让我回河南，我也陷入了两难境地，最后是我父亲一锤定音，父亲说你走了对不起侯丹梅，侯院花了这么大的代价请你过来，你现在撂挑子，说得过去吗？在贵阳丹梅对我特别好，一到周六周日，就安排我们聚餐，我在贵阳没有什么亲戚朋友，和外界没有什么联系，但是我们特别和谐，相处特别融洽。我刚来贵阳时，丹梅对我们可谓是无微不至，从业务到生活，见我闺女就没有空手过，我们几乎天天联系。没有公事有私事，工作和生活完全模糊，没有边界了。我来贵阳住在金华园，当年还是很荒凉的，2008 年、2009 年的时候没有人啊，一个小区住不了几个人，旁边都是麦地、玉米地，你看现在变化多大。

因为经常在方舟戏台演出，我也就在未来方舟那儿买了房子，离丹梅家走路 5 分钟就到了，冯冠博等几个要好的同事都在一个小区，美其名曰“抱团养老”。2011 年，院团改制，丹梅信任我，让我协助她一起管理院团，我和丹梅搭班子以后，规定了单位尽量安排演出，保证我的收入，就不能再从事第二职业，这是明文规定，大会上宣布的。如果有了第二职业，就会影响全身心的工作。像我们这种工作，你全身心都不一定干出色，还能分心干第二职业？就没有什么业余时间。

我和我爱人一天 24 小时在一起，业务工作、生活都混为一体，她为我牺牲了太多，现在她指东我不往西。女儿在外边住，她在贵阳有套小房子，从 13 岁就开始独立生活了，回来了还是有自己的空间比较好。我家和丹梅家相处得特别好，我有什么事她都帮我解决。

初来贵阳，我金华园的房子就是阿姨（候院妈妈）帮装修的，她怎么装修我都不管，天天在团里忙，一个星期或10多天去看一眼到什么进度了。来贵阳后，丹梅替我考虑得太周全，我才得以安心工作。方舟戏台毁损后最直接的影响就是大家的演出平台没有了，收入锐减，对团里影响比较大，好在在政府和中天的共同努力下现在已经在重建。

现在贵州京剧发展得这么好，最主要的是因为得到了政府的重视，再有就是侯丹梅的个人魅力。比如有困难了，丹梅可以直接向省、市领导反映，这就是作为文艺界艺术家最好的一个方面。她在行业内有权威和话语权，能出成绩，所以有想法都会被领导重视，这就是名人效应。台上一分钟，台下十年功。干京剧是个很苦的差事，可以说是千里挑一，这么多人里面可能出来一个，也有可能几年都出不了一个。能和侯丹梅这样的名角组成黄金搭档，是我职业生涯中最大的圆满，来贵阳，是我人生中重要的也是最大的决定，我很庆幸。

就像我父亲说的，树挪死，人挪活。如今，我来贵阳14年了。我爱京剧，它已经深入我的骨髓，是我生命的一部分。在贵阳，我终于成就了自我，曾经的那个张明玮，终于活泛了起来。

现在，我已经是正宗的“贵阳”人了。

Dream Come True in Guiyang

步履不停

口述……………温升

整理……………许金玲

温升

口述者小传

温升，男，中共党员，1988 年 9 月生于福建省龙岩市，现为贵州云图时代信息技术有限公司创始人、董事长。云图时代公司是巨量引擎贵州省的合作公司，也是国内领先的数字化营销公司。作为省、市、区三级政协委员，2021 年，温升获得贵州省互联网行业“优秀共产党员”荣誉称号；2019 年，获得贵州省厦门商会“爱心企业家”荣誉称号；2020 年，获得贵州大学明德学院“双创导师”荣誉称号；2021 年，获得贵州省网信办驻马鞍村工作组颁发的正安县马鞍村“荣誉村民”称号。2021 年 1 月，作为 13 名代表之一，他参加了贵州省“2021 年《政府工作报告》和‘十四五’规划《纲要》征求意见建议”座谈会，并在会上对贵州互联网行业的发展提出了建议。

2010年，温升大学毕业后来到贵州黔西南工作，2014年到贵阳创业，2015年其创办的贵州云图时代公司的年产值从80万，至2020年已超4亿元，创造就业岗位300多个，2022年计划年产值达到6亿元。其公司联合北京“字节跳动”，将“山货上头条”“山里DOU是好风光”引入贵州。其中，“荔波DOU是好风光”在“五一”期间，为荔波县带来超过5亿元的旅游收入，“雷山DOU是好风光”为黔东南培养了一批非遗传承人运用抖音销售产品。其推进“一县一村一网红”模式在贵州落地实施，并投资推进以创作贵州农特产品抖音短视频为主的“黔东农仓”团队，成功孵化了“古村乐乐”“黔东农仓”“古村28渡”等头部网红账号，至2022年最高单个视频播放量已突破6000万次，粉丝量有200多万人，带货总收入超500万元，有效助力了区县巩固脱贫攻坚成果。

2018年，温升又联合字节跳动与贵州省慈善总会、壹基金达成战略合作协议，在未来5年内，为贵州354个易地扶贫搬迁安置点建立益童乐园。截至2020年5月，益童乐园站点已达66个，累计服务儿童22.99万人。2020年9月，温升又联合3家企业成立“黔网帮”云图助学金，捐助100万元为贵州省正安县品学兼优的贫困学生发放时代联合助学金，累计帮助40人。2020年11月，他代表贵州云图时代，与两家企业联合捐赠给“黔网帮”时代联合妇女儿童公益基金50万元，助力社会公益事业发展，累计帮助40人。2021年9月，他在贵州省铜仁市德江县联合三家企业成立“振兴助力云图联合助学金”，首批捐赠12万元，助力24名贫困大学生。

小　引

一间长方形的大办公室，三面皆为落地玻璃窗，室内显得格外亮堂。进门，即有一张空无一人的大茶桌。他平头，圆脸，穿白色短袖T恤，从右边的办公桌上起身，扶了扶鼻梁上的眼镜，微笑着朝我们走来。“欢迎欢迎，请坐！请坐！”

这位就是管理着国内领先的数字化营销公司——云图时代公司的创始人、董事长温升。茶壶在他厚实的手掌下很快摆好，矿泉水如小溪般缓缓倒入水壶。我们静待水开，如同静待他即将展开的述说。

谁的青春不迷茫？毕业实习时，因应一个在贵州发展的亲戚的邀约，温升便抱着试试看的态度，背起行囊，只身来到贵州，到黔西南一家矿业公司上班。干到第五个年头时，他萌生了创业的想法，便辞职来到了贵阳。从此，贵阳观山湖区世纪城一间 80 平方米的出租屋便成了他的办公室，也是他的家。

一开始，温升做智能家居。那一年，房间空空荡荡，经常一整天都没有人和他说话。逢年过节，他只能在小小的出租屋里，对着家乡的方向，默默思念亲人。更多的时候，他会上网查资料，研究互联网的发展趋势，寻找合适的商机。那一年，对当时的市场来说，智能家居显得太先进了，经常装修完了一家，很久都找不到下一家。次年，他决定改做互联网，重回自己熟悉的领域。

采访中，温升的语言简洁精练，三五句话就能完成提问。接着追问细节时，他便三缄其口，表现出已经说完的样子。在聊天过程中，他会不时看看手机，仿佛生怕错过任何一条重要业务信息，还会偶尔站起来，走出去接一两个电话。知道他很忙，但采访任务使然，我们不得不“厚着脸”坐下来，继续追问。

问及他在贵阳创业时，印象最深刻的事情是什么，他说，因不熟悉相关政策法规，创业初期吃了一个劳动仲裁官司，损失惨重，对他的公司运营影响巨大。看得出，到现在他仍感委屈。他的母亲带着孩子来贵阳探亲，因为一些事情没安排好，没钱没住处，第二天他便将老小送到机场飞回了老家。送走老人和小孩，他和夫人在机场地下停车场，忍不住泪湿眼眶。

从那时开始，他就拼命让自己强大，千方百计地让公司发展得更好，以便在亲人或需要帮助的人有需要时，能很好地保护或帮助他们。现在的他，无疑已经做到了。在他看来，创业的味道，就像贵州金黄的刺梨，刚入口酸涩，但之后回味甘甜。

商场如同战场，他说，互联网人需要不停地奔跑，他每天都在不断开会、见人和解决问题，有时候忙到晚上才能吃上一天中的第一顿饭。

一小时后，因他有事，采访提前结束。临走时，他带我们到公司转了一圈。公司位于亚太中心摩天大楼高层，在翻花绳般交错的立交桥旁边。整层楼的办公区域是未隔断的回字形结构，分布着不同的部门，每个区的工位上都坐满了人，“噼里啪啦”的键盘敲击声不绝于耳，目测员工有一两百人，这么多人同时开放办公，场景蔚为壮观。

他指着一个个区域，简要地介绍其所属部门。走着走着，忽听一个工作区传出欢呼声，接着全区的工作人员都站起来庆祝。原来是成交了一笔订单，这就是互联网人的快乐！

现在，互联网深刻地改变着我们的衣食住行，我们徜徉网中其乐融融，而对温升这群忙碌的互联网人来说却很陌生，他们为时代发展做出了重要贡献，他们敢闯敢拼、步履不停，他们值得被看见。

我们的话题是从茶开始的。

对比“北上广漂”，它更让人有期待感

福建是无茶不欢，贵州是典型的无酒不欢、无辣不欢。我们在福建无论走到哪里都有一张茶桌，在贵州走到哪儿都有酒喝。不过，贵州现在很多人也接受茶了。我刚来时对酱香型酒不是很习惯，现在习惯后，我都改不回清香型的了。

这里气候好，在我们福建老家，夏天睡觉时汗流浃背，贵阳夏天晚上睡觉要盖被子，但这里偏潮湿。我来这的第一天，吃饭时就吃了辣椒，其实也还好，我会挑掉一点辣椒，这样吃起来就没那么辣了。

在贵州，我印象最深的水果是刺梨，我在我们福建老家没见过。它的维生素 C 含量很高，是个好东西。我们曾与贵州省工信厅合作做了一个贵州刺梨维 C 之王抖音挑战赛，全网播放量达到 6 亿次，网友很好奇，问刺梨是什么。其实它酸酸涩涩，还有点甜，就像我们创业的味道。

刚来时，我对贵州话很陌生，他们讲什么，我都要大脑先

翻译一遍才行。打出租车时，他们都讲贵州话，我不太听得懂，特别是贵州话的 4 块跟 10 块，我经常分不清楚。比如，我们去银行办卡，银行的业务人员讲贵州话，在餐厅也是，到处讲的都是贵州话，这在贵州是普遍存在的。现在，相对好很多了。我觉得，我们接触的贵阳人相对都比较热情、友好，感觉贵阳是一个比较包容的城市。

1988 年 9 月，我出生于福建龙岩一个商人家庭。我的家庭条件不好也不差。2010 年，我刚大学毕业时家里负债 200 多万元，我父亲把县城的房子卖了还不够还债，后续还有一些负债。选择经商，大概跟我的家庭有一些关系，父亲和我家族的人都一直在经商，我在这种氛围里长大，从小就对经商比较感兴趣，觉得创业挺有意思。福建人“爱拼才会赢”的天性，也潜移默化中影响了我创业的想法，于是，才有了我创建的贵州云图时代信息技术有限公司和我今天的一切。

到贵州之前，我的生活、教育、工作经历和贵州并没有什么关联，对这个隔了 1000 多千米的省份，认知局限在“一棵树、一瓶酒、一栋楼”上。

2010 年 3 月我准备实习时，因为有亲戚在贵州省的黔西南布依族苗族自治州贞丰县做生意，就邀请我过来，我就这样很茫然地来到了黔西南。到现在我都还记得，在火车上，当我透过车窗第一眼望见贵州的蓝天白云、绿水青山时，就对这个地方充满了好感。

2010年7月毕业后，我就职于贵州紫金矿业，这是一个非常好的企业，非常幸运刚毕业就能进入这样的上市公司。2010年11月，我加入了中国共产党，还担任过紫金矿业的副科长、科长和主任助理等职务，直到4年后辞职。企业的历练，为我之后的发展奠定了很重要的基础。

一晃12年过去了，我已从“贵漂”“贵安”到“贵定”了，我早把贵阳当作了第二故乡。现在偶尔回到福建七八天就想回来，去外省出差，也想着回贵阳住。我儿子2022年在贵阳出生，两个女儿都在贵阳上学。我7岁的女儿，现在已经会讲贵阳话了，我还不会讲。我只会一点贵阳麻将，但我对麻将没有多大兴趣，更没有瘾，客户或亲朋好友缺人时我也能顶上，偶尔玩一下。

我刚来贵州时的“漂”，感觉和常说的“北漂”“深漂”“上漂”一样，更多是一种对抗生活的状态，而后来的“漂”，感觉变成了怀揣梦想到贵州，努力去实现梦想的一个过程。甚至于现在网上说“贵漂”成为一种时尚，我还是认为对比“北上广漂”，它更让人有期待感，让人听了更兴奋。

我们遇上了贵州大数据

2014年，我从紫金矿业辞职后来到贵阳，成立了一家公司，主要做智能家居，那时智能家居太先进了，客户受众小，门槛较高，经常装修完了一家，下一家还不知道在哪里。

那年应该说是我最艰难的开始，一个人吃住都在世纪城一个租赁的80平方米的房子里，整个房子空空的，一天找不到一个人说话。我会在网上找一些资料看，比如，互联网的趋势、创业过程分析等，分析有哪些机会。我还做微信公众号，那时微信公众号刚出来，当时前景很好，可以开发点餐功能，我很早就有接触。我对互联网的发展机遇比较敏锐，当时我就在思考，什么样的公司能够让客户量足够庞大，又能连接很多的资源。

2015年，贵州省开始实施“大数据”战略，贵阳更是将“大数据”产业作为重要发展方向。我在上大学的时候，学习的就是 IT 互联网技术，毕业后，继续待在行业里摸爬滚打，本身积累了一些行业经验，就想创办一家公司，依托贵州的资源优势和大环境，发展互联网事业，所以在 2015 年就做了某个互联网产品的代理商。

2015 年，我开始追随某平台，因为没做过互联网，也没有做过传媒，接手这个平台以后每天都睡不好，压力巨大。这类公司每年都是百分之几百的增速，对于新手来说非常困难，即便是资深做媒体市场和互联网的，也不一定能扛得住。

非常幸运的是，我坐上了一辆时代的高铁。那个时候我们做的产品，市面上没人合作，影响力不够，我是通过一些会展，看到别人扫二维码下载 App 开始受到启发的。从 2015 年到今天，和我们一起做产品代理商的公司，能坚持下来的没剩几家。当时平台是新建出来的，我去跑客户聊合作，很多人都不愿意和我聊，说产品没怎么听说过。

2015 年，我很幸运遇到了人生中很重要的一个人，贵州省晋江商会会长吴侨军，当时他在我公司的第二轮投资中投资了我。他说："小温，我觉得你人挺不错的，有机会我们一起做点事情。"那时他的介入增强了我在贵州打拼的信心。

创业始终是艰辛的，其实什么总什么总的，别人叫起来

“高大上”，但只有自己当了老板才知道老板有多难当。每一个创业人的背后都有很多故事，我并不是什么企业家、老板，只能说是一个比较务实做事的创业者。这几年的发展，只能说是比较幸运地赶上了贵州高速发展的黄金10年，遇到了移动互联网高速发展的风口，遇到了一个“未来”走向全球的产品，也得到了中共贵州省委网信办的大力支持。2015年，是贵州大数据时代的第一年，我们遇上了贵州大数据高速发展的时期，在此，也特别感谢领导对我们产品和我们团队的认可，公司才能迅速发展。

拜访客户，有两次令我印象深刻。有一次，跟一个做体育用品的客户聊合作，我坐在人家店里等了一个多小时，人家不怎么搭理，5000块钱的单子，最后还是没有签下来。还有一个夏天，我们去拜访一位做房地产的客户，客户出来打了个招呼，说让等他一下，我们就在他们公司前台的座位上，一直等了三四小时。这时候他出来说：“不好意思，今天没时间。”当时很期望跟这个客户合作，心态很积极，当客户说没时间的时候，我非常失落，当时这个客户对我们很重要。这个客户后来我们又去约了很多次，都一直没成功，直到他们换了负责人后才开始合作。

当然，也有愉快的事。有一次，我正在高速路上开车，接到一个合作金额为4.88万元的客户订单成交电话，这个金额到现在我还记得很清楚。我很兴奋，也很激动！但是客户的单子需要第二天就把广告投放出去。当时已经是下午了，我立刻找了一个休息区，把车停下来，赶紧把电脑拿出来，桌子什么的都没有，我就把电脑放在车子的挡风玻璃下面的那个部分，去给客户做广告。还有一次，有个客户通过第三方找到我，想跟我们平台合作。这是我们合作的第一个房地产客户，他们企业很大，当时我们就报了一个6万多块钱的合作单子，这个客户马上就批下来了，当时我挺兴奋的。这个客户现在已经成了我非常要好的朋友。这两次合作经历，虽然只有几万块钱，但对于当时的我们来讲，真的非常非常重要，算是很大的单子了。

那个时候总想着，我要找到一件事情去做，思考着怎么努力去把它做好，就只想着这个事情，没有太多去考虑市场到底有多大或者怎么样。因为当时我才26岁，认知有限，社会资源也有限，我孤身一人来贵阳创业，整个公司的发展几乎都靠我一个人，我从来没做过媒体，也没做过物流，那时是最艰难的。因为第一，是在学习；第二，是在找项目；第三，也是在融资。

因为企业发展要启动资金，很多问题都得解决。

关于拜访客户的问题，你能想象得到，刚开始的时候会很困难，包括现在也是，比如，你去谈合作，客户不一定会见你，这很正常，但等你的公司规模、社会影响力大了之后，自然有很多人会来找你合作。那时，我们去敲人家的门拜访客户时，很多都是闭门的。就像那个体育用品的客户让我等 1 小时没签单的，是我的福建老乡，还是认识的，他当时叫我过去聊合作，后面聊了几句他就接待客户去了，有客户过来他就在里面忙，把我晾在那边。他聊完客户之后，就过来随便讲了两句，然后就走了。那个时候很无奈，因为人家是大老板，一年也能够做一两百万元，但那个时候一两百万对我来讲是很大的数字。那个时候，人家看不起我很正常，因为我那个时候公司小。现在，随着公司的发展，很多客户都变成了我的好朋友。

只有自己努力成长，才会得到更多人的认同和尊重，你自己不强大，亲戚可能也会看不起你。很多人的成长，关键还是要自己足够努力，成长起来后，人家自然会尊重你，一切都自然会往好的地方走，但这也是个积累的过程，每个人的发展都有一个过程。每一个人在每一个阶段，都有他存在的意义，有他自己的使命去完成。

在贵州第一次流泪

2015 年，是我创业的第二年。那年夏天，我亲戚说：“如果你妈带孩子来贵州玩，可以住在我家。”我就听进去了，因为我好长时间没见过自己的小孩了，刚创业的时候小孩一直没在我身边。后来，我妈带着我的第一个小孩来了，我亲戚让她们在他的家里住了两天，后面通过其他人转达，说不想让她们住了。我和我爱人平时都住在贵阳世纪城的出租房里，那里也是公司，父母和小孩也住办公室就不合适了，肯定得有个地方安置。那个时候我刚创业，比较艰难，身上没什么钱，就订了一个 100 多元一天的酒店，让我妈和小孩在里面住了一晚。第二天，就给她们订了机票，将她们送回了福建。唉，当时没有这个能力。福建太远了，不能坐高铁，只能飞回去。其实那时候我也在到处看租房，只是还没找到合适的。记得我们夫妻俩送她们去机场后，我们就在地下停车场默默抽泣，那是我在贵州第一次流下眼泪。后面随着自己的努力，一切都往更好的方向发展了。

这件事情坚定了我需要更加努力的决心。说这个事情，我只是想分享给大家一点，如果自己不够强大，在你的家人需要你的时候，你是很无助也是很无奈的，所以在本应该奋斗的年龄，不要给自己找偷懒的理由，疫情来了虽然对市场有影响，但这不是我们“躺平”的理由。

刚创业的时候，我很多东西都不了解，作为一个初创型的小企业，当时公司一共有 12 个人，虽然有两个员工上班后没签劳动合同，但是每月工资我都是照常支付给他们的，也没在意这个事情。没想到他们辞职后把公司告了，我们被仲裁机构罚款 5 万多元，那时公司账上总共也就 10 多万元，这事对我的打击特别大。这两位员工，他们之前在上一家公司，已经发生过类似事件。他们就干 3 个月，比如给他的月工资是 6000 元，3 个月就是 18000 元，他告一下公司，结果就变成 36000 元了。

这种情况，按照《中华人民共和国劳动法》(以下简称《劳动法》的规定要缴纳两倍的罚款，这对我们这种民营小企业来说，真是重创！之后，我和身边的朋友交流时，他们说他们公司也遇到过这种情况。这事发生在2015年，那是我创业的第二年，交完罚款后压力很大。像我们这种小企业，如果还没起步就被这些拖垮了，还怎么成长！如果我们这些小企业没有了，又何谈成长为大企业呢？

作为省、市、区三级的政协委员，我并没有说《劳动法》对小企业不公平，而是建议政府在小企业最初创业的时候，能对创业者的思想进行引导，通过培训，让他们对政策法规等基本情况有所了解。

这是我人生中印象最深刻的事，我也为那个时候的无知买了单。不过我也因为当时经历过这种事情，之后才能在公司的管理上更加规范。

帮助别人是一件挺有意义的事

通过短视频带动乡村振兴，我们公司在全国都是较早去探索这个方向的。关于内容电商，如“古村乐乐”“黔东农仓”“古村28渡”，这些都是我们和德江义派电商团队一起做的，这几个账号都还不错，在全国也有一定的影响力。我们云图时代共有 300 多人，在德江县的内容团队有 30 人左右。我们的员工，不一定非要专业的，只要能吃苦耐劳，好好做事情，我们也愿意接受。贵州民营企业做互联网这块的公司，规模一般也不是很大，绝大多数都在百人以内。

近期我们会推出一个“一县一村一网红”的战略体系，通过这个战略体系，一是能带动乡村旅游，二是可以增加老百姓的收入，三是能够帮助当地的农产品在网上销售。这样，就能够形成电商的矩阵闭环。当地的老百姓都很好沟通，我们宣传了，有人去玩了，他们就有收入。贵州大多数人都很淳朴，也挺友好。在网上关于“古村乐乐”“黔东农仓”“古村 28 渡”的报道非常多，央视都来采访过，人民网的海外版也报道过。关于通过做短视频助力乡村振兴，现在很少有年轻人愿意回去做这件事。首先，村里很苦，要一直待在那边；其次，收入不高，在村里面接触的人少，玩的东西也少。但我认为，这种网红经济对贵州来讲非常有效，因为贵州山清水秀，是它得天独厚的优势，以前被视为落后，现在反而是它的优势，因为乡村拍摄短视频很漂亮。

贵州的山水都是自然的，农村人口还有劳动力全部出去了，村里就剩老弱病残，一旦有公司把土地整合起来，种上果树或者其他什么东西，弄好以后自然风光就更好了，这样蛮好，连旅游什么的都全部带起来了。旅游、销售等能增加当地的收入，老百姓心里也高兴。

开贵州省青年联合会的时候，我和“黔东农仓”创始人丁浪坐在一起闲聊，他跟我同年，也是1988年出生，并且也在做短视频。我就看了他们拍摄的作品，感觉质量还不错，我就和他谈了合作。后来，我们的团队逐步扩张，社会的影响力逐步增大，因为我们的社会资源比较丰富了，就在那边沉淀了一个团队，于是就有了“古村乐乐”这个账号。

“古村乐乐”在铜仁市德江县焕河村，这个账号把一个只有30多个老人的村子变成了网红村。我们通过抖音，把村子的特色风光展示了出去，每天都会有很多网友去村里面玩。很多在外务工的人，重回村子开了农家乐、小卖部等，老百姓的收入增加了很多。在网上输入“古村乐乐”四个关键字，就可以搜到很多新闻报道。我觉得，在自己能力范围内去帮助别人，其实是一件挺有意义的事。

“古村乐乐”这个账号挺有意思，粉丝增长到2.3万的时候，没有动静了，很难再增长。为什么呢？那时，可能是拍摄质量或账号属性还没爆发，当时管理人丁浪几乎都要放弃这个账号了，他跟我说了两次，他说：“这个账号要不就不做了，现在公司有压力，因为还没有变现。”我就跟他讲，一定要熬住，如果资金方面有问题我来想办法。然后，这个账号熬了半个月的时间就爆发了，一下子涨了 60 多万的粉丝，一个视频六七千万次的播放量，后面就慢慢火起来了。这个爆发可能跟视频的拍摄调性有关系，网友比较喜欢看点赞和评论多的，就爆发了流量。

这个村现在很火，可以开车去玩一下，贵阳到德江县的路很好走，德江县到村里面的路都是水泥路，只是比较窄。

希望他们发展好了回报家乡

2022 年 5 月 30 日，我随省政协一起视察正安县，正好晚上 7 点钟之后有时间，我就去走访慰问了我们一直在帮助的一些妇女儿童。2019 年，我们跟两家公司一起在正安县设立了一个妇女儿童救助基金，通过县政府调研筛选出特别困难的人，像患白血病的小孩和患癌的妇女，就会得到这些资金。

走访的时候，我们遇到了一个3岁的白血病小孩，还蛮可爱，胖嘟嘟的。他们是农村家庭，比较困难，小孩的爷爷奶奶都在外省打工，收入不高。他爸爸妈妈在正安县医院旁边租了一个比较破旧的房子，屋内只有一张很破旧、很普通的小沙发，几张塑料凳子，一个四方桌，桌上放了很多吃饭的东西和药品之类的物品，一个柜子放在旁边，除此之外就没什么家具了。他父母都是“90后”，母亲现在没有工作，在家里照顾小孩，父亲在一家公司工作，一个月工资就3000元多一点，还要解决孩子的吃饭、吃药等问题。现在比较庆幸的是，小孩已经到了治疗的后期，再坚持一年的时间，如果治疗顺利的话，就可以康复了。之后，我们去看了一个患癌的妇女，她离婚后带着女儿生活，目前女儿正在读高中，学费、生活费一年需要花四五千块钱。考虑到看病方便，她就在县城租了一个很破烂的地方来住，平时就通过送水去赚取部分收入。

通过走访，我觉得社会上其实还是有挺多人需要帮助的。这个妇女儿童基金每年捐献出10万块钱，帮助20个妇女儿童，每人5000块钱，主要的帮助对象是农村很困难的家庭。据同行的朋友讲，社会也有些捐款但也不多，也就几百块钱，所以

5000 块钱对他们来讲，也是一笔非常大的收入了。虽然这个钱不多，但是对他们来讲特别特别重要，能让他们感受到这个社会还是很温暖的，还是有很多人愿意去帮助他们的，他们不是在孤军奋战。2021 年我们去捐助的时候，有一个妇女代表上台发言，讲了几句话就讲不下去了，一直在哭，说特别感谢我们，说 5000 块钱对她来讲太重要了。

为关爱易地扶贫搬迁点的留守儿童，我们联合字节跳动与贵州省慈善总会、壹基金达成战略合作协议，将在 354 个易地扶贫搬迁县城安置点建立益童乐园。截至 2022 年 5 月，益童乐园站点已达 100 个，累计服务儿童 30 多万个。为关爱聋哑儿童、孤寡老人，我们做了一个叫“公益黔行”的项目，我们会定期去聋哑学校、养老院做公益。

在正安县，我们还修了一条公路。脱贫攻坚时，政府让贫困群众搬迁出来，有一些老人起初就不太愿意搬迁，虽然最后搬出来了，但是他们老是想着回去，回去的那个路破破烂烂的，人能走，但车开不进去，也没有水泥路，出行很不方便。然后我们跟几个朋友一起修建了一条公路，虽然只有几百米，但总算解决了老百姓出行难的问题。

有一次，我陪朋友去正安的一个村调研，他们将我带到一个小学，遇到该校的校长，我就问他："你们这是不是出了不少人才？"他说是啊，我就反问他："为什么这些人才不回来帮助家乡发展呢？"他就很长时间都没有答话。我跟他讲，我们福建人如果发展得好了，会回到家里面去帮助家乡发展，比如修路、捐款、助学等，我希望把这种精神传递给正安的学生们。我说不如这样，我们在这里设立一个助学基金，我也不要求这些学生或者县里面给我什么回馈，只是希望这些走出去的人能够知道这个基金，希望他们未来发展好了，能够回报自己的家乡。我们的助学公益基金就是这么来的，是跟校长聊天聊出来的，当时也是在很偶然的情况下想到这样做，很有意思。我们做助学基金捐助仪式的时候，有学生代表上台发言，抽泣着说，当时家里确实为筹集学费非常烦恼，都不知道该怎么办，接到我们的捐助通知之后，他们很兴奋、很开心，也很感恩。

我们设立助学基金，是希望这些能考上大学，但家里很困难的人，能有机会去上大学。基金最关键的一点是每个学生只帮助一次，我们希望受众面更广。因为学生上了大一之后，他完全可以勤工俭学，比如在学校里面兼职，所以我们只选择帮助第一年上大学中最困难的学生，连续帮助 5 年。目前，我们总共已经帮助了70多名困难大学生上大学。

实际上，2012年我还在紫金上班的时候，就已经在帮助学生了，那是一个布依族姑娘。因为县里有一个摄影家协会，我当时跟协会的人一起出去采风，正好路过她家，她就请大家进去坐一下。当时我们很好奇，就进去看了一下，一看就觉得太可怜了，整个房子塌掉了一半，她父母双亡，奶奶又没有经济能力。那一年，正好她考上大学，同行的人中刚好有一个贞丰县电视台的朋友，我就通过电视台，用自己的工资以匿名的方式捐助了她。当时电视台要采访我，我说不用了。10年了，她一直不知道是谁捐助了她，听说她现在已经到兴义教书去了。

品质尤为重要

说句实在话，创业到现在，除了2014年到2015年刚创业的时候，我没怎么为钱发过愁，为什么呢？因为大家对我的印象都比较好。2016年年底，因为公司要增资，之前的股东都没有增资计划，有个股东也因为2016年年底资金紧张，退出了云图时代，那个时候公司的压力巨大。

我一个很好的朋友叫崔涛，他完全基于对我的信任，二话不说就增资300万进来，否则云图时代在2016年年底可能就没了。2021年年底的时候其实也挺艰难，因为我们一些核算业务的问题，导致资金延迟了很长时间，我靠“刷脸”借了1000万元，连借条都没写，就给人打了个电话，人家就打给我1000万元，我因此度过了一个月的时间。这说明，做生意有时候还是要靠自己长期的信誉积累。

之后，公司一直发展比较顺利。这两年，我也在关注和投资一些新的项目，未来公司的发展需要有更长远的思考，需要适应时代发展的需求，寻求新的机遇与机会，比如停无忧、义派电子商务（“古村乐乐”“黔东农仓”“古村28渡”）都是我投资的企业。

我认为我“成功”的核心有3个方面：第一，选对了赛道；第二，有异于常人的毅力，坚信我做的事情一定是正确的，即坚信这个事情一定能做成；第三，我认为还是跟自己的长期信誉有关系，要发展一个企业，需要很多人的帮助，单靠自己是做不起来的，所以品质尤为重要。我们公司现在投资人其实不多，只有 3 个股东。

在创业的过程中，最重要的还是要找好团队，有了好产品，剩下的就是要找好人。找人就是搭建团队，每个发展阶段要搭建与每个阶段适合的团队。像古村的这个团队，就是我们合作的一家专门做内容的公司，我们后来专门派了一个团队在那边。从发展的角度讲，作为一个创业者，你始终要去探索一些新的方向和发展路线，这是必须要做的。然后，根据市场发展情况，再考虑是否要扩张。不能盲目去扩张，在经济相对来讲并不是那么好的时候，企业很多时候要适应市场经济的规律。

什么叫创始人？创始人就是公司在，人就在。所有的合伙人，股东也好，团队里的人也好，他们可能有一天会离开你，或离开这个公司，但创始人永远离开不了。所以创始人比一些企业的高管、董事长更难当，因为这个公司从 0 到 1 到 N，都是在你手上创立的。在你最鼎盛的时候，当然有很多人跟着你，遇到问题时，别人可以走，但是你走不了，创始人其实不是大家看起来那样很“高大上”，他必须从头到尾都在。

疫情其实是在选择企业家

疫情对市场是有影响的，但这并不是我们不努力的理由，有些企业不好，并不代表所有行业中的企业都不好。一个合格的创业者，就应该克服所有困难，寻求新的机会与机遇，不然与普通人有什么区别呢？换一个角度看，疫情开启了新的时代机遇，也重新筛选了适应新的发展机制的企业，比如电子商务，就是一个高需求的发展风口，都到这时候了还不做电商，要等什么时候呢？比如，疫情期间，我们推出的“县长来直播”项目在贵州赤水市、都匀市落地实施。通过直播的方式，赤水楠竹笋、晒醋和都匀毛尖等，都成为消费者喜爱的山货，共计销售 6.1 万件，销售额达 281 万元。

疫情不是企业发展不好的借口和理由。疫情期间其实也是筛选企业的过程，能够适应这种环境体系的企业就能生存下来。现在线下的实体店，都觉得生意不好做了，这是因为现在是一个移动互联时代，那他们为什么不做电商呢？因为他们没有研

温升的演讲

究线上电商，很多老板不愿意花时间研究，只是觉得自己很辛苦很努力，这种是纯靠拼体力而不是拼脑力。其实这都是他们的借口，不要总觉得自己没文化，人是可以学习的。现在是信息时代，学习资源丰富，只要想学都可以学习的。这是一个信息爆炸时代，对每个人来说它都是一个转折点。

我每天都很忙，忙着开会，忙着见人。早上一来到公司，就开始忙各种事情，时间不知不觉就过去了也没注意，直到晚上该吃饭的时候，突然间发现肚子很饿，这才想起来，好像早饭和中午饭都还没吃。

总部对我们的业绩增长要求很高，我经常会因为业绩增速达不到预期而烦恼，常会思考下一步怎么办。我们的任务几乎每年都是要达到同比百分之几百的增长，每个月的压力非常大，而且必须得完成，完不成任务指标，公司就赚不到利润，无论员工的工资还是公司的运作成本，都很难摊平。

有些客户让我们出方案，我们可能花两三天时间出方案，客户也认可方案好，等到真正要落地项目的时候，又临时反悔找各种理由说不合作了。还有一些客户，我们已经跟进了很长时间，比如两三个月了，他们不说合作，也不说不合作，就是不断地让我们出方案，耗费了我们很多时间，之后只因一个理由，比如今年没预算，就不合作了。遇到这种情况，没办法，那只能重新再寻找新的客户合作，心情肯定比较沉闷。

我们的节奏太快了，每天就是不断奔跑、不断解决问题。互联网公司没有任何时间、空间去矫情，只有快、更快。我不会绕圈子，只思考最快速、最简单、最直接的结果。当你专注于做好一件事情的时候，其他东西都不会去关注。如果一个人有精力去矫情、去纠结，公司不会发展得很好。

相较于其他公司的董事长，我的年龄相对小一点。其实，我很喜欢踢踢球、打打球，以前在学校的时候，我经常都是校队的队长，一场比赛下来都能进几个球。我平时也很喜欢摄影，创业之后越来越忙，就没时间去做这些了。

一转眼，我已从20多岁变成30多岁了。从2015年开始，我的工作节奏就非常快，几乎都没有很好的休息时间。如果有时间，我很希望能够坐下来，闭上眼睛好好休息一下。

Dream Come True in Guiyang

情之所起，业之所归

口述……徐晨寅
整理……奚婧

徐晨寅参加动漫论坛

口述者小传

徐晨寅，多年从事专业动画制作工作。曾经就职于日本GONZO动画株式会社，担任过《海贼王》《名侦探柯南》《JOJO的奇妙冒险》《进击的巨人》《咒术回战》《工作细胞》的分镜及作画监督。28岁时从日本辞职回国，成为一名贵阳女婿，在高新区创立了贵阳谦行映画传媒有限责任公司。该公司长期与日本动漫界合作，参与制作了《火影忍者》《黑色四叶草》《魔卡少女樱：CLEAR CARD篇》《最后流亡-银翼的法姆-》《排球少年》《黑子的篮球》等深受青少年喜爱的动画片。他担任了致公党中央文化委员会委员、贵州省动漫产业协会会长、贵阳市归国华侨联合会副主席、贵阳市政协委员、观山湖区政协委员、致公党贵阳观山湖区副主委等社会职务。

小　引

在位于观山湖区金融城的谦行映画公司我见到了徐晨寅，公司里张贴了很多黑白和彩色的手绘图画，徐晨寅告诉我这是动画片的原画。正是一幅幅的手绘稿构成了我们看到的动画片，每一个简单的动作都需要绘制数十张原画，一段4秒钟的动画就需要90多张原画。如果要完成一部动画片，甚至需要数十万张的手绘原画。我这才知道，原来《名侦探柯南》《海贼王》《火影忍者》等日本知名动画的制作竟然有我们贵州企业的参与。徐晨寅非常谦恭有礼，他用温和的语调和我聊起了来贵阳的经历与感受。

追随优秀女性而来的贵阳女婿

我是因为追随优秀的贵阳女性而来的贵阳，现在成了一名“新贵阳人”。

我出生在江苏无锡，成长于河南郑州。上小学时，每天放学后就赶快冲回家，端坐在小板凳上等着五点半放映的动画片，我想这大概是我们这一代人共同的经历。看的第一个动漫好像是《圣斗士星矢》，后来爱看《灌篮高手》，这大概是我最早的动画启蒙，在不知不觉中就影响了我的一生。

我初高中选择就读的学校就是偏艺术类的。白天是正常的初高中课程，晚上七点半吃过晚饭后到十一点就是艺术课，每天晚上我就练习画画，这样的生活经历了 6 年。因为是男孩嘛，所以对运动类的动画片更感兴趣。我那时候最喜欢的动画片是《灌篮高手》，最喜欢的人物是里面的三井寿。大多数人都觉得爱看动画片的宅男都不爱运动，但其实很多动画片，像《灌篮高手》《排球少年》这类运动类的番剧会对青少年有很大的引导作用。比如我就是因为《灌篮高手》开始爱上篮球，并成为几十年的篮球爱好者的，一直到大学我都在校篮球队。现在每每想起《灌篮高手》中的一些细节，仍旧是激动万分。

我大学报考了四川音乐学院的影视动画专业，于 2007 年至 2014 年先后在日本 GONZO 动画株式会社上海分公司和位于东京的总部工作过。2012 年，因为偶然的工作关系，我认识了一个泼辣能干的贵阳女孩，她叫徐小雯，现在已经成为我的太太了。

当时要做一个中国移动的广告，她做剧本，我负责分镜头。她在北京，我在日本，我们就是靠一个 QQ 号联系。在工作对接的过程中，我们还不曾见面，我就被这个贵阳姑娘给吸引住了，她很独立，有很强大的毅力和意志，也有很多让我敬佩的思路和想法。虽然直到现在都有很多人夸她漂亮，大大的眼睛，标准的鹅蛋脸，说我怎么娶到这么漂亮的贵阳女生，但是在我看来，美貌是她最不值一提的优点。小雯是从中国传媒大学编导专业毕业的，毕业后曾在华谊兄弟公司任总裁助理，后来毅然辞去稳定高薪的工作回了贵阳，在贵州大学旅游与文化产业系任教，教文化产业这门课，后来又先后取得了双硕士学位。无论在生活上还是工作上，我都非常佩服她。因为这份敬佩和爱，我还给自己起了个笔名叫徐小寅，因为她叫徐小雯。这名字我已用了10年，现在喊我徐小寅的人比喊我本名的人还多。

我们有一个贵阳女婿的朋友群，我们一群贵阳女婿中，有教师、律师、公务员等，各行各业的都有，有时会聚在一起吃饭、聊天，我也因此认识了更多的贵阳女性。在我眼里，贵阳女生普遍比较强，这个强不是指强势，而是强大，强大的独立性、强大的意志力和坚韧性。在沿海发达地区，很多女性总是以附属的、柔弱的形象出现，贵阳女性很多都不只是“半边天”，而是能顶大半个天。我太太就是典型的代表，无论是家里还是公司的事，她都顶了大半个天。现在她每周有两天在贵州大学上课，其余时间就是在管理公司的事情。

在贵阳成家后，2015年我的第一个孩子出生，我的父母就办理了提前退休来贵阳帮我带孩子。来贵阳之前，无论是我还是他们，对贵阳的了解都是很少的，觉得这是一个落后的省会城市。在正式来贵阳之前，我父母二人先来旅游了一趟，名为旅游，实际上是先来考察一下。他们来了以后，觉得贵阳并不像想象中那么落后，而且贵阳的天气很好，空气质量也很好。我们一家现在住在观山湖区的金阳新世界小区，这里的小区环境很好，购物、生活和孩子上学都很方便，现在我父母都很习惯和喜欢这里了。

我已经从吃不了辣椒到能吃辣椒了

2012年冬天，和小雯恋爱后，我第一次来到贵阳，这也是我们两人第一次见面。

第一顿饭，她带我去吃的是生鸡血，鲜红的鸡血凝固后，用快刀切成片，撒入味精、酱油、醋、花椒粉、葱、姜、蒜、辣椒面等调料，再放上芫荽做点缀。虽然看起来色泽艳丽，但我一口也没敢吃，直到现在还心有余悸。不过，其他的贵阳小吃我都还很喜欢，丝娃娃、但家香酥鸭等都非常好吃。后来回国后，我和太太在新路口贵州电脑城后面住过两年。那一带有很多好吃的，兴隆街的豆豆甜品，瑞金路上的牛肉粉都是我们经常光顾的地方。电脑城对面的青云路夜市更是以五花八门的美食彻底征服了我的胃，夏日夜风徐徐，一大把烤得滋滋作响的竹签烤肉，我爱就着啤酒吃，我太太则偏爱水果豆花和酸梅汤。我是江苏人，从小习惯的是清淡的饮食，但来到贵阳这么几年，我已经从吃不了辣椒到能吃辣椒了。

第一次来贵阳，我最大的感受是贵阳的云很低，看得见云在低空飘动。在贵州境内行走，满眼都是山，我觉得放眼望去到处是美景，拿着相机走到哪里都在拍。

因为工作很忙，第一次来贵阳仅仅待了两天我就回日本了。蜗居在东京不足30平方米的出租屋里，我无比怀念这个贵阳姑娘和贵阳清新的空气。日本是一个等级制度非常森严的国家，我看得到它通过一步步努力最终达到的高度，也看得到其中的漫长和艰辛。

而在贵州，ACG（A为动画、C为漫画、G为游戏）产业基本上是空白的状态。小雯从华谊兄弟公司辞职回来后，受到外面文化产业的浸染，她发现尽管贵州有着深厚的民族文化，但文化产业却比较薄弱。在她的理解中，文化产业绝非书本上的照本宣科。在她看来，贵州有太多的文化内涵可以发掘，她说："我更想自己能做一番具有贵州特色的代表性事业，而不是成为北京的十佳或十大公司之类。"

我太太就是这样一个人，凡事要做唯一而不是之一，她希望在自己熟悉的领域，能做成贵阳的一张名片。所以2014年我就从日本辞职回来，我们两人组建了家庭，也一起成立了贵阳君子谦行科技传媒有限责任公司。公司之所以取名为“谦行”，就是始终秉承“谦节励行、笔耕不辍，做梦想的织梦人”的理念，期望在将来能为更多的孩子们创造梦的世界。

创业与发展

创业，讲究天时、地利、人和，强调创新、开放、包容。

在过去，贵阳并不是一个十分适合创业的城市。但近年来，随着创新驱动、大数据等战略的实施，这里的创业土壤变得肥沃而松软，越来越多的企业开始在这里开枝散叶。我们谦行公司的创立，填补了贵阳在手绘二维动画产业上的空白，创立之初就成为行业内先进前沿的代表，直到现在在整个西南地区，都是佼佼者。

2014 年我们公司成立之初，高新区给了我们很大的支持和帮助。政府在政策上给予了我们指导和支持，第一年还给我们房租全部减免，第二年房租减半的扶持，极大地减轻了我心理上和经济上的负担。时任贵阳市委书记陈刚曾带队到谦行公司调研，鼓励谦行公司砥砺前行，推动贵州动漫产业发展，实现动漫与国学文化相结合。2019 年 5 月，时任贵州省委副书记、省长谌贻琴，时任贵州省委常委、贵阳市委书记赵德明一行到谦行映画调研指导，激励我公司充分发挥自身优势，促进文化交流，让贵州动漫产业的发展走出去，让贵州动漫产业争取获得更大创新成果。文化部文化市场司副司长，中国动漫集团有限公司党委书记、董事长庹祖海一行也曾莅临贵阳参观指导，鼓励谦行映画继续努力，以动漫为表现方式，传承中华优秀传统文化。这些领导的指导和关怀让我们一直秉承着专业的动画技术和专注的工作态度，在动画这个行业砥砺前行。

公司成立之初，大概 95% 的业务是给日本动画公司做加工服务。我公司担当过《火影忍者》《名侦探柯南：沉默的 15 分钟》《名侦探柯南：第 11 个前锋》《名侦探柯南：业火的向日葵》《名侦探柯南：零的执行人》《名侦探柯南：绀青之拳》等的分镜、作画监督、原画等相关工作。

我们也一直努力想要打造国内的动画产业基地，所以逐渐参与到一些国番的制作中。我公司为腾讯影视知名网剧《大宋北斗司》绘制了特效分镜，陆续参与了游卡桌游《三国杀》官方手游动画人物设定及三周年动画制作、《鹿鼎记》官方手游动画人物设定及 OP 动画制作、网易手游《机动都市阿尔法》二维特效动画制作等。2018 年以后，国内的业务逐步上升到公司总业务的 40% 以上。

做中国的动画

2014 年 3 月 7 日，习近平总书记参加十二届全国人大二次会议贵州代表团审议时提出："王阳明曾在贵州参学悟道，贵州在弘扬传统文化方面有独特优势，希望继续深入探索、深入挖掘，创造出新的经验。"

王阳明悟出的"知行合一"学说，正是贵州的文化精神。所以我们收集到了很多关于王阳明先生的故事，在网上查阅了很多资料后，便萌发了创作《阳明先生传奇》这部原创动画的想法。动画片里的王阳明不单单是一个"圣人"，更应该是一个具有故事性的真人。为了了解王阳明，我们找来相关书籍"充电"，自己搭建了动画框架，完成人物设定和脚本。2017 年 11 月，这部名为《阳明先生传奇》的动画样片在乐视网上引起关注，首日便有40多万人次的浏览量，后来浏览量超过1250万人次，这是我们公司做的第一部动画片。

我们计划制作的《阳明先生传奇》动画片，是一部大型国学文化教育题材动画片，长达60集，旨在向青少年传播“知行合一”的国学文化精神。《阳明先生传奇》的演出及作画监督是粟井重纪老师，他曾经与庵野秀明老师合作过，多年来参与过上百部动画的制作，绘制的分镜和动作生动流畅，是一位43年来持续战斗在第一线的大师。

我们查找了很多资料，发现王阳明和唐伯虎年龄只相差3岁，他们曾参加过同一次科举考试。作为同一时代的两个优秀人物，都生活在江浙一带，我大胆地设定他们之间一定是有交集的。为此我也请教了顾久先生等学者，确定了他们确实是同一时代年龄相仿的人。所以我们在片中给他们二人设立了很多故事。这部动画片以年轻人喜爱的元素为根本，无论是角色的形象还是情节的设定都更贴合年轻人的喜好。王阳明的形象是风度翩翩、非常俊朗的。现在年轻人不喜欢说教式的动画，所以我们着重讲王阳明平定南赣、两广盗乱及宸濠之乱等，龙场悟道部分我们并不着重讲，而是让观众自己去体会，以自己的想法去感受阳明先生的心学智慧。我们希望继续创作下去，最后可以呈现给大家一部具有文化底蕴和文化创意的完整动画片。

2019年，我公司参与了中央广播电视总台为了纪念中国人民抗日战争暨世界反法西斯战争胜利75周年制作的大型抗战纪录片《他们与天地永存》，我们全程负责手绘动画工作。该片选取左权、杨靖宇、赵一曼、张自忠、戴安澜等16位人物和四行仓库八百壮士、新四军刘老庄连82烈士等集体，展现了他们在危急关头，为了民族独立而英勇付出鲜血甚至生命的高尚情怀。我们公司通过动画的形式真实还原了抗战英雄的生动形象，还原了抗战历史的底色。该片共5集，每集50分钟，每集大概有1/4都是动画制作。该片于2020年9月1日起每晚8点在央视纪录频道连续播出，获得很多观众的喜爱和好评。该片入选国家广播电视总局爱国主义题材纪录片、动画片推荐项目，并获国家广电总局2020年度优秀国产纪录片“优秀理论文献片”奖项。谦行映画成为贵州首家参与央视动画片制作的单位。

别因为走得太远，而忘记为什么出发

在贵阳的几年里，我收获了幸福美满的家庭，3个可爱的孩子——两个女孩和一个男孩，最大的7岁，最小的4岁。他们分别就读于贵阳新世界的小学和幼儿园。像所有的孩子一样，我的孩子们也爱看动画片。我觉得不能把连自己都不喜欢、不了解的动画片拿给孩子看。动画片应该不仅仅是简单地取悦观众或供其消遣时光，而应该有教育意义，这样孩子们才能分辨什么是美好的，什么是丑恶的。有些动画片是不适合给孩子看的，比如含有腹黑、腐女等内容的动画片，所以我给他们把动画片做了个分类，有些是两岁能看的，像《龙猫》之类的4岁以后可以慢慢去看，6岁以后可以看《魔女宅急便》《天空之城》等，我的这个动画片分类很受欢迎，很多朋友拿优盘来拷贝。

在孩子的教育上，我的想法是："鸡娃不如鸡自己。"有些家长对孩子说："我这一辈子就这样了，这辈子就看你了。"这不是摆烂吗，家长每天打麻将等，却让自己的孩子去努力，这肯定是不行的。贵阳的教育资源和沿海发达地区相比本来就有差距，首先要教育孩子从小养成好的学习习惯，好的习惯养成了，那他以后肯定能走好自己的路。对家长来说，“鸡”娃不如“鸡”自己。自己努力“鸡”到一个高阶层，孩子自然也可以更好了。

回忆自己一路走来的文创之路，我总是想说一句话：“别因为走得太远，而忘记为什么出发。”年轻人不能忘记初衷。

在日本学习和工作的几年时间里，我深深感悟到，发展文化产业对于一个国家的长远发展来说非常重要，并且能够提炼和升华民族精神。日本的动画产业非常发达，其文化产业和底蕴不用多说，很多传统文化也以年轻人可以接受的方式进行传播。我成立了自己的动画公司谦行映画公司，就是希望通过自己的努力，创作在中国有影响力的原创动漫和动画，也希望更多国内有文化创意的创作者能够走到一起，努力为中国的动画、漫画行业创作出更多能代表中国、走向世界的原创作品，真正把中国制造变成中国创造。

回顾自己走过的动画行业之路，虽然工作上已经积累了一些经验和成就，但未来要做的事情任重而道远，我不会忘记自己的初心——推广文化产业和文化创意，让中国也能成为动画、漫画的产地，为更多热爱创作的人们提供更多的发展平台。虽然公司的主创人员大多是中国人，但是动画的基础工作有一部分是由日本同事完成，希望以后能够培养出更多合格的动画人才，争取做到全部由中国人独立完成，给更多的文化创作者提供工作的机会，真正振兴中国文化产业。

2019 年 1 月，我们谦行映画组织了 12 名贵州省优秀的青少年漫画家赴日见学，期间重点访问了制作《名侦探柯南》《鲁邦三世》的日本电信动画株式会社，它成立于 1975 年，具有数十年动画制作经验，培育出了宫崎骏、高畑勋等数名影响了动画界一代人的动画巨匠。贵州的青少年漫画家们接受了一线动画大师的指导，领略了大师的创作风采。

有小学员说："为我们授课的老师特别厉害，给我们讲了动画制作的流程、每一个流程的重点和动画从业人员的基本要求，我在练习的时候一直搞不明白也说不出来的纠结点，听完他的课一下就懂了。"此次旅程途经伏见稻荷大社、金阁寺、浅草寺等著名日本文化胜地，并抵达动画大师宫崎骏的工作室所在地"三鹰之森吉卜力美术馆"参观，学习日本资深动画巨匠的匠心精神。这次中日动漫文化交流之旅，让中国青少年漫画家的作品走出了国门，向日本的青少年漫画家们展示了中国漫画的发展水平与文化精髓。通过游览体验、研习互动等活动，贵州青少年漫画家开阔了眼界，展现了自我，在交流互动中提升了自己，同时也获得了日本动漫界的高度评价。

让贵州的青少年漫画家获得提升自我的机会

现在大学里也有开设动画专业，但能学到的实践技能不多。为了促进贵州动漫人才培养工作，推动贵州高校学生实践教育，我们谦行映画于 2020 年开始开展校企合作，与贵州民族大学人文科技学院合作办学，计划在 5 年内，通过跨国海内外合作共同培养超过 1000 名漫画人才。校企合作后，我们谦行映画在寒暑假期间给贵州人文科技学院的动画专业本科生免费讲课，主要目的是让同学们能够更早地接触动画行业一线，以提升对未来的工作内容和方向的理解，树立良好的职业导向，提升专业技能。每学期换一批学生，这两年已经带了 100 多人了。

上一期是在 2021 年 12 月 28 日至 2022 年 1 月 26 日，来自贵阳人文科技学院、贵州师范大学、贵州大学及贵阳市第一中学的20余名学生参加了见习实践教学，同学们从人体动态速写、动画中割、动画仕上、场景透视、场景构图等方面接受了老师们更为专业化的指导，此次教学活动并以《国王排名》《哆啦A梦》等实际工作内容作为教学案例，以行业标准来要求各位同学，让同学们更早适应和了解商业动画的生产与制作方式。现在暑假班的同学们正在上课，我们谦行映画将一如既往地为贵州动漫企业及动漫爱好者提供长久的服务。此外，我们还在每个周六开展亲子公益讲座，让更多的孩子和年轻人了解动画片制作，增强他们对动画的兴趣。这几年下来，覆盖人群达到了2000人。

这些年我们做了几场大型的漫展。2021年6月，我组织了主题为“次元无极，与我畅玩”G1漫展，设有动漫大咖分享会、声优见面会、动漫之星大赛、宅舞大赛、舞台剧展演、自由舞台、创意集市等多个模块。之所以举办漫展，是希望通过漫展这种青少年喜闻乐见的形式，让孩子们参与到美育的过程中来，潜移默化地提升孩子们的文学素养，以美育德，以德促美，提高艺术素养，培养审美情操，让孩子们不断发现美、鉴赏美、创造美，也能更好地遴选及培养少年艺术人才，助推贵州本土动漫艺术创作新星的成长。

6月18日开展当天，吸引了众多动漫爱好者和想要了解动漫文化的人们观展。我们原计划两天能有1万的人流量，没想到仅仅开展几小时就有两万七千多人参观，还有人专程从成都、重庆等地赶来。当天展厅里面一个小小的饮食摊位，短短7小时就有近3万元的营业收入，花果园商圈的奶茶店、咖啡店等全部爆满。我们为了这次活动筹备了几个月，但是现场超出我们预想几倍的观展人数，这是我们未曾预料到的。

中国动漫正处于发展的黄金期，我希望以后通过更多跨国研学、实地教学等活动，让贵州的青少年漫画家获得提升自我的机会，也为中国未来的动漫创作者提供更多宝贵的学习和实践机会。

努力让贵阳动漫作品走向世界

你知道熊本熊吧？这是日本熊本县营业部长兼幸福部长、熊本县地方吉祥物。

日本南部的熊本县一直以来就是一个以农业为主的城镇，

中日动漫文化之旅

与其他同类型的城镇一样没有什么十分独特的东西，来到九州的旅客一般都会选择去长崎、鹿儿岛等地。熊本熊最初的设计目的是以吉祥物的身份，为熊本县带来更多的观光以及其他附加收入，并在2011年被授予熊本县营业部长兼幸福部长，成为日本第一位吉祥物公务员。在振兴熊本县经济、宣传熊本县名气的同时，熊本熊依靠自身呆萌的形象、独特的授权运营方式，在日本本国及本国以外获得了超乎想象的欢迎，成为在世界上拥有极高人气的吉祥物。

如果没有熊本熊，估计没有多少人知道也没有多少人愿意来到这个看起来没什么特色的熊本县。从 2011 年开始算，熊本熊出道仅 4 年带来的观光旅游效益已经超过 2000 亿日元。除了熊本县当地，它也带动了整个九州的旅游产业，而这只是旅游方面。在如玩具公仔、钥匙扣、各种纪念品、小玩意上，甚至在零食、饮料、家居用品、火车、飞机上都能够看到这只熊的身影。据统计，目前累计售出的熊本熊相关产品就达到了 2 万件，授权收益与日俱增。这是动画 IP 赋能经济的一个非常成功的代表。

贵州不仅有秀丽的风景，还有各种瑰丽的民族文化。其实我们这些年也尝试做了一些形象设计，比如 2019 年开发虚拟偶像小阿莎，致力于倡导民族团结。小阿莎于 2020 年担任贵阳市“纪念中国致公党成立 95 周年大会”的主持人，以活泼亲和的形象迅速征服了与会领导与在场观众，并被贵阳市观山湖区民宗局聘为民族亲善大使。

我这些年总在思考，怎么样才能把贵州的一些场景和元素植入动画片中。贵州有丰富多彩的民族文化，有句我们经常说的话：“民族的就是世界的。”民族文化不仅仅是人家到贵州来，今天看了苗寨的风雨桥，明天再去岜沙看打枪，看看这些民族过去是怎么生活的，我觉得可以把这些元素融入更先进的、更现代的技术手段里，比如服装、动画、影视等方面，有更加多元的展示方式。

举个例子，我们小时候知道了十二星座，其实我们并没有想要去深挖希腊文化，但我们看了《圣斗士星矢》，就知道了黄金十二宫、天马座、射手座等，还知道了每个星座象征什么。贵州有一些神秘的村落，还有“巫蛊”等神秘的传说，如果能像熊本熊一样植入动画片中，植入多元化的各方面，不但能带动贵州的旅游产业，而且对贵州形象和文化传播都能起到很大的作用。因为人类本身就有好奇心，利用人类的好奇心去深度地挖掘它，让更多的人对贵州文化感兴趣，做成更方便、更容易被人喜爱和接受的形式，才能真正地保护和传承民族文化。现在很多年轻人非常喜爱二次元文化，国内很多城市都把动漫作为新的产业增长点，贵州动漫产业的发展基础相对薄弱，要结合自身优势，重视区位差异化发展，多听取年轻人的意见、诉求，通过对国内外竞争环境的科学分析，合理调节区内资源配置，创作更多年轻人喜闻乐见的作品。

2022 年的政协第十三届贵阳市委员会第一次会议，我有幸参加了。会议上，贵阳市人民政府工作报告主题鲜明、站位高，我也深深被贵州的发展速度所震撼。同时，报告也指出，以“数字活市”和“人才兴市”为目标，“强省会”为抓手，共同促进贵州高质量发展。作为一名委员，我将一如既往地坚定围绕“强省会”，发挥自身专业优势、资源优势以及行业优势，增强文化自信，积极投身贵州动漫产业发展的主战场，用青少年喜闻乐见的方式，把年轻人紧紧团结在中国共产党的周围，为贵州的文化产业高速发展贡献自己的微薄之力，脚踏实地，一步步搭建贵阳的动画人才库，努力让贵阳动漫作品走向世界。

Dream Come True in Guiyang

为什么到修文来投资呢？

口述……唐孝驹

整理……田不悔

唐孝驹

口述者小传

唐孝驹，男，1967年1月生，四川省开江县人，大学本科学历，工业与民用建筑专业。修文县知名企业家、收藏家。1988年7月参加工作，2012年12月加入中国国民党革命委员会。

1988年7月，唐孝驹任忠县建筑工程公司项目负责人。1995年12月，任忠县白水泥厂基建科长。1996年7月，任忠县建筑工程公司第四分公司经理。2005年12月，任重庆市唐扬房地产开发有限公司董事长。2013年8月，任贵州信息工程职业技术学校、贵州唐扬房地产开发有限公司董事长。2018年7月，任北大新世纪贵阳实验学校董事长。现任重庆市唐扬房地产开发有限公司、贵州唐扬房地产开发有限公司、北大新世纪贵阳实验学校、贵州信息工程职业技术学校、贵州龙岗实验学校董事长。

撰写《招好商、招优商建立招商引资企业退出机制》等20篇提案被忠县政协立案，《打造全民诚信社会》等多篇有关社情民意的文章被相关部门采用。曾获“优秀民营企业家”“修文县第四届诚实守信道德模范”“贵阳市第五届诚实守信道德模范”等表彰。在民用与工业建筑方面有一定的研究和实际操作经验。

小 引

接到采访唐孝驹的任务，看了他的简历，我心里犯嘀咕，一个搞地产开发的老总，和我八竿子打不着，要完成这项工作，恐怕不易。很巧，第二天我到修文县文联办事，在文联的办公室就遇到了唐孝驹。其实，此前我和唐先生是见过面的，但只是打过照面。经介绍，我们就算真正认识了。唐先生十分热情，说采不采访无所谓，先交个朋友，有空到他办公室喝茶。

唐孝驹的办公室在修文县栖凤大道公园天街内。进入他的办公室，要先经过公司的大办公区，这些办公室装修极简，甚至有些寒酸。进入他的办公室却是另一番天地，仿佛进入了桃花源。他的办公室装修并不豪华，但绝对厚重，墙上挂着很多幅自宋代以来历史上著名的书画家的作品。虽然我对收藏艺术一无所知，但它们还是硬生生将我的视线吸引了过去。

第一次造访，刚进办公室，便有人报有急事处理，他将我交给其夫人接待。从其夫人口中，我对唐孝驹有了较为感性的认识。他夫人说，不管是生活、工作或是生意上但凡有烦恼，她都会陪先生到学校的操场上走走，看看自己投资的学校，听那些学子的琅琅书声，看学校里的青春洋溢，然后眼里就全是希望，所有的困难、烦恼皆如天边云霞，快速散去。这个场景实在是动人，像电影画面一样呈现在我的眼前。从这个描述里，我们不仅可以看到作为投资人的唐孝驹在看到自己潜心经营的学校时的欣喜，也看到了他拥有一份幸福的爱情，一个有温度的家，以及家人对他事业的支持。

第二次去拜访，他在办公室煮了茶和我聊天。我们相谈甚欢，他从投资修文的缘起，到投资中遇到的人与事，再聊到他生意的起步、在经营中追求的诚信价值，以及办学管理的理念，再聊到家风影响、他的收藏，等等。他的语速不急不缓，一直都风轻云淡。他没有我想象中商人的那种世俗，相反，他身上散发出一种中国传统文化人的优雅与朴质，在聊到中国传统文化与收藏艺术时，他说他仿佛从中找到了一种中华民族的根与魂，值得他花很大的精力去做这件事。他在修文建了一个个人收藏的书画博物馆，意在向普罗大众展示中华传统文化之美。他在收藏艺术过程中，收获颇丰，这个收获不是指经济价值，而是指文化营养。他说，他十分乐意将他在此中所获取的养分，运用到投资办学的理念中去。

我突然觉得，这不是在跟一个企业家对话，而是在跟一个文化学者对话。这完全超乎我此前的认知。从他的谈话里，我看到一个有情怀的投资人，将他主要的精力甚至是全部的资产投向了修文的教育事业，这份勇气让人敬佩。在和他聊天的这两小时中，他给我一种完全值得信赖的感觉。我的两次造访，都是在他私人厨房里用饭，单从这一点来说，也可证明他是一个朴质和值得信赖的人。但愿我没有吃人嘴软之嫌。

气候跟重庆比简直是天壤之别

2013 年 4 月下旬，贵州省人民政府在重庆市招商引资，当时经贵州省副省长慕德贵跟我们重庆市市长黄奇帆商量，重庆市选了 200 多家企业，我家就是其中之一。开会之后，我就把贵州省招商引资的资料全部看了一遍，然后就逐个地考察，当时至少考察了 2/3 的县市，通过综合对比、综合判断和综合分析，最后确定在修文投资。

为什么到修文来投资呢？有几个条件：第一是地理位置比较优越。因为隔贵阳市市区很近，说是个县，它其实就在贵阳市市区周边一点。第二是气候好。这里的气候跟重庆比简直是天壤之别，重庆热天热得不得了，这儿一年四季都比较适合人居住，冬天再冷也不是很冷。第三就是交通方面，毕竟是在省会城市嘛，有高速公路、铁路，还包括当时正在规划的一些路线。

最主要的原因是我选择教育这一块——职校。当时修文比较迫切地需要一所职校。虽然当时这里有一所，但这个职校办得一般，关键是场地很小，也无法招生。另外就是我了解到，修文的教育水平跟发达地区或者跟重庆比，还是相对比较落后的，特别是初中毕业的学生成绩普遍偏低，很多学生要想上大学或者做更好的学术研究，那是不现实的。所以我们办职校，就是希望能够满足这一部分学生学习和求知的愿望和目的。如果这些学生能读职校，虽然他不能搞科研、不能搞教育，但他至少有一技之长，这对他整个的人生、就业的方向啊，应该能起到一个帮助的作用。因为如果我们真正把一个中职生教好了，还是很有作为的。学生毕业后可以直接上班，直接做他所喜欢的也能够做的事情。这种人以后创业成功的概率比较大，因为一旦上班的话，他实践经验多了嘛，在这个行业熟悉以后他可以创业，也可以给企业或者他的老板的发展带来好处。我便是出于这种目的来的。

再加上我是从事房地产建筑行业的——我学的工民建，因为房地产毕竟不是能够长久快速增长的，它有一个度，到一定的时候，整个市场饱和，我们的住宅全部发展差不多了，大家都饱和了，这个行业就会慢慢地收缩，所以我就想通过我这几十年的原始积累，有这个机会能够办学，能够做点事。现在这

施工现场的唐孝驹

点钱还能够修个学校，如果等 10 年、20 年后，整个货币贬值之后，这点钱就做不成事了，我也办不成学校了。当时是与县委副书记黄永辉谈的，由于我的这种办学目的，我们谈得很顺利、很快，他也很务实，我们谈了 3 次就把它谈好了。

8 月 7 日就签约了。签约后，我们就开始征地、动工，做拆迁这块工作。签约过后，县里就成立了一个专班，贵州信息工程职业技术学校职校建设指挥部，指挥长就是黄永辉，当时遇到任何困难，只要跟他汇报，都可以及时地解决。所以整个前期做起来还是很顺利，也很快。

当时做出来修文投资职校这个决定的时候，我还是有一点顾虑的，特别是朋友圈，因为办教育，是个大投入、低回报的行业。真的！从经商的角度或者市场经济的角度来看，它的回报率几乎为零。当然，从商人的角度或者说商业运作的角度来看，投入、产出是不成正比的，但是作为人，到我们这个年龄，随着年龄的增长，对财富和价值的认识就会改变。我觉得成功的时候能够做点事，能够给教育做点事，是一件让人很欣慰的事情，也是人生价值的一种体现。钱或多或少，对人的一生来说，不外乎就是一顿吃那点饭，晚上就睡一张床。穿衣服方面，你不可能每天都买衣服。所以说有那点结余的钱，做点有实际意义的事，我觉得是很值得的。我做出这个决定呢，当时我想的就是算我这几十年没赚这点钱而已。

我不但要做职校，还要配套做一些商业开发。这个地段当时很偏，我想通过商业开发，反哺到我的学校里面来。我配套的商业有很多东西，这些商业都没卖，我原先在重庆开发的那些商业都没卖，没卖的原因是万一学校一旦办不了的话，商业的收益就我拿来帮扶学校，以支持学校能够长久办下去。这是我的要求，今后他们都要这么做。办这个学校我也不敢肯定能成功，毕竟我们所有的投资、所有的运转都是靠我们自己投入，资金也是我们自己找的，因为财政也不拨钱，所以我们要做很多的准备，那不是闹着玩的，万一资金断了怎么办呢？所以我每年都会把商业的收入拿进来，这样哪怕学校再困难我都能把它撑下去。

有朋友说我是“疯子”，为什么？他说我几十年好不容易赚点钱，要全部砸在学校，政府办的学校都不一定能办得好，更别说我一个民办的。从纯粹商业的角度来看，他不理解。肯定任何人都不理解，他觉得我这个钱砸进去，不可能有收入，我们也没想它有收入，要收入来做啥子？我就是要拿赚的那点钱来办学校，就是拿来办这点事情，如果我想要收入我就做我的老本业了。我本业整个的收入度和利润度，包括各方面，教育和它肯定是没有可比性的。大家都知道，教育投入大，像我们现在学生没招满之前，运行期间回收基本上都是亏损的，莫说还想把本钱收回来。所以我跟学校班子说，有这种来之不易的平台，你们要珍惜。真正要是从商业角度来说的话，我说我们要想收回成本，50 年，100 年也收不回来。像这样一说，学校班子，包括校长他们都很感动，都说怎么都要把这个学校办好。我说你们不办好，你不是对不起我，你是对不起所有支持我们的人，它是修文人的希望。因为修文原来没有职校，读个职校要跑很远去读，但现在我们有 4000 多个学生了。

包括北大新世纪（北大新世纪贵阳实验学校）也一样，北大新世纪是怎么来的呢？是我们在建设职校过程中，发现修文基础教育，包括义务教育阶段，整个的教育水平还是有待提高，这里初中毕业 200 多分都能够上招生线，我们重庆初中毕业是 550 多分上招生线，相差一倍多，所以通过我们的调研，社会上的大众也希望建设这种优秀品质的学校，因为之前好的学生或者有条件的都跑到贵阳或更远的地方去了。如果修文有那么一所好的学校，就在修文读，一个是为家长减轻一点负担，也节约他们的时间；二是学生也就不用往贵阳跑了。所以我们是在这种情况下，跟县里面当时分管教育的副县长左军做了汇报，他说可以啊，当时就拍板了，我们报告一打，通过研究，马上就筹备北大新世纪的工作。

后来我就跟北京大学谈判，把他们的教育理念引过来。为什么叫北大新世纪，是因为北大新世纪是北大的三个校产之一，三个校产即北大新世纪、北大培文、北大青鸟。清镇有个培文，就是这么来的。北大新世纪通过这 3 年多来的发展，整体还是不错的，当然，要达到我们的预期目标还有很远的距离，还有很多的路要走。但我想通过县委、县政府，包括社会各界的大力支持，今后达到预期的目标。

在修文我也结交了很多朋友

在项目建设的过程中，无论是建学校也好，还是做地产商业也好，坎还是有的，任何一个事情做下来，都会遇到很多困难的，特别是我们作为外地人，对当地的人文啊，对一些部门的思维或者是理解度啊，还是不理解、不适应，特别是与这边的这种办事效率、在对政策的理解上，还是有差别。有些事有时候我们想来很简单，比如说党政办、其他办事的部门，他的理解和对法律的认知度不一样，办起事来还是相对困难，特别是当时我们这边很偏僻，要提供安置房，当时拆迁安置量很大，我们搞不清楚这边的安置政策，结果搞下来比重庆、北京、上海的条件还要高，所以说我们的安置成本很高，我们 9 号楼一栋都不够安置，10 号楼还安置了一些。光是安置这一块，包括过渡费、人力等总共花了五六千万元，当时这个钱对我们来说，一是资金压力确实很大，二是在办事的速度、办事情的各方面还是有点影响。

政府管理和市场经济是一对矛盾。但它不是哪一个人的问题，它是整个思想观念、各方面整体的问题，有待更进一步地开放、解放，更进一步地认识，县政府目前来说好得多了。修文的人很朴实，在为人啊各方面都没什么问题。在修文我结交了很多朋友，有很多还是知心朋友，包括政界、教育界等社会各界都有。

政府与市场双方往往会存在着矛盾。我觉得这些就是我们现在需要改革的痛点。我不说沿海嘛，就是贵州和重庆比，它还是有一定的距离的。

来修文 9 年了，我认为，至少我们县委、县政府对整个修文的发展是非常重视的。要是他们没有这种包容和发展的思想，我们都不可能签约，他们的教育理念、对教育发展品质的要求都很好，很多职能部门、很多领导，对我们的项目也好，对修文的教育也好，还是很关心、支持的，特别是我们联系的教育部门，从上到下，对我们一直都很支持，县委、县政府更不用说，县委书记也好，县长也好，分管县长也好，也都是大力支持。特别是永辉书记，一般的事情，任何时候，你只要找到他，半个小时之内他都会给你答复，有些时候他马上打电话喊来相关职能部门开会，能够处理的马上就处理。像朱荣，县教育局的副局长，他主要负责联系我们这一块，不管任何事情、任何时候，找到他，他都没有一点怨言，都竭尽所能。其实有些时候不是他的事情，他都尽量帮忙协调，有啥事我找到他，他都会去帮我协调。有的事跟他的工作一点关系都没有，就是我们朋友之间的一点感情，当然他也是对修文的发展尽他的责任。我们的项目问题，他就觉得他有义务要给我们解决，到处协调，就给我解决了。我们原来是单纯的工作关系，现在就是工作加朋友的这种关系。我们修文县的王世利，现在的修文县人大常委会主任，自始至终，任何事情，你找到他了，也没有一点推托，没有一点怨言，能够立马协调就协调，能够处理的就立马处理。原来他在政协当主席的时候，在政协这一块，他仅仅只能协调，但是他尽他的所能，帮助我们解决问题。我刚来修文这边时我和他都不相识，因为对他来说，我们的工作他可管可不管，为什么他这么用心做那些事呢？他还是希望我们在修文把这个工作做好，把这个教育办好。因为教育办好了，对整个修文的发展，包括对人才的培育，都是好事。一个地方的教育发展程度，对当地整个的社会发展和经济发展来说，是起决定性作用的。所以说很多的领导、很多的朋友都看到了这一点。总体来说，各方面，绝大多数人，对我们的项目、对整个工作、对我们的教育都是大力支持和帮助的。这些都让我很感动！

我胜似修文人

修文的人文环境、人居环境还是不错的！特别是王阳明先生，最近中央，包括习近平总书记对阳明文化也很推崇。我觉得阳明文化在修文是深入人心的，总的来说，修文人的素质等各方面还是不错的。当然，任何地方，再发达的地区，都有个别的人，包括在对修文的发展、对我们项目的支持和理解上，还有那么一些杂音，这很正常。

总体说来，修文的这种营商环境、大方向是值得肯定的。修文现在的发展，特别是我们的营商环境在逐步改善了，我对我们修文的发展是很抱有希望的。

凡是外地朋友来，包括我们民革中央委员，只要到修文来，我就把他推荐到阳明文化园去走一走、看一看。去走一下我们阳明先生当年的足迹，看一下他是怎么走到修文来的，他是怎样在那么恶劣、极端的气候环境和政治因素下承受下来的。我觉得王阳明先生的精神值得我们去学习和深思。我们现在的条件比那个时候好千万倍，他在那么艰苦的条件下都能生存下来，我们哪怕再困难也应该可以生存下来，不但要生存下来，还要尽量把本职工作做好。当时我们遇到很多困难，我想不开的时候，一想到他老先生连吃住都没地方，那么困难都活下来了，我们现在再困难也没有他那么困难嘛。再加上有政府、各个部门、好朋友、领导们关心你、支持你，困难肯定是一时的，总能够翻过这些坎和克服那些困难的。

和阳明先生相比，我们有一些相通的地方，也有很大的不同。王阳明当时来的时候，连驿站都垮掉了。因为他来之前根本找不到修文在何地，搞不清修文发达与否，他是没办法，别无选择而来，所以他来时的困难，比我们现在的困难多得多。他到这里的时候连住的地方都没有，还是自己搭了个草棚安身。但我们现在来是主动来，是根据招商需求和我们企业本身的发展，以及是我想做的事这样一个目的到修文来的。我们感受到的更多的是支持，当然，我们也有困难，但是我们的困难与王阳明当时的困难是有本质区别的。我们的困难是在想把它做好或者做圆满之前，中途遇到的一些困难，这些困难是可以克服的，也是可以沟通的、可以解决的。所以我们这些困难呢，跟王阳明没有可比性。还有一样不同，当时他遇到困难了，退一万步来讲，他还可以离开这个地方，而我们遇到一些困难，现在是离不开这个地方的。

我把我所有的钱，所有的积累，所有的家底全部拿到修文来了，现在我们是没有退路了的，不管北京、上海、重庆再好，我也不能走了，也不能去了（笑）。王阳明先生要是条件改善了，政治环境改善了，他立马可以走，但我是走不了的，我们生根在这儿了。所以我跟我们学校的班子讲，我不是修文人，我胜似修文人。不但我是修文人，我的子子孙孙都是修文人，我跟我几个小孩子说，修文这个地方是你们以后永远迈不过的一个地方，也是你们永久牵挂的一个地方，或者是你们关心、与你们有干系的地方。对他们来说，这里就是他们的家乡了。

全社会都是朋友，多好

在营商的这么多年中，我得到了社会各界的认可，也得到过各种奖项，其中包括“优秀民营企业家”、“知行模范•感动修文”人物，甚至包括国家工商总局的“守合同重信用”等这些称号。这些东西是我通过自己的努力以及尽量尽到我应尽的责任和义务获得的，这些东西是我一生最大的财富，也是我人生价值的一个体现。我对诚信这一块是看得相当重的，有时候利益和诚信、生命和诚信之间，我肯定把诚信放在前头。

一个人失去诚信，就无法在社会生存，也无法在圈内做任何事情。从诚信的角度来说，我经常跟我们的老师和学生说，一个人真正诚信了，他所取得的回报和收获远远大于你的付出。因为一旦诚信了，任何情况下别人都相信你，做任何事情你的成本更低。从经济角度来算，越诚信你取得的利益越多，所以我把诚信看得很重，我做任何事，说到我就必须做到。我现在对财务也是这么要求的，我经常跟他们说，你们要详细看看合同规定，该付款的就必须付出去，因为等别人打电话要钱你再付，这个时候你已经不诚信了。真正的诚信是我们说到做到，不用别人来提醒，那样才叫诚信，我打电话你才给我，或你打电话了我马上给你，那么你本身就已经违约了。有些人觉得，反正我该给的钱我给你了就叫诚信，其实不是那么回事。

从下海以来，我做任何事，我买任何材料，我先不给钱，对方把东西给我拿来后，我对质量、数量进行检查没有问题了，我就在规定时间内，两天或者一天，立马就把钱转给对方。所以我们形成了那么多年的规矩，那么多年的信誉度。我买任何东西，包括我们买钢材也好，订电梯也好，买所有设备都先不垫任何钱，等把东西拿来后，我立马把钱给对方。

如果你不是一贯的诚信，十年如一日的诚信，你做不到这一点，别人不可能相信你，哪怕一点小事都会影响你一生的诚信。

我们在银行系统的征信是良好的，我们企业的征信没有半点污点。我经商几十年以来，基本上没受过部门的处罚，我们尽量把自己的事、自己的工作做好，不给社会添乱，不给我们的政府丢摊子，也不给合作伙伴带来任何不愉快的后遗症。因为大家都不容易。

所以嘛，如果买个东西，不能连钱都不按时付给别人，换位思考一下，诚信都是互相的。像金额小，还可以承受，我们以前搞开发资金量一大，一个月下来，动不动钢材都是好几百万，一年下来就是好几千万，若我们不按时付钱，那别人的钱怎么运转呢？我们企业也需要站在对方的角度来想。全社会只要诚信了，我们的社会成本、经济成本和生存成本也低得多，大家互相地你不防我，我不防你。打个比方，我们买个杯子，到底是你先给钱还是我先给货，我们两个在这争半天没结果，要不然我就把价格抬高点，我怕你按时还不了我，我按时得不到钱。只要大家诚信了，一是整个社会的生存和交易成本低；二是我们整个人的心情也好得多，大家都不用往这方面来考虑、来焦虑，所以我们人生也快乐得多。

我在重庆忠县的时候专门写了一个提案，是关于打造全民诚信社会的一个提案，包括今年（2022 年）我在修文也写了，提议由政府来引导我们全民诚信。诚信是一个大的课题，包括很多内容，我们的孝心也好，我们的为人友善也好，都是可以概括进去的。所以我们要弘扬诚信，弘扬契约精神，大家只要有这根红线，诚信就提供了精神意义和价值，我们人与人之间的交往就没有那么糟糕，也没有那么复杂了。

我们大家一天工作，工作完了喝茶、吟诗、饮酒，没有任何心理上的诚信负担，人都要长寿好久。但比如说你跟朋友打官司，你心情好不？你心情肯定不好，哪怕你把钱给我了心情都不好。大家诚信了，我们大家都是朋友，全社会都是朋友多好。往往一个官司下来就是仇人，包括兄弟之间、父子之间都是如此。

为什么诚信能降低成本呢？不但能降低成本，而且能降低很大的成本。我买任何东西，包括我们的工人、我们的职工，包括那些为我们做事的农民工，给他们的价格都比市场价格要低，为什么他们还愿意在这里做，是因为他们不操心工资发放，按月他们的钱拿得到，项目完了我们都会给他们，一分不少。我们跟合作伙伴，包括我们的设计也好，监理也好，我们所有的工种，商混啊，电梯啊，给我的所有东西的价格都比别人要低得多。为什么低呢？不是质量问题，也不是数量的问题，就是我们诚信带来的红利。因为他跟我们打交道，他不担心拿不到钱，我利润少点无所谓啊，少点我的钱可以运转，我可以有利的，我们的职工养得起，是这个道理不？像我们的电梯，别人的电梯要 30 多万、40 多万元，我的电梯就是 20 多万元，品牌一样，所有的质量都是一样的。我从商 30 多年了，没有任何诚信污点，我走在大街上，没有任何人说我欠谁的钱。上百度搜我，看不到一个负面的信息。我到修文9年了，基本上整个社会对我还是比较认可的，任何人、任何单位乃至政府，基本上没有说我有负面的东西。我们做事也不完美，但我们尽量往完美方面来做。

我们有缺点，别人指正过后马上就改，至少在诚信这一块，我们尽量把它做好。但凡在诚信上有一点做不好，就会给别人带来一些困扰，说严重一点可能带来毁灭性的打击，所以在诚信方面我们企业的要求是很严的。我在安排人或事的时候说，如果做不到诚信，那个事我不做都可以，没有能力我就不做，就是要避免造成一些负面的东西，我们就是能做到这一点。慢一点无所谓，我慢一点对社会又不会带来负面后果。哪怕对我个人，对企业有一点影响，但是也不怕，至少我能正常运转、正常做事。

我们单位任何人走出去做事，未必理解诚信是什么，诚信的价值是什么，但他们晓得该怎么做，这就是贯彻执行企业文化、落实诚信的结果。虽然我们公司很小，做的事也不多，但至少我们走到任何单位，与人一说，至少他们不会歧视我们，他们会尽全力为我们做事，至少他们是很客气地、礼貌地对待我们。当然，如果有个别人对我们不客气，那是他性格问题，我们改变不了，但是大多数是很尊重我们这些人的，因为我们做事没给他们带来麻烦，我们说小一点是个人了嘛，说大一点是没给社会带来负面的影响。如果我们做不到诚信，不是这个去闹，就是那个去上访，这样那样的，欠农民工工资等，那还了得！所以我们至少尽量做到诚信这一点。

要把后代教好

倡导和践行诚信是对中国文化的一种传承和延续，我觉得我们做人也好，践行家教文化也好，应该这么去做。改革开放以后，我们物质丰富了，物质文明也丰富了，但我们的精神文明还有待提高。

我们在改革开放之前，可能田老师你有一些感受，确实是吃过苦的，那个时候吃也吃不饱，穿也穿不暖，住也没得住。我总想，一旦富有了以后，就不能够再亏待我的后人、要把吃的苦让他们找回来，要给他们荣华富贵，给他们锦衣足食。

有这种想法是对的，但是要从教育上去思考，因为人是一个有惰性和惯性的动物，人一旦在似懂非懂的年龄，认为日常生活或人生不用通过努力，不用通过增加知识来改变人生，觉得日子那么好，物质欲望也好，对社会的要求也好，都是有求必应的，那他长大之后，给父母的教训是相当大的，要想到那个时候再改变子女的习惯、认知就很难了。所以我认为家教也是中国传统教育的一个延续。

人啊，不论做什么事，在成功之前必须要吃得了苦。我们说的苦不光是饭都吃不起叫苦，现在读书，能够忘我地读书也叫苦啊！我一旦把工作做好，做到完美，它也叫苦，它也是人生的一种历练。人若晓得这种苦，对我们取得成功也有帮助，说通俗一点，说挣钱也好，也不是那么容易，孩子得真正知道我们不容易，知道“吃得苦中苦，方为人上人”这个很简单的道理，但是我们要想理解透这个道理很难。我们现在有些孩子，他们认为日子就像我们现在这样，什么都好，像那种可有可无的东西非要买，我们得跟他们讲道理——那东西你买来没有意义，对我们的金钱开支、今后的消费习惯有坏处。我们说透了，他们就能理解了。要什么买什么，他们认为这个社会好美好哦，这样他们根本就不会努力，以为今后要什么有什么，养成了这个习惯，成年后就很难改了。我经常跟我的3个孩子说，古今中外，真正成功的人，不管从哪个方面来说，在成功之前，都有漫长和曲折的一个过程，都是通过努力，通过学习，通过奋斗，甚至差点丢了性命才成功的。成功不是天上掉下来的，天上只掉冰雹，掉不了馅饼这些。一个人，无论怎么聪明，都是后天培养的，所谓的天才都是通过努力才达到的。你看曾国藩，你可能看过他的故事，他在读书的时候背诗，背了一晚都没背得，连房梁上的小偷听他读都背熟悉了，他都没背得，但他最后能够取得成功，说穿了，是有自身的原因的。他也是圣贤之一，严格说来是半个圣人，他的为人、他的处世和他关于人生价值的理念，到现在我们都还在学习。像曾国藩的家书、家训我都有，这些都是值得我们学习的。

我们这一代就这个样子了，所以要把后代教好，要是不把后人教好，对整个社会是不负责任的。把他生出来，不仅要把他养大，养大很容易，而且还要把他教育好，成才不敢说，至少让他对社会没有危害，这个是我们要做的。如果教出个有危害的人来，那么不仅他在犯罪，而且我们家长都在犯罪。所以我对我的3个子女、现在的孙儿孙女，都尽量严格要求他们，严也是为他们好，是对他们今后的生存、今后的发展有好处的，他们今后对社会有没有贡献那是另外一回事，至少他们对社会没有危害，能够自食其力。给他们留多少钱财都没有用，因为钱财在每个时代的认知度和价值不一样。打个比方，现在留一个亿，等10年、20年、100年后，也许那个时候价值就没那么高了。我灌输他知识，知识在他大脑里头，在他人生的整个思想里头，它才会像利息一样，永久取不完。这个才是我们要做的。所以为什么我选择办学不给他们留钱，原因就在于此。我留钱给他们没有作用，他要有本事，你留那点钱给他也没什么用，他要是没有本事，你那点钱给他，他也用不了好久。我把这种理念、这种方法用到我的办学中去，也这样教育我的学生。

在我的团队中，不管是员工还是同事，当他父母过生日、过节假日的时候，我一定会让他们回去，回去陪家人、父母过节。因为我们作为人类，毕竟是高级动物，要说感恩，我们感哪个的恩，第一个肯定是感恩我们的父母，因为父母不但给你生命，还给了你知识。我们第一个学的东西和知识，都是在父母那学来的。虽然他们的知识面已经很难改变，但至少我们开始学习这些知识和做人的道理时，是在他们那里学来的。

你想嘛，一个给你生命，第一个给你启蒙知识的人，你都不感恩他，你要感恩谁？连父母都不感恩的人，我敢说他对朋友绝对是不忠诚的，这么大的恩人他都不感激，他会感激企业不？他会感激圣人不？这种自私的人来我们公司我就不要，因为你一来把我们其他职工也带坏了。所以来公司上班，他对孝道这一块，至少必须要有一个认知，百善孝为先，这个所谓的善，你连孝敬都没有，那还叫善吗？所以我们对这一块做了硬性要求，至少我们公司没有那种恶劣的人，也没有那种连父母、朋友都不要的人。当然，你对朋友如何我管不到，至少我要晓得你对父母如何。

要教他们有爱心

未来的规划是这样的，目前是把所有的开发项目做完，做完之后，我们将倾尽所有人力、物力、财力把龙岗学校修建好，这个学校修建好，可能办小、初、高不现实，这个受限于国家的政策，毕竟我们也要跟着国家政策走，但我们想把它办成一所高职院校，办成一个职业学院的二级学院，我们也正在往这方面联系。整个规划就是3所学校加1所幼儿园。

3所学校是贵州信息工程职业技术学校、北大新世纪贵阳实验学校，第三所就是龙岗学校。龙岗学校原来跟县委、县政府签约是办小、初、高，规划办一个自己的品牌，因为原先那个北大新世纪是与北京大学联办的，那是挂起他们的牌子的，但是后面教育部新出了一些文件，不批新办小学、初中的资质，所以我们现在要改变方式，跟县委、县政府沟通，建好之后，办成一个高职分院，现在考虑建一个航空学院修文校区，已经在往这方面努力了。现在龙岗学校是土地问题，今年（2022年）的手续没办完不准开工，所以暂时停下来了，但幼儿园现在在建。

我的想法是倾尽我们所有的力量尽量把它（3所学校加1所幼儿园）办好，办一所修文甚至是全市乃至贵州省都有影响力的学校，这是我们最大的愿望，但是这个愿望实现的前提，还要社会各界、县委、县政府、各个部门大力支持。虽说这个教育是我们提头在建、在办，实际上这3所学校加1所幼儿园都是修文的教育，是修文的学校，所以希望大家全力支持这块工作。

最新的职业教育法做了调整，对我们学校应该是起推动作用的，国家这个调整给予了我们更多的关注、鼓励和支持。现行法律的调整，一是学生初中毕业后，分流到中职这块来；二是中职毕业后，学生所享受的待遇跟高中毕业生一样，一样可以参加高考，就是可以参加两个考试：3 月份参加职高或者高职本科的考试；一个是可以参加高考，可以去考本科，有本事考清华、北大都行。现在有这样一个政策，对今后的那些学生，考虑读中职的人来说，他们的顾虑要少些。原来初三了，中职毕业了，考其他的又不行，只能考职业专科，有些人对这类学生是有一定的偏见的，再加上学生也有一定的顾虑，所以会影响他们的选择。现在国家层面来引导，这个比原来要好一些。

像我们中职这一块，我们都有兼顾，一种是纯技术方面的，另一部分是要参加高考的，我们就把他们纳入文化班，就是又有技业课又有文化课，两个同步，让他们接受教育。从 2021 年开始我们就这么做了。

2021 年我们就招了接近 200 个人了，就是专门参加高考的那种。当然，他们也学中职那块的技术，是兼顾的。学中职的技术，无论他们今后就不就业现在学的技术，这都使他们人生当中多了一个认知，哪怕他们参加高考，比如考起了师范就教书，但至少他们在中职的时候多学了一个方面的东西，对他们也不是坏事。

未来我们最终的目的是想把几个学校合并为一个高职院校，北大新世纪的小、初、高另外找个地方，那3个校区刚好就连起来，这就达得到了一个高职院校的规模。

高职院校的话，它对教师的要求也要高点，比如说本科院校，我们的教师、教授、副教授啊，要达到多少人。学校面积至少要有300亩（1亩约合666.7平方米），我们现在3个学校加起来都有400来亩了，硬件没有问题，还有房屋的体量也没有问题。至于软件嘛，只要条件过关了，招人肯定是百分之百没有问题的，因为我们民办学校的待遇目前来说也不低，比公办还要高点，为啥要高点呢？因为现在毕竟有一个观念，说公办的就是铁饭碗，你民办的工资不高一点点，总的来讲他们觉得划不来。现在养老保险都是买了的，我觉得公办、民办都没有太大区别。现在我们的老师也都是买了社保的，慢慢地社会都会有这种认知。但是最近几年经济景况不好，很多的大学毕业生选择考公务员，他们觉得公务员是铁饭碗。但从另外一个角度来说，也有的人有一定的理想或者是一定的追求，也有不愿意考公务员的。

现在我们职校有9个专业，有智能制造、汽修专业，还有轨道交通、中医药护理、艺术、家庭护理专业等。国家现在提得比较多的是一老一小事业的发展，特别是家庭护理这个专业，是市场需求量很大的一个专业。在重庆找这方面的护理是相当难找的。一个是真正专业的人太少，还有一个是这个护理工作，人们总觉得矮人一等。所以说我们重庆医院的那种陪护也好，包括一些家庭里老人或者年龄稍微大点，七八十岁的，找的护理人员都是五六十岁的。我妈妈 80 多岁，招的人都 66 岁了，护理她的都是老人了！但是没有办法，现在找二三十岁、三四十岁的，他们不愿干这个，市场上几乎也没有。

护理这块的待遇并不低，特别是医院陪护，都是万把块钱一个月。尽管工资那么高，还是没人做。因为有些人总觉得又是服侍人，又脏之类的。所以说现在这个社会还要有人引导，要培养这方面的人才。

随着人口老龄化程度加深，今后社会真的需要这方面的人才，这一方面也是社会稳定的一方面。我们对家庭护理专业学生的教育，要教哪些内容呢？要教他们有爱心，就从这个角度来教，他们以后就业，会觉得这就是人生价值，要帮助很多人，从中能得到乐趣，把收入摆在第二位，那么他们才肯乐意做这个事。

在修文生活、工作了这么多年，我认为，任何一个时代都

热爱中华传统文化的唐孝驹

有它的瑕疵，都有它的不足，但这个不足，不影响我们对这个时代的感恩。我们这个时代，是有一些瑕疵，有一些缺点，但我们要包容它。所以说我对任何人，即使是所谓的对我不支持的人或者是有损害的人，都是以感恩的心态来对待。我当时从白水泥厂被一个科长下放到车间去下窑，去干体力活，当时虽然说很苦，我肯定干不下去，但事实不是那样，我不继续在工地锻炼，也没有今天，所以从这个角度看我得感恩他们。做任何一件事，包括在修文，有个别人以刁难的形式待我，我还是会感恩他，是他锻炼了我的这种心态。我跟有些人不一样，可能跟我父亲一样，因为我父亲满眼都是善良，他不记恨任何人，我心里也是一样，我不记恨任何人。我父亲从小教育我们要善良，他说你只有善良，才能遇到很多贵人，他们是会来帮助你的。通过我的善良，以及这种感恩之心，一路走来我遇到了很多的贵人，包括在修文县也遇到了很多贵人，你们都是我的贵人。

Dream Come True
in Guiyang

铿锵玫瑰，落户贵阳

口述……李晨阳

整理……王鹤蕾

李晨阳舞台照

李晨阳

口述者小传

李晨阳，女，1994年生，汉族，国家二级演员，共青团员，籍贯河北。贵州省青联委员，贵州省戏剧家协会会员，贵阳市戏剧家协会副主席，贵阳市南明区戏、曲、杂协会副主席，第七届“中国京剧优秀青年演员研究生班”学员，现就职于贵州京剧院。李晨阳毕业于中国戏曲学院，2017年1月拜侯丹梅为师，学习京剧“关派”艺术，工青衣、刀马旦、武旦。

连续多年参加中央电视台春节联欢晚会、中央电视台戏曲春晚、CCTV 大型晚会等，在全国各项赛事中曾荣获第十届小梅花金奖，红梅奖二等奖，中央电视台全国京剧学生电视大赛铜奖，炫彩青春京剧联盟院团比赛武旦组二等奖等。常演剧目：《铁弓缘》《战洪州》《盗库银》《活捉三郎》《竹林记》《穆柯寨》《扈家庄》《霸王别姬》《天女散花》《白蛇传》《金水桥》《杨门女将》《樊江关》《战金山》《花木兰》《昭君出塞》《红线盗盒》《女杀四门》《游龙戏凤》等。

小　引

她在镜中描画，手法稔熟，一张小而素净的脸，眉目立时舒朗，渐次在色彩和线条中勾画出另一种面目来，这是我想象中脸谱的样子。我看着镜中的她，仿若一种幻象。

着实无法将这个盛大的妆面同玲珑小巧的李晨阳对等起

来。她在众多的历史人物之下，是否也在演绎自我的人生？面具之下，她又是怎样一个人？

初识李晨阳，是在青岩“大明志”现场，又美又飒的武旦形象，像一朵铿锵玫瑰。一套枪花耍下来，她就不再只是李晨阳。京剧舞台艺术集文学、表演、音乐、唱腔、锣鼓、化妆、脸谱等艺术于一身。京剧里，一双马靴，就能越过千山万水；一面旗帜，就能统领千军万马。此时，在国艺剧场，推门之时我在暗忖，如果是京剧语言，推与掩之间，或者推与敲之间，该如何用肢体表现呢？

再次见到李晨阳，就是另一番模样了。短发，爱笑，爱大笑，眉眼间全是笑意。她是个实诚的姑娘，对自己的成就，都是一笔带过，你不问，她就不说。你问了，才说上三言两句。他人给予的好，她总是念念不忘，自己所受的不公，都成为笑谈和淡忘的过往。有度量有心胸，全然不似小女子行事。能体谅他人难处，事事替人着想，这样的人，运气大抵都不会差的。

京剧院食堂餐桌上的图案都是京剧脸谱，晨阳叫了外卖，很辣的馄饨，定居筑城多年，她也早已习惯了贵阳的饮食口味。爱上一座城，就要先从味蕾上适应与改变。这位舞台上的铿锵玫瑰，在生活中也有很多面。

更多的时候，我都在想，除去面具，洗尽铅华，京剧演员在生活中又是什么样的呢？晨阳喜欢宫崎骏，说起千寻，说起无脸男，我们对这些人物的理解竟然并无二致。晨阳还喜欢玩电竞，打过比赛，这种耗费时间与精力的游戏对她来说注定是拿不到好成绩的，作为主办方的“代言人”体会过，已然足够了。

听她讲从艺经历，和师父侯丹梅的相识经过，听她讲来贵阳的种种……我在她娓娓道来的讲述里，仿佛也见证了这朵铿锵玫瑰的从艺之路。

自幼习武

我叫李晨阳，1994 年出生于河北省石家庄市辛集市，从父母辈往上溯源，家里就没有从事过京剧表演艺术这门行当的。京剧讲究门里出身，唯一能和这个行业有点关联的，就是我的姥爷王中华。姥爷自学武术，习少林拳和形意拳，周边很多人慕名想拜师学艺，老家那边的习武之风就是打我姥爷开始掀起的，姥爷的一身武艺也传授给了妈妈。我妈妈叫王新，是小学语文老师兼体育老师。妈妈是个很爱学习的人，考了各种项目的教练资格证。从我 3 岁开始，妈妈就带我习武。姥爷传给她，她再传给我。

“幸福的人用童年治愈一生，不幸的人用一生治愈童年”，很庆幸我有一个快乐的童年。从我记事起，妈妈就骑着自行车，我就跟在车子后面跑，一直跑到练功的地方，练完之后再一路跑回来，不论刮风下雨、三九三伏，天天如此。家里养了一条小狗，我和狗一左一右地追着自行车跑，跑累了就站在自行车后座上，这是同龄孩子不会有的视角，像风一样自由，我享受这种风驰在耳边的感觉，稳稳地站着，脚下好像扎了马步，妈妈继续骑行。这成为我童年里最多的回忆画面，因为喜欢，并不觉得辛苦。

“父母是孩子的第一任老师。”我的妈妈很开明，我喜欢什么，或者是有哪些新鲜事物，在条件许可的范围之内，她都尽力带我去体验。杂技团里表演走钢丝，妈妈就在门外加个院子，两棵大树之间系根绳子，扶我在上面走，那种凌空蹈步的感觉，太奇特了。妈妈也打乒乓球和篮球，我倾向哪个，她就往哪个方向重点培养我，实际上她也有一个综合考量，她想让我拥有一个快乐的童年。

妈妈是京剧迷，曾经考取了戏校，守旧的姥爷却不准她去读。妈妈心里一直有京剧情怀，这在她心里留下了永远的遗憾。练习武术的每个周末都有演出，有一位很有权威和发言权的老师看过我的表演，很肯定我的台风，说我上台的那种撒欢劲儿很适合学表演，又有扎实的武术功底，去学京剧一准儿错不了。这正好说到妈妈的心坎上了，于是，她就把我送到了晋州张建国老师办的华韵艺术学校去学习。正是她这个举动，成就了日后的我。

童年学戏

从6岁起，我就开始住校，刚开始生活自理能力不好，进校时还是两根长长的大辫子。到校后没几天，老师就带着我们去理发店把头发剪了，为这事儿我妈还专门到学校来找老师，我却对此无感，心想头发剪了还能再长出来呀。很多小孩刚进校就哭，我还好，对什么都充满了好奇。

那时候办学条件有限，专门租赁服装的公司里戏服又没有我们这么小号的，都是校长夫人亲手给我们做，按照京剧服装的标准制式，襟腰子啊，什么坎肩啊，彩鞋啊，她都能做。记得我人生中的一次表演快结束时裤子都掉了，因为穿的是大号彩裤，但是有腰包别人看不见，我仍然坚持做完动作。这个印象特别深，下场后老师跑过来给我提裤子。那个时候我们的饮食起居，生活上的大事小事都是老师负责，老师真的就像我们的父母一样。

在华韵时，遇到一个老奶奶，叫张红秋。她每天都会给我们讲一个很有寓意的谚语故事，我印象最深的是“蛇吞宰相”，寓意人不能贪得无厌。她每天都会讲不同的故事，但是这个重复了很多遍。故事启迪是最好的老师，教我们做人的道理。正是这些老师的言传身教，才养成了我现在的性格。

我有个舅舅，师从范曾先生学国画，我从小就跟他学画画，主攻竹和鸟，后来这个舅舅因病英年早逝，而我也因为要练功，从初二起就很少画了。

学校有文化课，我刚进校时跟着五年级上课，小孩只有几个，算上哥哥姐姐，多的时候有五六十个。学习跟不上，妈妈就利用假期时间给我补习一到四年级的功课，在文化课上我也是没有压力的。在该校读了 3 年，剩下的一年妈妈在家里带我自学。

我去考艺校，专业过了年龄却不够，又等了一年，成了插班生，跟着初一的同学上课。2004 年，我考入石家庄市艺术学校，上了六年制的中专，在校期间文化课也很好，专业课和文化课同步进行，我们从早上七点到晚上九点半都在上课。因为进校前有基础，系主任对我很好，对我的要求也更高，给我安排了 3 个课，就是青衣、花旦和武旦都上，其他同学都是归一个行当上课。我基本上没有休息时间，早上练功，上午上剧目课，中午去上花旦课，下午上文化课，晚上练基本功，这是老师对我个人的要求，我的戏路是按照标准的院校培养方式培养的。

童年时，平常小孩儿常玩的那些游戏我都没有玩，连跳皮筋都不会。同龄孩子里，我也显得特别成熟。别人总是问我苦不苦，现在我已经没有苦的概念了。幼年、童年时所受的皮肉之苦最严重，但那时也是最快乐的时候，那时候身体受痛感比现在更强，那种痛不比杂技差，错一个动作，老师拿扇子打过来，扇子都碎了。因为练功经常挨打，挨打也认，并不觉得是多么痛苦的事，哭完擦干眼泪继续来。

戏曲里面也有下腰的动作，我们那边开范儿最早都是按小板凳，撕腰，就是腰对折，然后胸腰对折，手要抱膝盖窝，腿倒撕，最少半小时，拿顶、倒立最少也是半小时，谁下来就被罚不准吃饭。这些动作已经很畸形了，对身体还是有一定伤害的，到我们这年龄的很多演员经常会腰疼，一到阴天就膝盖疼，很多都是练功造成的，但我还好。

中专时参加学京赛，临去北京的前一天把脚崴了，我还是打着封闭缠着绷带去参赛的，最后获得了铜奖，进入复试的只有京、津、沪的选手，学校以此为骄傲，我却一直觉得遗憾，因为受伤并不是拿铜奖的理由。

考入中戏

中专毕业以后我考取了中国戏曲学院，班上一共有 54 名学生。那一年两岸交流，接收了 4 名台湾同学。大学期间的学习还是按照专业化院校方式培养，这里有全国一流的师资力量。在中戏的那几年，我的专业能力更加夯实了，我的眼界也开阔了。京剧一旦入行，就要活到老，学到老，练到老。

老师对我的期望也很高，重点培养我。于冰老师一直在强调，学艺先学做人，我们一定要德艺双馨，德字在前艺字在后，我觉得同行之间一定要记住这句话，就是台上可以斗艺术，台下不能斗。

从小到大，我在专业上都争取拿第一，大学里是男女生综合考的剧目，基本功要不断进步，包括现在也要学一些以前没有学到的基本功。只要戏里需要，就得练，不同的戏，还要与时俱进去创造一些技巧。只要你的基本功在这儿，腿的软度、腰的软度、身体素质在这儿，很多东西便都是触类旁通。

我一直以来都不想和别人比，京剧比赛不是竞技项目，而是选拔人才。很多同学都出身于梨园世家，天资好，老师会更注重培养，尊师重道，这些梨园世家的长辈没准就是我们老师的老师。别人有别人的路要走，我也有我自己的路，我不会因为别人优秀，就觉得自己差，只有自己才是自己要攻克的敌人。

到了大学以后，就开始有一些学术上的思考，思考我们京剧本身的艺术，它是怎么发展形成的，更想了解它的历史，这个时候同学之间的探讨交流更多一些，也向老师求教，也会向包括老师之外比自己懂得的人求教。

16 岁那年，我看了一部电影叫《风雨哈佛路》，对我的触动很大。看完之后就决定要自食其力，自己养活自己，不再要家里供养我读书上学。

我的第一笔收入是 180 元，是师姐让我帮他们代课的报酬。代课费多少钱的都有，但是到我们手上时就已经被“盘剥”得只剩这么点（笑）。有时候是代学校和文化宫的课，也有私人的。那时候真的很辛苦，早上五点多起床赶公交车，坐两小时到门头沟，再倒地铁、倒公交去上课。很长一段时间里，我都

李晨阳舞台照

是在公交车和地铁的起始点间奔波。多时一个月都能挣 3 万多元，这不光解决了我上大学的费用，还能给妈妈寄点钱。时间久了我也能自己对接到稳定的资源，我接多少钱都是按原价再转给同学们来做，不做中间商，不赚差价。（笑）那时候岁数小，也能吃苦。因为奔忙，对自己的身体健康也不是很在意，得了带状疱疹，疼到不行，不过还能忍。

巧遇恩师

2016 年大三时，我就跟我的师父侯丹梅院长学戏了，说起与师父的相识，真是因缘际会，也是命中注定我们师徒深有渊源。

大二时，我跟随我的花旦老师张艳红学习《游龙戏凤》，她也是贵州走出去的花旦演员，她觉得我适合侯丹梅老师的路子。那时候很多同学都归派了，归派以后就有一个更明晰的目标、更好的定位，到单位以后也会更好发展。那时我还不认识师父，但是师父的大名却如雷贯耳。

那时老师就让我学上派、学王派，学什么都行，但都没有能让我坚定具体走哪个方向。我喜欢在台上既有表演，又能唱又能武，齐头并进。只唱不展示武功，就觉得演戏不过瘾，可是又觉得光练武功不唱吧，又差点什么，这不是真正的京剧，我就喜欢文戏、武戏并存。

大三时，我们经济系主任舒桐老师说在东北的老师举办了一个关派艺术培训班，有艺术基金，申请了 20 个学员名额，让我去报名试试。正值暑假，我就报了名，不巧的是我是第二十一个报名的人，也可以去，但没有结业证。

后舒老师跟我提起贵州的侯丹梅老师一直想找个学生，舒老师也建议我在两边做出选择，最后，我决定来贵州。

初次见到师父，她正好在演出，哇，当时的感受就是她演得真好。师父演的《铁弓缘》，正是我理想中京剧的样子，正是我喜欢并且要追求的方向和目标。

当时也没敢多想，更没想到会拜师，就是冲着师父来学戏的。这个戏特别难，就像张明玮老师说的，一人分饰五个角色，85% 的戏份都在她一个人身上，要允文允武。当时满脑子都在想怎么学好这个戏。

对于这出戏，自己当时没有一个完整清晰又客观的评估，对于戏的难度也是后知后觉。一直觉得难是正常的，去解决就行了，现在我才意识到不是想解决就能解决的，难肯定是难的，没想到难度那么大，自从认识师父以后，我发现不是那么容易解决的。（笑）

演出结束，侯院长就带着我们出来吃好吃的。前3天都没见着她，那个时候上海的演员也在这儿演出。没几天我在酒店里接到了冯院（冯冠博）的电话，说过段时间空中剧院录像，侯老师说让我演《茶馆》，问我敢不敢接。这个戏虽然没学过，但冯院就说侯老师可以教我。只有3天就演，我就开始学这出戏，3天后上台演出。当时看过我演这出戏的很多人都说我有师父的感觉，但是我更觉得有缘分，更让我喜欢的是师父的品格。

有一天师父到酒店来看我，和我聊天，聊她当初怎么学戏，也聊工作上的事。我记忆中比较深的就是她资助了一个贫困家庭，当年的贵州山区可不像现在这样，那时贫穷落后，有些人家只有一身衣服，谁出门谁穿。她们家的保姆家有时候连油盐都没有，要去买的话一家人就开着车去，到没有路的地方下车拎着东西步行翻山。我一听，天，这就是我一生准备要做的事情，能去帮助他人。在北京我不敢放开这样做，一是自己能力不够，也怕别人误解我，师父做的恰好也是我想努力做的。戏是我想唱的，为人处世也是我想向她学的。我和她特别投缘，不知不觉就聊了一晚上。

即便这样，当时也没有想过要留在贵阳，后来师父问我想不想留下来，我也不知道师父为什么会留我，师父后来说她很看重眼缘，这么多年一直在寻找一个有缘的徒弟。幸福来得太突然，我没有征求他人意见，当天想了一个晚上就做出了决定。

我来贵阳之前，一个对我特别好的老师还千叮咛万嘱咐，让我别急着做决定，她说她太了解侯院了，说她见到我肯定会把我留下来，她就有这种强烈的预感。这个老师平时就特别喜欢我，想重点培养我。

我自小妈妈就培养我做自己的主意的能力，几天相处下来，我就决定跟着师父，扎根贵阳。没几天，师父就拿了一个戒指送给我，是一只小狗。巧的是我妈属龙，师父也属龙，她儿子属狗，我也属狗。而且我这种大大咧咧的本性，在师父面前也可以毫无保留地得到释放，我尤其喜欢师父营造的工作氛围，大家除了同事关系更像一家人，这就是我很向往的状态。

当时我正在读大三，师父说你都跟我学戏了还回学校干吗？就给我们系主任打了一个电话，说我跟她学戏了，必修课回去再上。我是唯一一个必修课调到最后考试完成课时的学生。遇到非上不可、不上就不给毕业证的课我就飞回去，学完了再赶回来演出。只因师父有这个魄力，不然在我们学校的历史上，就从来没有过这个先例。

投门关派，正式拜师

一路走来，坎坷的事情也有，但是我觉得幸运大过一切。我的家人一直支持我做的所有决定，我从小就在外边独自打拼，在哪里我都能接受，只要做自己想做的人，做自己想做的事，在哪都一样，事实证明，这个选择是正确的。

2017 年 1 月 18 日，在我毕业汇报前一天，北京市原副市长张百发在长安大戏院为我举办了隆重的拜师仪式。这是我生命中目前最重大的事。自此，在京剧表演艺术路上，师父引领我一路向前，永无止境。

拜师仪式的规格极高，由师父把关拟定邀请名单，北京市原副市长张百发出席，师父的老师、我的老师们，还有一些领导，北京的京剧名家都来了，他们都是业内权威的行业大家。因为这个戏对方方面面的要求都很高，当时马上要毕业汇报了，所以那场演出是张明玮副院长和冯冠博副院长陪着我汇报的，全程爷爷（师父的爸爸）也都在给我记录这弥足珍贵的时刻。

在拜师仪式上，师父不许我磕头，就是敬茶、献了百合花和康乃馨，互赠了礼物，就完成了拜师仪式。师父送了我一套有她签名的唱片，当天我就转赠给师父的老师于玉衡老师。因为她想听，现场只有我有。我的妈妈也参加了，还有媒体现场直播，他们都见证了我人生中的高光时刻。这是我生命中最隆重、最盛大的事情，我庆幸有缘得以拜入师门。

师父说为了有人能赓续她的衣钵，这个徒弟她足足找了7年。关派难，要求演员在文戏武戏上都能齐头并进。承蒙恩师厚爱，我得以拜入关派门下，成为师父的入室弟子，师父是我从艺之路的引路人。正是因为师父的辛苦栽培，才有了李晨阳今天的成就。

登门入室

我先在师父家生活了两年多不到3年，当起了“入室弟子”。在师父眼里，徒弟就跟她的孩子一样。她既是师父，又像妈妈一样亲，她更神圣。我和师父上班、下班都在一起，生活上师父事事替我考虑周全，事无巨细，帮我解决。时间久了，师父教会我自律，教会我言行举止恰当得体。刚来时我 21 岁，也很天真，后来师父对我就严格了一些，但师父给人的感觉就是很温暖。有一次我食物中毒很严重，上吐下泻，师父就到厨房亲自给我做了一碗蛋泡面，我永远都忘不了那个味道，太好吃了。那一刻光照在她身上，散发着母性的光辉。投入师父门下，是我这辈子最幸运的事。

师父教会了我很多东西，那几年受她的言传身教，我得到了极大的提升。无论是品行还是性格，都有很大的变化，成长也蛮大的，业务上更是突飞猛进。

负在师父身上的担子很重，她既要在业务上有提升，又要维持整个京剧院的正常运转。京剧院改制以后，财政拨款不足的部分缺口就要自己解决。院里共有 70 多号人，她还要通过演出替大家解决点额外收入。师父还是挺难的，她的压力太大了。

除了京剧圈子以外，我没有别的朋友圈。刚开始是两点一线，有了方舟戏台以后就是三点一线。现在方舟戏台重建，又恢复了两点一线的生活。刚来时师父就提议让我在贵阳买房安家。师父 30 多岁做院长，年轻时也是苦过来的，知道安家落脚安顿之后才能安心工作。在师父的奔走操持之下，我在未来方舟买了房子，和师父、张明玮老师还有院里的很多同事都做了邻居。来贵阳之前存的钱一分不剩都花光了，我很能花的。（大笑）这是师父经常挂在嘴上的话。我怎么花的呢？我很享受自己有钱了大家一起吃喝，给家人、朋友买喜欢的东西，我认为钱就是用来满足愿望的呀。房子是贷款买的，没有疫情时压力不大，2018 年和 2019 年是演出最多的两年，一天要演三四场。现在演出少，方舟戏台也停了，多多少少还是有压力的。

我来剧团以后，就是张老师（琴师张明玮）给我拉琴、说戏、吊嗓子，张老师是我师父和冯院的琴师。在京剧行当里，琴师有为所傍名角的徒弟说戏拉戏的老传统。他既是我的老师，更像父亲一样关心我，有好吃的都喊我去。我特别喜欢院里的工作氛围，工作之外，他们又像自家的长辈一样，他们对我既严格，又宽容。

我和师父聊天时，聊着聊着就转到专业上了。我会包饺子、包子、馄饨，这些都是师父教的。她在关奶奶（师父的师父关肃霜）家学艺时，也是这样锻炼出来的生活能力，打扫卫生啊，做饭啊，师父甚至还会杀鸡。和师父在一起，我会很敬畏她。作为师父的入室弟子，更多的时候，我更没大没小，但也得到了师父的宠爱。每逢过年，家不在贵阳的同事都和领导们吃转转饭，领导自掏腰包。一年只有这么几天假，师父和院里的领导们让我们感受到了家的温暖，我们都把院里当成了我们共有的家。

我的业余爱好

最忙的时候，我们除了工作，都没有其他正常的生活时间，很多爱好都搁置了。自从有了疫情，演出少了，才算有了正常人的作息。这时我才发现有那么多的书没看，书法和绘画也没有时间去练习，我偶尔会约上三两好友小聚，好友也基本上都是圈内的。

我从小就喜欢宫崎骏的动漫。上中专时，听了《天空之城》的音乐后，我就一个人坐在那里默默地哭，“人生不带来死不带去”(大笑)，我说完这话同学都惊了。宫崎骏的动漫我每看一次都有不同的感悟，尤其是久石让的音乐，是能带来人生启迪的。《千与千寻》里的无脸男，是一个无限给予爱的角色。宫崎骏的动漫都是很治愈、很美好的，同时恶也伴随其中。不管如何，你总能被久石让的音乐所治愈。偶尔我还喜欢吃各种美食，到处走走，换换脑子。我也很想学画画，又没有富余的时间，现在连戏都学不完。

京剧之外，也会关注一些我喜欢的知识博主，也有偶像明星。我平日里喜欢吃油炸食品，嗜甜，体重超标了，因为职业对形体有要求，得减肥了。

我的爱好对业务没有影响，在我的人生信条里，什么都不能影响我的业务。我 85% 的时间都投入工作中，剩下的 15% 就用来快乐地生活了。（大笑）

我的一天

我每一天的时间都给了我热爱的京剧艺术，更多的时候会牺牲自己的生活时间来提高专业技能。每天上午自由安排，一般都是在家抄词学戏、听戏。正规上班时间是 1 点到 3 点，像我们这种工作必须全身心投入，我在院里更适合学技巧，在家里安安静静的更适合学戏。

不是做对了、做标准了就行，唱腔、身段、眼神、内心独白融合为一体。一个成熟的演员，比如像我师父，每一次呈现出的戏都是不一样的。要去消化，让她看着也舒服。

我在家里练功不照镜子，这是打小养成的习惯，我的启蒙老师不允许照镜子。照镜子是给你的肢体动作一个参照和对比，我已经很稳定地放在这儿了，要求我的身形是统一地到这儿，那个点正好到这儿，这是我要求自己必须做到的。照镜子的目的是去找美、求证美。那美已经达到了还需要去照吗？上台要忘记任何技巧，只为表达，不需要参照物，哪怕这个参照物是你自己。这是一种自觉，我必须做到位，不到位怎么能允许上台呢。

比如我的枪花必须保证万无一失，如果掉了就是下的功夫不到位。如果有其他影响正常发挥的因素，就必须去处理和解决。比如我们在青岩的室外演出，场地有风，就要凭经验来预判，这个枪怎么能回到手里。风的方向好判断，风力大小就要靠千锤百炼的直觉。长期练功的人是有感觉的，手感、力量、抛物感，它出去会到哪儿，也是生活中总结出来的物理知识。它是不自觉的，我说不出它的原理，但是我们的确是按照这个感觉去做的。我们未必知晓这个理论，但就是这么处理的，就是直觉和经验，也有大家相互间的信任。

遇到失误就要“叠褶儿”，去化解和处理。比如枪掉了，就要让观众觉得它就应该掉在这儿，不要让观众觉得这是失误。“叠褶儿”技能是从老师教的程式中总结出来的，在台上那一下不是刻意去思考的，是身体不自觉的下意识反应，另外一些就是自我的临场经验。有一个标准就是在台上不能洒汤漏水，要让观众还在戏里，不能出戏，这就是一种补救方式。

学戏需要无数次地去细抠，要花很多时间和精力。有时候半夜起来都要背戏，背戏有很多种方式，如看视频，有时候喜欢闭着眼睛回想师父所授。我们一出没接触过的戏，现学，如果明天上演，一天时间就要学会完成，就是晚上不睡觉也要把它攻下。拥有强大的记忆能力和学习能力，是一个演员应该具备的最基本的职业能力。

李晨阳舞台照

我传承，我传播

成为师父的“入室弟子”，除了继承师父衣钵，我更有责任和义务去传播国粹。京剧真的很有意思，这几年我也在考虑京剧的发展，关注人们的喜好。我发现我对京剧的期望就是喜欢的人来琢磨时我们能给予其解释，对于不了解京剧的人，能如何让他们感兴趣，如何去科普，是我今后想做的事。

有家长经常会送孩子来体验京剧课，学了一段时间之后，就特别喜欢，我们不单音乐、舞蹈、形体，其他专业知识也都讲到了。

我的贵阳我的家

我今年（2022 年）28 岁，圈子小，工作又忙，现在仍旧是一个人生活。对于另一半，还是随缘吧。希望能找到三观契合、像朋友一样的另一半。关于职业关系，我现在基本上没有社交，来自贵阳圈外的有些人初次相识都感觉我高冷（大笑），其实我是个慢热的人。从事我们这个行业的人都挺简单的，圈子小，人不复杂。如果组建家庭，我怕没时间和精力承担家庭责任。方舟戏台最忙的时候，从早上 7 点到晚上 11 点基本上见不到我在家。对于我的人生大事，妈妈虽然开明，但是今年也开始试探着打听，我总是回她说和排练厅谈呢（大笑）。上帝给我打开了一扇门，必然会给我关上一扇窗（笑）。

在贵阳生活了这么多年，已经习惯了这里的生活。我们院里的同事多是外地来的，大家都说普通话，没有语言环境，现在我还没学会贵阳话。刚来贵阳时，我是不吃辣也不吃土豆和粉的。

现在什么都爱吃。

如果我没来贵阳还留在北京的话，赚钱也是不成问题的，每个月 2 万—3 元万总是有的，师父就打击我，那你一个月能花出去 4 万呢（大笑）。因为热爱，这里有我的事业，有我的师父和同事，这里就是我的家。贵阳和我息息相关，不可分割。这座原本觉得陌生的城市，因为我所热爱的京剧艺术，因为师父而与我产生了交集。这是一座有历史的城，也是一座兼容并包的移民城市。贵阳人不排外，气候好，更是吃货的天堂。感谢政府的引进人才机制，让我在这里得到成长和锻炼。

我就想做一个快快乐乐的人，能帮助到身边的人，在专业上达到师父的期许，不让师父失望，这已经是个很高的目标了。传播京剧艺术，不单是传播师父的艺术，更是让国粹走向全国，走向世界。更难的一个理想就是，在贵阳给京剧一席之地。

今年（2022 年）我又考取了中国戏曲学院的研究生，马上就要开始新的学习，我很庆幸，来到了贵阳，遇到了我的恩师。

在京剧表演艺术这条路上，我将一往无前，永不止息。

Dream Come True in Guiyang

贵阳的人情味更浓

口述……袁青

整理……覃礼俊

袁青

口述者小传

袁青，1982 年 4 月生于重庆，2005 年 6 月在重庆工商大学就读期间进入重庆明辉格力电器销售有限公司（格力西南营销中心），先后任培训部负责人、市场部负责人等职。2010 年 11 月进入贵州格力电器销售有限公司，担任公共关系部负责人，至今受格力电器贵州综合基地项目投资方重庆明辉格力电器销售有限公司委托，负责该项目对外协调、招商引资、二期工程建设等工作。其中，2020 年 7 月至今，兼任格力电器贵州综合基地实体贵州北汇智能工程有限公司常务副总经理、总经理等职务。

小　引

周五下班，循着袁青发送的导航地址，笔者从清镇驾车一路来到小孟工业园区贵阳融创城 All Sports 运动公园，停好车，拨打电话。袁青说他在三楼，让我先进入楼内，他马上下来接我。

进入楼内，一楼整层几乎就是一大间，也许是已经下班的缘故，没有人也没有灯光，整个一楼布置得像展厅，又像一个营销中心。

“覃老师，这边这边。”

循着声音，只见一个稍显瘦小的身影从一侧的楼梯处向我走来。我和袁青素未谋面，不确定来人是不是他。

来人走到我面前，伸出手，说：“你好，覃老师。我是袁青。”

我急忙伸出手，回道：“你好，袁总。”

说实话，袁青的形象多少有些出乎我的预料。在我的潜意识中，商人、企业家大都大腹便便、膀大腰圆，而眼前的袁青，身材适中，阳光、干练、斯文，活脱脱的一副文人形象。

寒暄过后，袁青直接把我带到三楼他的“青马客厅”一间一间地参观，他给我介绍着装修风格，演示着智能家居。我对装修没有太多的研究，每一个房间风格各异，给我的感受也各有不同，或清新，或雅致，或庄重，或华丽，温馨又清静。

参观完毕，袁青把我带到他的会客室，开始了我的采访。

袁青说话声音清亮，思路清晰，桩桩件件，娓娓道来，还不乏风趣幽默，4 个多小时的采访在谈笑风生中轻松进行。

袁青的简历很简单，除了格力，还是格力。袁青在贵州、在贵阳创业兴业的故事和想法一点也不简单，还很给力！

“足球小子”结缘帕力

2021年是我来贵州贵阳的第11个年头，在这11年的时间里，我有幸见证了贵阳发展最快的10年，深深感受了不同寻常的贵阳速度，也正是这不同寻常的贵阳速度，深深地感动了我，给了我无比的信心，让我在这里扎根、逐梦、圆梦……

我从小非常喜欢足球，特别是上初中以后，一心只想踢球，目标就是要进国家队。

这可把我爸惹急了，他认为踢球没有出路，死活不同意。他说：“国家足球队一年只有22个名额，你有什么优势，又有多大的把握？考其他大学，哪怕你一心去考清华、北大，机会都比进国家足球队大。清华、北大一年招生肯定不止22个人，而且考不起可以复读再考，一年不行两年，两年不行三年，你居然选踢球这条路！”

我从小就是个倔脾气，自己认定的路就要去尝试。我跟我爸说：“人生的意义在于过程，而不仅仅只看结果，在这个过程中，我努力了，哪怕最后失败了，我也不会留有遗憾。”最后，我还是说服他了，升初二的时候，我就进了体校学习足球专业。我们的教练是从国家队退役的“国脚”，我的专业成绩也还不错，当年就进了“八一”队。这使得我后来都没有正儿八经地参加中考、高考。高考参加的是单招、特招，我去了北京交通大学和西南师范大学。结果文化考了380分，专业也还可以，也上了北京交通大学录取线，但在最后体检的时候，发现身体有问题，就没有过。后来我回家问我妈，才知道我家有一种家族病史，不能长期从事重体力活动，我也才知道我爸为什么极力阻止我踢球。不过现在看起来，没进职业队也还好，骂名太重。

足球梦破了以后，我重新参加高考，考上了重庆工商大学，学习市场营销专业。之所以选择营销，是因为我觉得这个工作具有挑战性，符合我的性格。

在大四的时候，我尝试去重庆明辉格力电器销售有限公司，也就是格力电器设在重庆的西南营销中心应聘实习，没想到竟然成功了。实习期间，我认真阅读了格力公司董事长董明珠的《棋行天下》和《行棋无悔》这两本书，领略了格力独特的商业模式和销售体系。格力的这种经销商模式让我一下子就迷上了销售工作。

干了差不多半年时间，由于我口才还可以，表达能力也比较强，公司领导就让我给公司的销售团队做培训、讲销售，一个月大概讲两堂课，工资3000块钱。当时重庆的销售团队总共有一两百人，年龄全部都比我大，大都是些老阿姨，但在我讲课的时候，他们都听得津津有味。这次培训反映也不错，也赢得了公司领导的认可。

后来，临近毕业了，我和公司签的一年的合同也快到期了，要续签。当时公司董事长周真华和总经理刘继文分别亲自找我谈话，问我愿不愿意留下来继续干。

当时我们学校和电信、移动、银行等一些效益比较好的国企都有合作，我要想进这些单位，希望还是很大的，我们也有好几个同学进了这些单位，但我不愿意去，那种稳稳当当的工作我不喜欢，我就喜欢有挑战性的工作。

其实，在格力西南营销中心实习的这一年，我对格力的了解加深了，也收获了很多。格力电器虽然是一个民企，但它又有国企的基因，它有民企市场里面的所有东西，也有很多事关社会责任、民族气节、国家荣誉的东西。我很喜欢格力公司的这种氛围，痴迷上了格力销售公司的这种工作。于是我答应了两位领导，说我要留下来。

等我把合同续签了，老板才给我讲，他说："小袁啊，我是要你来公司任职的，我专门为你设了一个部门——培训部，你来担任负责人，给我带一个讲师团队出来！然后我再把整个重庆的销售终端交给你来负责。"

我一听这话，正合我意！

公司能为我设置一个部门，给了我一个更好的平台，让我从一个讲师变成一个讲师团队的搭建者，这个意义是不一样的，演员一下子变成导演了。当然，我也不能一辈子都讲销售，讲课其实是有"套路"的，没有足够的挑战性，不符合我的性格。我一定要去带一个团队，而且这个团队不是后台的团队，一定是在一线的团队，那才具有真正的挑战性，才能真正学到我想要的东西。

我们董事长对我还有另外一招，那才是更加给力的招数。重庆明辉格力电器销售有限公司里面有一块真草球场。董事长晓得我喜欢踢球，他跟我说："我搞了个真草球场，你去看看嘛！你要来的话，你就是我们公司未来球队的队长。"

董事长这一讲就把我彻底打动了。投其所好，这才是最高级的招数！我大学的营销导师跟我讲过，做营销工作，最高明的就是投其所好。

于是，我大学一毕业，就到重庆明辉格力电器销售有限公司当了培训负责人。在重庆明辉格力电器销售有限公司干了两年培训负责人，我真的给公司带出了一批培训师团队。后来老板也兑现了他的承诺，让我管理重庆公司下属的终端销售团队，负责董明珠总裁亲自挂帅的全国格力4S专卖渠道建设，负责打造整个重庆的专业经销商渠道形象及团队建设。

见证贵州速度与激情

说到转战贵州，还是要从我们格力西南营销中心总裁杨涛先生说起，他同时也是贵州格力电器销售有限公司的创始人，对贵州的发展前景是有比较深刻的认识的。

2010年九十月份，格力西南营销中心总裁杨涛先生跟我说："重庆的空调市场已经触及'天花板'了，而且前有阻击，后有追兵，你想要更好地发展，难度很大。贵州公司成立的时间不长，市场空间很大，我想那里有你想要追求的业绩，有你想要的发展空间，我建议你到贵阳去锻炼一下。”

和杨涛董事长相处这么多年，我知道他对我的好，更理解他的良苦用心，我欣然答应了他，心想一定到贵阳闯出一片新天地。

2010 年 11 月，我正式履职贵州格力电器销售有限公司市场部负责人。临走的时候，杨涛先生送了我 16 个字：融入团队、虚心学习、持之以恒、忠诚勤奋。

说实话，我刚到贵阳的时候，还是非常不适应。

首先是交通问题。我来贵阳第一天工作就差一点被贵阳的交通整崩溃了。那时候公司在小河区珠江路朱江湾畔，我请以前的那些老领导带我去熟悉贵阳市区的经销商，开车走沙冲路，沙冲路在修路，不能走，我们又走花溪大道，花溪大道也在修，只能慢慢地跟着车流缓行。去市区要开两小时，回来又要开两小时，耗在路上的时间比正儿八经工作的时间还要多。当时我就想，这种交通状况，在贵阳怎么发展呢？发展不了嘛！

后来，我去贵阳市好像是开阳县的一个村里面看一个朋友，这个朋友是单位派到村里驻村的扶贫干部。当时想着就在贵阳周边，不会有好远，我就自己开车去了，没想到竟然开了 6 小时！比我开车回重庆花的时间还长。那个路就是那种盘山路，又窄得很，根本错不了车，正常情况下都要开三四小时。在路上遇到一个好像是卖面的还是卖什么的，他把车停在那里人就走了，不晓得到哪儿去了，车上也没有留个电话，附近又没有人家，车子进也进不了，退也退不了，就在那儿憨堵。堵了差不多两小时，那个驾驶员才来把车让开了，真的比回一趟重庆还要累。

贵州省其他地区的情况也差不多，那时候我负责全省的市场，也要往铜仁、黔东南等地区的县里面去工作。有一次是去铜仁的一个县，具体哪个县记不清楚了，开车开得我想吐！那天中午好像吃的酸汤鱼，吃过饭后开车回贵阳，也是那种路面不是很宽的盘山路，不到 30 米就是一个弯，转过来不到 30 米又是一个弯，而且那不是一般的弯，全是那种 180 度的甩头弯。我前面有一个大货车，油门轰得“嗡嗡”的，排出的烟子黑黢黢的，我在后面连路都看不见，超又超不了他，还不敢跟得太近，只能跟在他的屁股后面走，一直到爬完坡又开了好长一段路，才摆脱了那辆货车的尾气。那次是我这一辈子第一次也是唯一开车开得想吐的一次。

其次，贵阳的冬天特别冷，我来那年是我在贵阳这么多年最冷的一年。我记得最低温度达到零下 5 摄氏度，连贵阳市中

袁青在开阳县考察项目选址

心的喷水池都凝起了。当时公司请了200个临时工，全部是打假期工的学生娃儿，在贵阳市各个闹市区发传单，个个都冻得长冻疤。我们就买了两百副手套给他们送去。那个人行道上、人行天桥的楼梯上都是凝冰，踩上去直接是打滑的，稍不注意就要摔跟斗。

那时候的金阳也很冷清。我们在市中心送完手套后去了金阳，车子在路上像溜冰一样，一路都是提心吊胆的。当时金阳世纪城，人都见不到一个，房子窗帘都没有，到处都是黑的，就和那个《盗梦空间》里面描写的场景差不多。

到现在短短的11年时间，我算是见证了什么叫贵州速度，深刻体验了什么是贵州激情。

11年间，贵州于2015年率先在西部地区实现县县通高速公路，于2017年率先在西部地区实现“村村通”硬化路，于2019年率先在西部地区实现30户以上村民组“组组通”硬化路。2014年，贵州第一条高速铁路——贵广高铁通车运行，至今通车运行里程已超过1500千米。

就贵州贵阳来说，我记得当时看过一条新闻：2011年，贵阳市就开工了36个市政道路项目，总投资超过340亿元！现在的市政快速干道多了好多，如中环路、人民大道、花溪大学城路网，还有各个贵阳市产业园区的路网……不但如此，贵州贵阳还开通了轨道交通，贵阳到开阳还有城际快铁，真的是四通八达，到哪里都很方便，也很快捷。

2018年年初，贵遵复线开通以后，我原来驻村扶贫的那个朋友又叫我和他一起去那个村，下了高速10多分钟就到了，全程还不到1小时！真的是太夸张了！

再看现在的金阳，有一天我去掉个头，正值高峰期，路上全是车，差不多花了半小时。

从这方面来讲，我很幸运，赶上了贵州发展最快的10年。

一笔签下30亿元

人的一生会有很多机缘。我在贵州签的第一个合同，竟然是代表格力电器签的，而且这一笔签下去，就是30个亿！这也许就是机缘巧合。

那时候贵州省和广东省之间的经贸合作在不断走深走实，贵州省希望格力电器能在贵州这边建立生产基地。格力电器总部首先委托格力西南营销中心负责开展在贵州建立基地的可行性调研，杨涛总裁又把这个任务交给了我。

于是我走访了很多单位和小区，收集了很多资料，做了可行性分析报告。首先贵阳的夏天是很好过的，整个夏天基本没有超过35摄氏度的气温，甚至超过30摄氏度的都没有几天，夏天能够用得上空调的时间很少，很多家庭都不用空调。贵阳的冬天虽然冷，但空调他本身学名叫冷气机，它的主要功能是制冷而不是制热。而且贵阳的空气湿度比较高，空调在高湿低温情况下，制热效率会下降。在气温低于5摄氏度的高湿环境下，空调就会结霜。一结霜它有 1/3 的能量是拿来化霜的，根本就不是拿来制热的了。最后的结果就是根本热不起来，能耗又不低，所以大家更愿意烤电炉，或者是用燃气。这就是我们很多单位冬天虽然开着空调，但几乎每个人办公桌下面都有一个“小太阳”的原因。

我最后调研的结论是，整个贵州，包括黔北、黔东、黔南夏天相对比较热的地区，空调市场在 10 个亿左右。而且，格力电器北有重庆、东有武汉、南有珠海几大空调生产基地，产能完全可以覆盖贵州。所以，完全没有必要建设空调生产基地。但可以发挥贵阳的区位优势，建设配套零部件生产中心、售后技术服务中心、电子商务中心、仓储物流中心，在解决公司自身配套需求的同时，也可为周边企业提供管路加工、非标件制造等业务，同时利用公司的电子信息平台和周边物流配送体系的辐射作用，积极为周边企业提供信息共享和物流服务。

我的调研得到了格力西南营销中心以及格力总部的认可，格力总部指示由重庆明辉格力电器销售有限公司负责与贵州省洽谈实施相关事项工作，由我具体负责与贵州省、贵阳市相关部门的联系沟通，落实项目的有关事项，让我在贵州这块热土上享受了一把“贵人”服务。

在贵阳市有关领导的关怀支持下，双方很快拟定了投资框架协议。

广东贵州经贸合作项目签约仪式于2011年4月22日在贵阳召开，我把情况向格力西南总裁杨涛先生进行了汇报。他说他有其他重要的事情来不了，就委托我作为代表参加仪式。

4月22日的签约仪式不但规模空前，而且规格很高。贵州、广东两个省的党政主要领导都出席了仪式，广东省共组织了27个经贸代表团参加，总人数达到976人，企业总数达到307家。我是作为广东经贸代表团成员参加的签约仪式。

在签约环节，时任中央政治局委员、广东省委书记汪洋，贵州省委书记栗战书、广东省省长黄华华、贵州省省长赵克志等省领导在签约席后方站成一排，见证合作项目代表依次上台签约。

格力电器的签约席差不多在签约席的中间，我上台从汪书记、栗书记面前经过走向签约席的时候，两位领导突然看到一个毛头小子上来，都露出了吃惊的表情，直愣愣地看着我。因为当天上台签约的大都是四五十岁的人，那时候我才29岁，他们肯定觉得太奇怪啦！

那天我所签下的格力电器贵州综合基地项目投资框架协议，

投资额竟然是 30 亿元！

事后据新闻媒体报道，本次合作仪式共签约项目 162 个，总计签约资金总额 1313.9 亿元人民币。

真真正正的参与者和建设者

我一下感觉身上的担子更重了。30 亿元的投资框架合同，最终要装内容进去才算成功啊！没有项目落地那就是一纸空文，毫无意义。

为了便于推进项目建设，2012 年 1 月，格力电器贵州综合基地项目公司——贵州中佰悦丰电器有限公司在贵州省贵阳市经济技术开发区小孟工业园注册成立。然后是项目选址、征地、拆迁、立项、可研、规划、报地……

有“贵人服务”，项目前期的工作推进得相当顺利。2014 年年初，贵州中佰悦丰电器有限公司以 1380 万元顺利摘牌位于小孟工业园的 60 亩项目用地。

然而，天有不测风云。就在我们如火如荼开展项目土地整理、平场施工的时候，发生了一些变故。

2014 年汛期，贵阳市范围内遭遇多次强降雨天气，导致我们项目地块西侧山体出现垮塌、滑坡，山体上的通信基站、高压供电线路造成倒塌隐患。同时，项目地块内多处出现塌陷迹象，形成地质灾害隐患。为了避免发生次生灾害，项目不得不停工，对地质灾害隐患进行治理。

由于隐患治理点多、面宽、量大，经开区管委会邀请有关专家论证，初步测算治理费用要 5000 万元之巨！这个金额对于我们这个项目来说，成本太大了！

为此，公司在项目停与续之间，发生了一些分歧，多数人主张放弃项目，甚至连公司董事会都决定放弃了。

从我个人的角度来讲，我真不舍得丢。为这个项目，公司前前后后搭进去一两年的时间，公司在项目上花的费用，包括摘地、测绘、规划、人工等接近 2000 万元。我上面虽然说有项目经理负责，但我作为公共关系负责人，这两年多时间里，也付出了不少的心血。如果放弃了，之前所有的付出，取得的所有成果就灰飞烟灭了，公司投进去的 2000 万元就打水漂了，再也回不来了。

我认为，人生处在低谷的时候，只要不自暴自弃，不停下来，往任何一个方向走，都是进步。现在我们的项目就到了最低谷了，但凡能够往前面走，可能就会是另一种结果。

2000万元毕竟不是一个小数目，杨总决定亲自来看一下情况。听说杨总要来，我们项目经理跟我说："一会'老板'来了，你不要说能做，说能做就让我们来背起喽，千万不要把责任揽过来我们做。"

我跟项目经理说："只要'老板'不问我，我肯定不说。"

结果"老板"真的问了我。他说："袁青，你说能不能做？"

我只能实话实说啊，老板安排我在这里，就像一个"奸细"。我说："不是完全没有希望。反正现在事已至此，公司的前期投入不能就这样眼睁睁地丢了。就这样丢了，对政府来讲，也是个损失。"

"那你说怎么做？"杨总问我。

"我觉得还有一线生机。就是我们依靠政府，尽量把损失降到最低，再做打算。"我说，"反正我们现在最坏的结果也就是这个样子了，我们要抓住这一线生机。"

其实我的想法很简单，一是尽可能地优化治理方案，降低治理成本；二是贵州省招商力度这么大，不可能不管我们的，肯定会尽可能帮助我们渡过难关。

杨总听了我的想法后，决定让我试一下。

果然，贵阳经开区为了留住引进的企业，多次召开相关会议，研究解决格力电器贵州综合基地项目面临的问题，指示由我们公司和经开区国土分局分别从不同的角度研究一套治理方案，经过专家论证后择优使用。

于是，我们组织有关专家对项目地块及周边地质灾害隐患区域反复进行实地勘察，制订了一套能够满足综合基地项目实施的地质灾害治理方案。后来在经开区管委会召开的选定治理方案的专题会上，我们的方案费用预算为 1890 万元，比国土分局提出的方案费用预算少差不多 500 万元，会议决定采用我们制订的治理方案实施治理，并明确由我们的项目公司负责实施治理工程。

治理工程结束后，经评审，实施治理工程的费用不到 800 万元，加上通信基站迁移费用、供电线路迁改费用和补征土地等费用，整个地质灾害隐患治理工程实际耗资约 1550 万元。项目公司实际承担的费用不到 200 万元。也就是说，政府的支持，让我们用不到 200 万元的代价，挽回了将近 2000 万元的损失。

2017 年年底，格力电器贵州综合基地项目一期工程完工投用，首先为全省 500 余家格力电器经销商提供服务，共设 5

个区。

项目建成后，实现年产品销售收入7亿元，配套生产产值0.8亿元，生产总值7.8亿元，上缴税金约4700万元，公司成为经开区“纳税十强”民营企业。同时，为当地提供了近500个就业岗位。

格力电器贵州综合基地项目一期成功实施，让我真真切切地感受到了贵州省各级党委、政府营造的高效、便捷、规范、透明的营商环境和各级领导干部的“贵人服务”。爽爽的贵阳不仅只是一个适宜居住的城市，更是一片追求梦想、兴业创业的沃土。我已经深深爱上并融入了贵阳这片热土，不再是贵阳高质量发展的旁观者和见证人，而是真真正正的参与者和建设者。

智能时代的智慧设想

为了推进贵阳市的招商引资工作，2018年，贵阳市人民政府搞了一个论坛，专门研讨招商引资问题，主要目标是中高端制造业。

在论坛上，我讲了一个观点，即如果贵阳这个地方适合搞制造业，哪个都愿意投制造业。要把制造业企业招进来不难，我们可以买地送给他，厂房给建好，生产设备给买好，企业只要带技术和招人员就可以生产了。这种“托儿所式”或者说“保姆式”的优惠条件哪个企业都愿意来，但制造业最需要的是产品市场，没有下游，没有市场，就无法做，做了也活不了啊。就像种庄稼，只有土壤没有阳光、没有雨露，种了它也不可能活啊。就像我们综合基地项目，名义上是工业项目，实际上干的是商业的事情，定位基本就是电子商务综合基地。

所以，我提出来，贵阳的招商引资除了中高端制造业外，也应该考虑中高端商贸服务业。后来，这个建议得到了采纳。

针对我们项目二期，我一直在思考要做什么。我做了大量的市场调研后，就想引进中高端商贸服务业。当然，如果相关产品市场前景好，也可以从事制造业。

贵阳的冬天特别冷，中央空调的采暖效果并不好，很多工作人员辅之以“小太阳”取暖。用电暖器取暖引发火灾事故的报道时常出现，这说明这个东西有安全隐患，安全性较差。

观山湖区金融城有许多写字楼，都安装有中央空调，但他们周末是不供暖的，为什么呢？因为中央空调它就一个主机，一开就是全开，哪怕只有一个房间在用，它的能耗也是那一栋楼，能耗非常高，所以不敢开。我们很多机关办公大楼也是一样，晚上、周末或节假日总有值班的、加班的，中央空调的使用状况也差不多。

还有，现在用的老空调很多，空调是有使用寿命的，线路老化的问题也是存在的，使用一定期限后，不定期检查、维护、保养，安全隐患也是很大的。比如贵阳卷烟厂，一年产生 30 多万元的采暖费，而且还在逐年增加。因为空调越来越老，问题也就越来越多，不到使用年限又不能换，只能修，所以必须每年报一次预算，结果就是豆腐“盘”成肉价钱。

而且，空调用的时间长了，机器老化、线路老化也有隐患啊。我就处理过几起电器、线路引发的火灾赔偿。其中损失最大的，要算石板镇水果批发市场董事长的办公室空调起火引起的火灾。公司的维修师傅安装空调的时候把线接错了，结果发生短路燃起来了，把人家办公室的红木家具都烧了。

再比如用燃气取暖，费用也不低。以清华中学为例，学校一年的燃气费大约是 45 万元，由学校来解决。但是用我所说的这套智能采暖系统，一年电费 20 万元都不到，硬生生可以节约 25 万元的能源费。而且架设燃气管网和储气罐，至少还要花 30 万元。

所以，我们调研以后，结合贵阳市重点招商引资方向，把二期工程定位为智能化产业孵化园，以低碳、经济、舒适、环保、健康为目标，为贵阳市建设智慧城市提供技术支持和产品服务。这个想法得到了公司董事会的全票通过，并于 2020 年 7 月注册成立了贵州北汇智能工程有限公司。经过近两年的运作，北汇公司已经与格力、海尔、美的、迪莫普斯、西门子、三菱、日立等国内外知名品牌达成了长期战略合作，同时为中国电信、南方电网、美的地产、融创中国、龙湖地产等提供了智慧社区、智慧楼宇到智慧家居的系列产品服务，客户反馈效果很好。

在智能家居系统中，暖通系统的难度是最大的，也是含金量最高的。在我们项目二期就是要通过招商引资，把智能暖通产品和服务作为核心产业引入智能化产业孵化园，解决中央空调供暖效果差、能耗大、维护难、费用高等问题。

我们已经考察了一家世界知名的暖通公司，计划第一步先合作创一个能源公司，对现有的采暖系统逐步进行更新换代，发挥其示范效应，条件成熟后，再搞生产。

这家企业有个智能恒温系统，它全部是插电的，可以通过一个手机应用实现中央集控。这个系统对现有采暖系统设施不会造成大的破坏，也不需要客户再投钱，可以由公司把它作为一种服务打包给客户。

以经开区管委会办公大楼为例，几十层楼的升级改造不需要管委会投一分钱，把所有设备更新升级，外加一个设备，全部实现中央集控采暖。升级完成后，要开哪个房间就开哪个房间，要开几个房间，就开几个房间。而且，每个房间的能耗都可以通过智能末端来控制，可以设定上下限，可以设定开机关机时间，可以远程操控，实现真正的全智能。

在服务收费方面，该系统肯定比用传统方式采暖要便宜很多。拿金融城为例，入驻企业要向物业公司缴纳物管费，还要交水电费、燃气费，总体费用不会低。用我们这套方案，对设备升级改造、运行维护、维修保养进行整体打包，1 个平方米每月按 20 块钱收取能源服务费，100 个平方米一年才 2000 块钱，1000 个平方米才 2 万块钱。物业公司可以节约采暖系统运行的人工费用，企业也能节约不少电费，同时还减少设备投入及后期运维费用，应该是对三方都有利的事。

所以说，这个系统非常适合我们贵阳，乃至于贵州。它既可以解决能耗问题，又可以解决民生问题。

我来了就不想走

在我们项目二期启动的时候，杨总给我讲了他的一个观点，他说："人这一辈子啊，不在于吃点什么，穿点什么，你再有钱，都要经历生老病死，都是一样的。我们不能左右生命的长度，但起码我们要把生命活得有深度。这个深度，就是我们要去创造，为别人创造，为社会创造，这种创造一旦成功了，你所获得的快乐就是无限的。"

他还说："我们的项目二期定位智能化产业孵化园，就是在搞创造，我知道你有这个能力，也有这份心。你未来的方向，就是招商引资，把企业引进我们的孵化园，把我们的项目做活，解决当地的就业、税收、产业问题。我也知道这个事情很难，而且可能吃力不讨好，因为也许 3 年、5 年都不会有一个满意的结果，甚至可能我们所有的投入就会打水漂。但是，一旦成了，就造福了经开区的税收，造福了获得就业的兄弟姐妹，造福了我们整个集团公司，这就是你的'价值'。"

我这个人本身就是个倔脾气，就喜欢走自己选的路，喜欢做有挑战性的事情。哪怕最后从结果上来讲失败了，但是过程很美好、很享受。人生就是一个故事，有内容，有情节，有过程才会精彩。就像看一本小说，不可能只看终章，只看最后的结局，真正吸引读者把小说看下去的是故事的发生、发展、冲突、解决的过程。

杨总其实就是喜欢我的这种冲劲和闯劲，才对我寄予厚望。得到“老板”的信任和赏识，他向我投之以桃，我必须报之以李。人可以失败，没有关系，谁都会失败，失败很正常。不去闯，可能不会失败，但人生是失败的。人走出来闯，可能面临各种各样的风险，面临各种各样的问题，处理不好，就有可能失败。但一旦选定的这条路走通了，成功了，就会造福很多人。

当前，我们的智能化产业孵化园建设已经接近尾声，招商引资工作也在紧锣密鼓地开展。

俗话说，栽好梧桐树，自有凤凰来。我现在做的事，就是积极配合经开区管委会“栽好梧桐树”，等待有识之士到我们基地、到经开区投资兴业。

孟子曰：“天时不如地利，地利不如人和。”招商引资工作，同样要讲天时、地利、人和。当前贵州的招商，有新国发二号文、“强省会”五年行动的天时，有得天独厚的气候、日趋完善的交通运输网络和西南交通枢纽的地利，我们需要进一步强化的就是人和。

人和，一定程度上来说，就是人缘，或者说是缘分。就像我到贵阳来，来了就不想走，就是因为听了我们董事长的建议，我才与贵州、贵阳结下了不解之缘，事业有了发展，个人得到成长，贵阳给了我人生一个又一个新的平台和起点。

比如，2017 年 3 月项目一期落成后，我作为“贵漂”青年人才代表出席团市委组织的“缘聚大数据，情定新贵漂”座谈会时，受到时任贵阳市委副书记李岳德、副市长魏定梅、政协副主席石洪等市领导的会见，他们向我们 12 名“贵漂”青年代表颁发了“筑城青年先锋”水晶纪念杯。同年，我还获得了贵阳市工商联合会授予的“青年企业家”荣誉称号。2019 年 6 月，我代表格力电器贵州综合基地随时任贵阳市市长陈宴同志造访珠海格力电器总部，并与董明珠董事长洽谈招商引资合作事宜。同年 11 月，以我为主编制的格力贵州综合基地“贵阳市校园智慧采暖方案”被纳入贵阳市招商引资项目库。2020 年 12 月，经贵阳市青年联合会推荐，我有幸成为贵州省青年联合会委员。

2021 年 12 月，在广州召开的第三届国际科技创新学术交流大会上，举行了 IEEE PES 智慧楼宇、负载和客户系统技术委员会（中国）成立大会，我已成功申请成为该会会员。

事实说明，我听我们董事长的建议到贵阳发展简直是太对了。和重庆相比，贵阳这个地方虽然小一点，但同样肝胆俱全，更重要的是，贵阳的人情味更浓。

这些年，虽然我没有像"老板"说的那样越走越高，但是在与各方的交流合作中，朋友却是真的越交越多，甚至比我在重庆的朋友还要多，有党政部门的，有企业界的，有文化圈的，也有民间一些知名社团的，这些朋友都是我在贵阳遇到的"贵人"。特别是省、市、区招商部门的领导同志，他们就像是投资者的高级保姆和高级参谋，随时为我们出谋划策，排忧解难，他们都是我将来在贵阳实现梦想的潜在资源。把这些资源凝聚好、发挥好，我所需要的"人和"自然就有了。

于是，2021 年 6 月，我在格力电器贵州综合基地内个人投资成立了贵州青马文化传媒有限公司。我把它叫作"青马客厅"，因为我没有把它当成赚钱的平台，而是一个为行商坐贾、文人雅士、八方贵客打造的休闲、聚会、交流、自愈的场所，配有琴房、棋室、茶室、会议室。这里的所有空间，我都是用当前处于前沿的智能家居打造的，包括智能恒温系统，希望朋友们在这里休闲、聚会、交流、自愈的时候，能体验到现代智能科技给生活、身体带来的愉悦感。从这个角度来讲，这个空间又是一个现代智能家居体验馆。在这里，你可以畅所欲言，也可以独享清静。

因此，我就希望我的朋友们把这个地方当成我的一个客厅，有时间就过来做客。我不在的时候，你就是主人；我在，那你就是贵客，我的任务就是做好服务。

前段时间，就有一个朋友来我这里喝茶聊天，事后他把我们二期项目的情况给贵阳市驻重庆（成都）招商办杨柳主任说了，结果杨柳主任就专门打电话给我，要我去重庆搭个台，搞一个考察交流会，向重庆的企业家和商人推介贵州的营商环境。我为此专门回了一趟重庆，来了个现身说法。

有一次，贵阳市工商联的一个领导来我这里喝茶，她说过几天喊几个企业家闺蜜到我这里来聚一聚，看一下他们对我的项目有没有感兴趣的。

我的“青马客厅”就是以这种方式来运营的，让为工作、为事业奔波劳累的各方朋友到这里来，在放松、畅聊、体验的过程中，既宣传推介了我们正在推广的智慧小区、智慧楼宇、智慧家居系统，又可以为我们项目二期和经开区引荐各路英豪来投资兴业。

而今，梧桐已栽好，静待凤凰来。

梦圆筑城，指日可待！

后记

撰写《圆梦贵阳》一书这个想法最初由贵阳市文联主要领导提出。2022 年 1 月，这个任务交给了贵阳市作家协会。我们觉得这个选题很有意思，随即组织 11 名作家开始采写。经讨论商议，很快我们把采写对象圈定为不同行业，不同群体，不同背景，在贵阳创业、生活比较稳定的“贵阳新移民”，主要为行业优秀人才和创业成功人士。

因时间要求紧，我们采取边寻找采写对象、边审定、边采访原则推进工作。在此期间，我们经历了一个特殊时期，以至采写工作不能顺利进行，参与采写的作家克服各种困难，通过电话、微信、QQ 等开展采访。至 2022 年年底，该书基本完成采写，但遗憾的是，因受时间、篇幅、经费等的限制，有些采写对象未能纳入其中。

现在，贵阳市文联在资金十分困难的情况下，挤出经费资助该书出版。在此，我们向采写对象表示衷心问候，希望你们在贵阳快乐、幸福！向参与采写本书的 11 名作家表示由衷的感谢，谢谢你们的努力与付出！

《圆梦贵阳》编委会

2024 年 3 月 2 日